LA FRANCE
GALLO-ROMAINE

© Éditions Nathan (Paris, France), 1991
ISBN : 2.09.284376.1
N° éditeur : 10002777

Pierre GROS

LA FRANCE
GALLO-ROMAINE

NATHAN

Sommaire

- 6 AVANT-PROPOS
- 9 INTRODUCTION
  Une histoire à réécrire ?
- 17 CHAPITRE PREMIER
  L'organisation du territoire et l'évolution des mentalités
- 29 CHAPITRE DEUX
  Les villes de Gaule Narbonnaise
- 53 CHAPITRE TROIS
  Au cœur de la Gaule romaine : la Lyonnaise
- 69 CHAPITRE QUATRE
  Aux marches de l'Empire : la Gaule Belgique et le modèle urbain
- 85 CHAPITRE CINQ
  L'opulente Aquitaine
- 97 CHAPITRE SIX
  La maîtrise de l'eau
- 113 CHAPITRE SEPT
  Habiter dans la ville
- 131 CHAPITRE HUIT
  Sanctuaires et monuments à l'écart des agglomérations urbaines
- 151 CHAPITRE NEUF
  La scansion du paysage rural
- 169 CHAPITRE DIX
  L'art funéraire gallo-romain : les monuments et les croyances
- 189 CONCLUSION
- 194 ORIENTATION BIBLIOGRAPHIQUE
- 196 INDEX

Avant-propos

Tout à la fois familière et lointaine, la Gaule romaine est longtemps demeurée, sur les franges de l'horizon culturel des Français, une période mal connue dans l'évocation de laquelle se mêlaient inextricablement des souvenirs scolaires, des images de monuments en forme de cartes postales et des restitutions fantaisistes mais vivantes issues de péplums ou de bandes dessinées : nos ancêtres les Gaulois, les « arènes » de Nîmes et Astérix étaient les composantes inévitables — et du reste globalement estimables — d'une vision plutôt distrayante et en tout cas irénique. Celle-ci se trouve aujourd'hui partiellement relayée dans le grand public par une approche plus concrète des réalités archéologiques et une curiosité plus active à l'égard de ce qu'il est convenu d'appeler la culture matérielle ; le réveil du régionalisme, la multiplication des chantiers urbains, la sensibilisation croissante à la notion de patrimoine et, plus que tout cela peut-être, un nouveau type de relation entre les spécialistes et les communautés dont ils sont censés retrouver le passé (musées de sites, expositions, ouverture des chantiers, etc.) éveillent, depuis plusieurs décennies, un mouvement d'intérêt qui ne cesse de s'amplifier. Pour nombre de nos contemporains, les Gallo-Romains sortent des limbes de la mythologie nationale pour entrer dans l'histoire. Ce mouvement accompagne évidemment un progrès général des investigations et une profonde mutation méthodologique. Même si les recherches dans le domaine gallo-romain n'ont pas connu, au cours de ce dernier quart de siècle, le même renouvellement que celles qui, en amont, concernent la période protohistorique ou, en aval, le haut Moyen Âge, de nouvelles pistes sont explorées, des questions inédites se posent, des certitudes anciennes vacillent. Et comme il arrive toujours en pareil cas, l'évolution des problématiques et la multiplicition des paramètres tendent à brouiller, pour ceux qui, légitimement, veulent s'informer, le discours des archéologues et des historiens.

Celui-ci n'a plus la sobre clarté d'antan : le signe est scientifiquement positif mais ne facilite pas les synthèses.

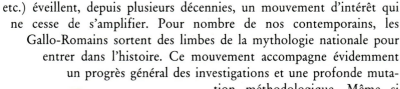

Fragments d'enduits peints sur mortier de chaux, sable et tuileau recueillis à proximité de la petite agglomération rurale (vicus) de Famars (Nord) et conservés au musée des Beaux-Arts de Valenciennes. *L'architecture en trompe l'œil qui est ici représentée (colonnes, entablements, portraits dans des boucliers ou imagines clipeatae) se veut à la fois raffinée et opulente : les coloris évoquent des placages de marbre, mais aussi des revêtements d'or et d'argent. Remarquable exemple des ressources de l'artisanat de la Gaule Belgique à la fin du IIe siècle de notre ère.*

Nous nous proposons dans ce livre de suggérer, à travers des exemples retenus pour leur valeur significative, l'importance du rôle joué par Rome dans l'élaboration progressive d'une civilisation originale dont il importe surtout de comprendre qu'elle a marqué durablement, bien au-delà de la disparition du dernier empereur d'Occident, tous les aspects de la vie et de l'art de notre pays. La conquête romaine, qui a entraîné pour la plupart des régions gauloises — celles du Sud-Est exceptées — l'entrée dans les temps historiques, a modelé pour des siècles le paysage rural, établi ou aménagé les principaux axes de communication, urbanisé d'immenses terroirs, défini les territoires administratifs : la force structurante d'une culture commune appuyée sur un système juridique pour la première fois indépendant du pouvoir religieux, et ouverte sur un monde élargi aux dimensions de la Méditerranée, a engagé pour le long terme des processus irréversibles, quelles que soient les péripéties dramatiques de l'histoire ultérieure.

Rappeler de telles évidences ne consiste nullement à nier la violence qui a été à l'origine de cette présence romaine — violence qui va, elle aussi, bien au-delà de la simple conquête par les armes : les transferts obligatoires de population, les spoliations qui ont présidé à la redistribution des terres, la mise en place d'une administration unificatrice dont la souplesse d'adaptation aux données régionales et même locales peut laisser la place à une redoutable machine de coercition dès que le pouvoir central s'estime lésé ou menacé, sont autant de réalités qu'il convient de garder en mémoire, et dont nous aurons à tenir le plus grand compte. Mais la tendance caractéristique d'une certaine historiographie française des années soixante traumatisée par les guerres coloniales, qui assimilait un peu hâtivement « romanisation » et « colonisation », n'est plus recevable, maintenant que nous sommes mieux armés pour saisir concrètement, au-delà des pétitions de principe moralisatrices ou idéologiques, le puissant attrait exercé par le « modèle » romain sur les populations des provinces d'Occident. Le seul fait qu'à partir de 12 avant J.-C., aucune unité légionnaire n'ait plus stationné en permanence dans les « Trois Gaules », en dehors de quelques périodes brèves — révolte dite de Sacrovir en 21 après J.-C., troubles successifs à la mort de Néron, soulèvement de Maternus sous Commode —, montre bien que les mouvements de résistance n'ont été que sporadiques et localisés : le respect de certains particularismes joint à l'assimilation rapide des élites indigènes a assuré la cohésion de l'édifice, quelles qu'en aient pu être les injustices profondes.

Cela dit, le problème essentiel du présent ouvrage est celui du choix des dossiers. Dans une collection qui entend illustrer les principales phases de la constitution du patrimoine monumental et artistique français, notre réflexion doit accorder une place importante aux problèmes d'architecture et d'urbanisme. Cette orientation a certes l'avantage de rendre patent l'un des apports essentiels du système romain, qui est de placer la ville au centre du nouvel ordre administratif et juridique, et de faire de la vie urbaine, dans des régions qui parfois l'ignoraient complètement, le moteur essentiel de l'assimilation. Mais le danger, multiplié par les images qui accompagnent le texte, est de donner à croire que la Gaule romaine est rapidement devenue une terre de temples et de forums, de voies dallées et d'arcs triomphaux, où une population oisive partageait son temps entre les thermes et les amphithéâtres. Erreur de perspective dramatique, qui substituerait aux réalités beaucoup plus diverses, et en général bien plus modestes, que les fouilles nous révèlent chaque jour, une vision aseptisée largement illusoire et abusivement extrapolée des quelques îlots de monumentalité encore identifiables dans nos villes.

Aussi ferons-nous en sorte de toujours replacer les sites ou monuments dans leur environnement régional, et de souligner, à chaque fois que cela est possible, les limites inhérentes à l'analyse des édifices publics. Un premier antidote à ce que nous appellerions volontiers « l'effet monumental » est d'examiner aussi ce que l'archéologie nous apprend aujourd'hui de l'habitat urbain et rural ; la variété des situations locales laisse découvrir des types de maisons dans les quartiers populaires ou artisanaux qui n'entretiennent que des rapports lointains avec la traditionnelle *domus*. Un deuxième facteur de rééquilibrage consiste à envisager les phénomènes dans la diachronie : réintroduire la durée — plus de trois siècles — dans l'analyse des établissements urbains nous obligera à constater d'une part que la « grande architecture » n'est parfois apparue que tardivement, et que d'autre part les phases de construction et d'expansion ont alterné avec des périodes de latence, souvent beaucoup plus longues, où les choses se dégradaient plus ou moins lentement. Enfin il nous faudra prendre en compte les diversités régionales : c'est une Gaule « à plusieurs vitesses » que nous découvrirons ainsi à la faveur de notre tour de France ; par-delà les tendances unificatrices du pouvoir central, des disparités se feront jour, et aussi une certaine inadéquation du schéma ville-campagne, qui introduiront de sensibles nuances dans l'image globale que nous nous faisons traditionnellement de cet immense Far West de l'Empire romain que furent les Gaules.

Introduction

UNE HISTOIRE À RÉÉCRIRE ?

Composition picturale de Hubert Robert. Cette « fantaisie » archéologique, où s'ordonnent en un savant désordre les arcs de triomphe de Glanum et d'Orange, et le mur de scène (face externe) du théâtre d'Orange, témoigne de l'engouement de la sensibilité préromantique pour les ruines du sud-est de la France.

Étudier la Gaule romaine, c'est d'abord prendre la mesure d'un naufrage qui, en dépit d'une rémanence du passé plus importante qu'on ne le croit parfois (dans la langue, les institutions, l'organisation du territoire, etc.), n'a laissé en fait de vestiges apparents que des éléments sporadiques généralement coupés de leur contexte. La « chute de l'Empire romain » n'est pas seule en cause. Si nous pouvions cheminer dans les villes et les campagnes du Moyen Âge, nous serions étonnés par le nombre de témoignages antiques dont elles sont encore porteuses et autour desquels s'organise leur vie. Mais une ville ou un terroir cultivé sont des organismes complexes qui, au gré de leurs phases de repli ou de développement, abandonnent, absorbent, transforment ou détruisent les structures léguées par les générations antérieures. Un édifice public ou privé n'est, lui, vivant que durant la période où il répond aux fonctions pour lesquelles il a été conçu. Dès que cessent d'être réunies les conditions qui ont permis ou suscité sa naissance, il perd sa raison d'être : il court dès lors le risque d'être détruit par la volonté des particuliers ou des édiles, désireux de récupérer l'espace qu'il occupe et, à l'occasion, les matériaux qui le composent ; livré sans défense à toutes les dépradations physiques ou humaines, il devient dans le tissu urbain une manière de nécrose devant laquelle la réaction normale de l'opinion a longtemps été, au mieux, l'indifférence.

LES HASARDS DE LA SURVIVANCE

Les grands monuments des villes de la période romaine qui sont parvenus jusqu'à nous ne doivent souvent leur survie qu'à des détournements fortuits de fonction qui, tout en leur infligeant de graves et parfois irrémédiables mutilations (ce qu'on appelait, au temps de Mérimée, le « vandalisme d'occupation »), leur ont permis de traverser les siècles en quelque sorte incognito : temples transformés en églises, en bâtiments conventuels, en hôtels de ville, en entrepôts ou en granges (la « Maison carrée » de Nîmes, le temple d'Auguste et de Livie à Vienne) ; théâtres ou amphithéâtres ayant servi de bastions fortifiés ou abrité dans leurs murs des quartiers populaires (la « citadelle des arènes » à Nîmes, à laquelle se heurtera Charles Martel en 735 ; la tour de défense du théâtre d'Arles ; les amphithéâtres d'Amiens, de Tours ou de Périgueux convertis en points d'appui dès le IVᵉ siècle ; le théâtre d'Orange servant jusqu'au XVIIIᵉ siècle de village fortifié, etc.) ; arcs ou portes intégrés à des enceintes ou à des édifices publics, monuments isolés transformés en forteresses (la « porte d'Auguste » à Nîmes, qui fut longtemps une « bastille » ; l'arc d'Orange, qui constitua jusqu'au XIIIᵉ siècle une défense avancée de la ville ; le « Trophée des Alpes » qui était, au XIIᵉ siècle, une manière de château fort, etc.) ; établissements thermaux occupés par des artisans ou des boutiquiers (les « thermes de Cluny » à Paris)...

Hors de ces cas plutôt favorables, l'édifice non récupérable ou non réutilisé a toujours été menacé de destruction totale : l'« Arc du Rhône » à Arles, les « Piliers de Tutelle » à Bordeaux, la « Porte Bazée » à Reims, la tour funéraire d'Aix-en-Provence, la « Porte de Moab » à Langres, celle de Mars à Périgueux, pour ne rappeler que quelques exemples, ont disparu entre la guerre de Cent Ans et la seconde moitié du XIXᵉ siècle sans soulever de véritables protestations. Et nous pourrions citer des abolitions beaucoup plus récentes (la curie d'Avignon par exemple), dues à des responsables municipaux ou régionaux, dans un pays qui s'honore pourtant à juste titre d'avoir mis en place l'un des plus anciens services des Monuments historiques, et où l'archéologie bénéficie aujourd'hui de moyens importants.

BLOCAGES IDÉOLOGIQUES

À ces périlleux hasards de la survivance, qui sont le lot commun de toutes les structures antiques, s'ajoutent, dans le cas des édifices gallo-romains, des phénomènes de marginalisation, voire d'exclusion, sur la nature desquels il est inutile d'épiloguer ici, mais dont il faut tout de même connaître l'existence pour comprendre certains retards spécifiques. Songeons que, lors du grand mouvement néo-classique dont l'Europe de l'Ouest et les États-Unis ont été le théâtre au cours du XIXᵉ siècle, la France, qui était de tous les pays concernés le seul à posséder sur son sol des vestiges antiques assez bien conservés pour être suggestifs, n'en a tenu aucun compte. L'architecture gallo-romaine, encore fort mal connue, n'était pas intégrée à une vision cohérente de l'évolution de l'art ; on ne soupçonnait nullement alors l'influence persistante qu'elle avait exercée sur les créateurs romans dans de nombreuses régions. Ses caractères propres n'étaient pas dégagés avec assez de netteté pour exercer une réelle attraction, et lorsqu'un édifice gallo-romain suscitait malgré tout quelque intérêt, c'était au prix d'un véritable contresens historique : la Maison carrée de Nîmes, par exemple, ne dut son prestige, aux yeux d'un Stendhal ou d'un Thomas Jefferson, qu'au fait qu'elle passait alors pour un chef-d'œuvre tout hellénique d'équilibre et de pureté.

Attitudes dépassées ? Rien n'est moins sûr. Les progrès des études sur les phases les plus anciennes de l'urbanisme et de l'architecture n'ont pas totalement effacé des meilleurs esprits l'idée que les témoignages monumentaux de l'époque gallo-romaine ne sont, au mieux, que les manifestations tardives et abâtardies d'un art « gréco-romain » qui se provincialise, à moins qu'ils ne nous gardent la trace d'une période d'oppression des ethnies régionales. Ces deux positions théoriques, plus persistantes qu'on ne le croirait — la seconde avait même encore, voici quelques années, le vent en

Un exemple de recomposition graphique vraisemblable, caractéristique d'une époque où les hypothèses archéologiques ne s'embarrassaient pas de scrupules excessifs mais restituaient finalement avec efficacité l'esprit sinon le détail des monuments : l'arc de triomphe d'Orange vu par l'architecte Caristie (1856).

poupe —, n'ont pas fini de peser de leur poids sociologique et culturel sur l'analyse scientifique des vestiges en question.

Si l'on passe de la ville à la campagne pour essayer de restituer le cadre de l'existence de la majorité des Gallo-Romains, qui étaient des agriculteurs, l'opacité du paysage rural accroît encore l'impression d'éloignement ou d'ignorance que suscite parfois, en milieu urbain, l'état des ruines antiques. Comment évaluer, même dans les régions les mieux explorées, la densité de l'occupation du sol, la part relative des zones cultivées et des zones boisées, la répartition des domaines ? Comment retrouver la vie des exploitations ? Là encore, les quelques îlots préservés ou dégagés — villas, cadastrations, sanctuaires « ruraux » —, et les quelques représentations figurées — mosaïques, peintures, reliefs — ne nous laissent entrevoir qu'une trame que nous voudrions beaucoup plus serrée.

NOUVELLES MÉTHODES

Ces considérations liminaires quelque peu moroses ne doivent pas nous faire oublier les considérables progrès accomplis au cours de ces dernières décennies grâce à l'activité de tous ceux — ils sont de plus en plus nombreux — qui se consacrent à la résurrection de ce lointain passé.

Paradoxalement, c'est l'accélération prodigieuse des transformations de notre environnement, tant à la ville qu'à la campagne, qui a suscité, ou plus exactement imposé, le perfectionnement des méthodes de travail, élargi les perspectives et permis l'approfondissement de la réflexion historique.

Si les paysages de France, comme ceux de toute l'Europe occidentale, se sont plus radicalement modifiés en ce dernier demi-siècle qu'ils n'avaient changé au cours du millénaire précédent, ce fut certes au prix de destructions irrémédiables, mais aussi en ouvrant à la recherche un champ immense et, jusqu'à une date récente, insoupçonnable. Les grands travaux de toutes sortes, les remembrements, la déforestation, les labours profonds, l'ouverture de nouveaux axes de communication ont d'une part contraint les pouvoirs publics, à l'échelon national ou régional, à mettre en place des structures d'intervention et de contrôle plus efficaces que naguère ; d'autre part et surtout, ils ont obligé les intervenants à définir des techniques d'investigation à la fois plus systématiques et plus exigeantes.

Cliché pris d'avion par R. Agache en lumière infrarouge : le plan d'une villa gallo-romaine se dessine dans les marécages de Frémontiers. Velennes (Somme).

Citons-en quelques-unes sans entrer dans le détail de leur mise en œuvre. Il faut d'abord évoquer l'affinement des méthodes de fouille, qui doit beaucoup à l'exemple des préhistoriens : désormais l'analyse stratigraphique, qu'elle prenne pour cadre le traditionnel « sondage » profond, ou le travail en « aire ouverte », selon la technique mise au point depuis quelques décennies par les chercheurs anglo-saxons, s'est imposée à tous les chantiers, et les résultats ne se sont pas fait attendre ; indépendamment d'un affinement des séquences chronologiques, ce qu'on gagne à de telles pratiques, c'est la mise en évidence de structures qui, auparavant, passaient totalement inaperçues, tels les murs de terre, les pans de torchis, les parois de brique crue, etc. En un mot, tout un environnement architectural relativement humble, mais d'autant plus important qu'il est très fréquemment attesté, sort de l'ombre et dessine progressivement une image plus réaliste, plus quotidienne pourrait-on dire, de l'habitat gallo-romain.

En liaison avec cette archéologie de terrain en constant progrès, les méthodes de prospection, dont certaines sont anciennes, tendent à fournir d'un paysage donné une vision évolutive précise : la prospection aérienne complétée par la photo-interprétation qui permet l'appréhension de vestiges invisibles ou peu visibles au sol, et aide, par l'ampleur de la vision qu'elle autorise, à en structu-

rer les composantes ; la prospection au sol qui, au prix de multiples observations et « ramassages de surface », retrace, au moins dans leurs grandes lignes, les modalités de l'occupation d'un terrain ; l'étude des parcellaires, tant en milieu urbain qu'en milieu rural, qui, grâce à des moyens parfois très sophistiqués (projection des clichés en « lumière cohérente », analyse au moyen d'ordinateurs, etc.), restitue les lignes de force de l'implantation romaine, et les modifications qu'elle a pu subir à travers les siècles. Ainsi se dégagent, sur des superficies fort vastes, les énormes efforts introduits par la conquête dans l'aménagement du territoire : urbanisation, bonification des sols, ouverture d'itinéraires de pénétration, etc.

ACQUIS RÉCENTS

Les progrès enregistrés par cette « archéologie du paysage » sont considérables : elle révèle des formes agraires fossiles et des cadastres urbains rémanents ; elle assouplit et parfois modifie radicalement les idées reçues — ou transmises par les textes antiques — sur la régularité des carroyages orthogonaux ; elle met en évidence, en des régions où on ne les attendait pas, des formes de redistribution et d'accaparement des terres cultivables, du type de celles que nous avait révélées au début des années soixante la publication du fameux cadastre épigraphique d'Orange (voir p. 20) ; elle permet surtout une vision dynamique et non plus hiérarchique de l'occupation du terrain, et laisse entrevoir les processus complexes qui ont présidé aux relations ville-campagne au cours des siècles de l'Empire romain.

Dans le domaine qui nous occupe ici plus particulièrement, celui de l'urbanisme et de l'architecture, les acquis de la recherche récente sont en apparence moins radicalement nouveaux, même si de grands ensembles ont été mis au jour, tel le quartier d'habitation de Saint-Romain-en-Gal, sur la rive droite du Rhône, face à Vienne (voir p. 127), et si de nombreux centres urbains sont maintenant mieux connus, d'Alésia à Saint-

Commandé par Louis XVI pour la décoration du château de Fontainebleau, ce tableau de Hubert Robert regroupe les trois monuments majeurs de Nîmes : la « Maison carrée », les arènes et la « tour Magne ».

Bertrand-de-Comminges, de Lyon à Périgueux, d'Amiens à Bourges par exemple. Les fouilles de sauvetage ont entraîné aussi, dans de nombreuses régions, la découverte et l'exploration plus ou moins systématique d'agglomérations secondaires, qui ont parfois révélé qu'elles possédaient, en dépit de leur modestie, des panoplies monumentales remarquablement complètes. Mais les facteurs généraux du progrès sont ailleurs : ils tiennent à une meilleure connaissance de la typologie des édifices, à un calage plus précis de la chronologie des décors architecturaux, et enfin à une approche mieux assurée des ensembles urbains, dont on commence à comprendre qu'il convient, pour une tranche chronologique donnée, de les traiter comme des programmes cohérents, faute de quoi le risque est grand de se priver de tout moyen d'identifier correctement leurs éléments constitutifs.

Ces dernières recherches, il faut le reconnaître, ne s'étaient guère développées jusqu'à une date récente dans les milieux de l'archéologie métropolitaine, et cela pour des raisons qui, nous l'avons vu, n'étaient pas toutes scientifiques. Elles supposent, en amont, une familiarité réelle avec les autres contextes provinciaux, non seulement dans les parties occidentales de l'Empire, mais aussi dans son aire orientale. On s'aperçoit dès lors qu'en dépit de la souplesse d'adaptation des formules, les composantes fonctionnelles et symboliques d'un complexe monumental répondent à des exigences très voisines, de Carthage à Tarragone, d'Aphrodisias de Carie à Nîmes ; sans nier les particularismes régionaux qui ont souvent entraîné, surtout dans les pays non méditerranéens (celtiques ou belges), des modifications structurelles importantes, les orientations imposées par le pouvoir central, dont on sait mieux aujourd'hui qu'il portait une attention soutenue, volontiers vétilleuse, à l'aménagement des grandes villes et particulièrement des capitales régionales, restaient à peu près les mêmes, dictées qu'elles étaient par les impératifs de l'assimilation culturelle et administrative, et liées indissolublement à la diffusion du culte impérial et à ses liturgies spectaculaires. Cette prise de conscience de la dimension unitaire — ce qui ne signifie pas uniforme — de l'organisation des villes, du moins dans leurs parties représentatives, a permis des restitutions monumentales mieux étayées sur des dossiers comparatifs élargis ; elle a également entraîné de nouvelles identifications pour des monuments ou des ensembles monumentaux qui, connus de tout temps, n'avaient suscité jusqu'à présent qu'une réflexion distante ou distraite, les archéologues de terrain s'intéressant plus volontiers — et on les comprend aisément — à ce qui reste à découvrir qu'à ce qui est, depuis toujours, « enfoui » dans l'air, comme disent nos amis italiens *(sepolto nell'aria)*.

De fait, ces méthodes et leurs résultats ont posé en termes nouveaux le vieux problème de l'urbanisme romain, trop souvent envisagé en termes de géométrie plane ; le caractère abstrait et généralement théorique des damiers, qu'on s'efforce parfois de plaquer sur l'aire des villes antiques en fonction d'une conception sommaire du schéma « colonial » et d'une logique distributive non moins élémentaire, tend à laisser la place à une réflexion plus articulée sur les finalités politiques et religieuses de la répartition des volumes et des axes, et sur les circuits que cette répartition pouvait susciter. On ne juge plus seulement de la cohérence d'une implantation urbaine en fonction de l'orthogonalité de ses voies principales et de la régularité de ses îlots ; on essaie de comprendre aussi quels centres de convergence ont été retenus, et pourquoi, quelles relations entretiennent entre eux des monuments en apparence aussi autonomes qu'un forum, une basilique ou un théâtre, quelles continuités monumentales s'établissent de l'un à l'autre, etc. Autant de démarches qui exigent qu'on tienne compte non seulement de la topographie, mais aussi du discours plastique qui se déploie à travers les reliefs dont les monuments sont porteurs, des inscriptions qui, trop rarement il est vrai dans nos régions, nous révèlent leur destination officielle, de leur environnement enfin, non seulement archéologique mais aussi iconographique et épigraphique. Exigences minimales pour toute autre période historique, mais qui, curieusement, ont eu quelque peine à s'imposer dans le domaine des antiquités nationales.

Pour toutes ces raisons, l'histoire de la Gaule romaine à travers ses vestiges archéologiques reste en perpétuelle gestation. Elle est en grande partie à réécrire. Ce livre prétend seulement suggérer quelques-unes des directions vers lesquelles cette réécriture pourrait s'orienter. En l'état actuel des connaissances, et compte tenu des contraintes de la présente édition, il ne saurait être question de rédiger une synthèse complète. Nous serons heureux si les esquisses proposées donnent au lecteur l'envie d'aller plus loin dans la quête de ce passé dont tant d'aspects nous échappent encore, et d'où peuvent surgir d'un jour à l'autre tant de découvertes bouleversantes.

Vue partielle de la porte de Mars à Reims, dans son état actuel (très restauré). Il s'agit de l'un des quatre arcs monumentaux qui encadraient le centre de la ville antique.

Chapitre
premier

L'ORGANISATION DU TERRITOIRE ET L'ÉVOLUTION DES MENTALITÉS

Le « Trophée des Alpes » à La Turbie (Alpes-Maritimes). Dédié en 7-6 avant J.-C., il commémore la pacification des peuples des vallées alpestres qui gardaient le passage entre l'Italie et la Gaule. L'inscription, dont le texte nous a été transmis par Pline l'Ancien, énumérait les populations soumises, du Val d'Aoste à la Méditerranée. La composition est typique de l'architecture triomphaliste romaine.

Les Romains ne disaient pas la Gaule, mais les Gaules. Encore ce pluriel n'englobait-il pas, généralement, la Gaule Transalpine, devenue Narbonnaise entre 27 et 22 avant J.-C., et conquise dès la fin du IIe siècle avant J.-C. (125-120) ; cette vaste région, qui s'étendait de Genève au-delà de Toulouse, et de Vienne à Marseille, était considérée dès l'époque de César comme un prolongement de l'Italie au-delà des Alpes. Les Gaules proprement dites, conquises par César au terme d'une guerre terrible (58-51 avant J.-C.), comportaient tout l'ancien pays celtique et belge, c'est-à-dire la France du Centre, de l'Ouest et du Nord, étendue jusqu'à la rive gauche du Rhin : c'était la « Chevelue » (en raison peut-être de l'abondance de ses forêts), à laquelle s'ajouta l'Aquitaine. La constitution des « Trois Gaules », celle des trois provinces de Lyonnaise, de Belgique et d'Aquitaine, due à Auguste (entre 16 et 13 avant J.-C.), suscita de vives résistances ; une menace de révolte générale avait suivi l'établissement des nouvelles structures administratives et financières, et la refonte des anciennes divisions territoriales, destinée à répartir l'ancien cœur rebelle de la Celtique entre les trois nouveaux territoires provinciaux, avait été ressentie par certains comme une seconde défaite ; douze cités (au sens antique de *civitas*, territoire dominé par un chef-lieu) « celtiques » avaient été, par exemple, intégrées à l'Aquitaine, et d'autre part la Belgique absorbait, sur ses franges septentrionales, des ethnies à forte composante germanique.

La création du sanctuaire confédéral des Gaules, au confluent du Rhône et de la Saône en 12 avant J.-C. (voir p. 54), s'explique en grande partie par la volonté de rendre, au moins symboliquement,

La Gaule romaine à l'époque d'Auguste d'après Ch. Goudineau. Les « cités » et leur chef-lieu. Aquitaine (rose foncé) ; Belgique (gris) ; Lyonnaise (rose clair). Pour le détail de la Gaule Narbonnaise, voir infra chapitre II.

son unité à l'antique personnalité gauloise : le pouvoir de Rome avait très vite ressenti la nécessité de corriger ce que sa nouvelle organisation politique pouvait avoir d'arbitraire et de coercitif.

Cette étonnante disparité des peuples qui, de la Méditerranée au Rhin, des Alpes à l'Atlantique, occupent alors l'immense territoire de la Gaule dans l'acception géographique du terme, explique les différences de degré et parfois de nature que nous rencontrons dans les situations urbaines et rurales. La distance de trois générations qui sépare l'« entrée en romanité » de la Narbonnaise de celle de l'ensemble de la Chevelue est d'autant plus significative qu'elle est la résultante de destins historiques très différents : le processus de l'urbanisation ne se heurtait évidemment pas aux mêmes difficultés dans la basse vallée du Rhône, où la présence active de la cité grecque de Marseille avait introduit depuis des siècles des modes de vie et d'échanges déjà fortement hellénisés, et dans certains territoires du nord ou du nord-ouest de la France, où la notion même de ville, au sens méditerranéen du terme, n'existait pas encore.

LE PROCESSUS D'URBANISATION

Or la ville est l'élément qui caractérise l'emprise de Rome. L'application d'un type de division territoriale fondé sur la notion de *civitas* suppose la mise en place d'une infrastructure urbaine plus ou moins dense, mais avec des variantes régionales plus ou moins temporaires. Pour fixer dans un cadre urbain des populations qui en ignoraient parfois le mode d'emploi, il importe de susciter

Les « Tables claudiennes » de Lyon. Ce document exceptionnel, plaques de bronze inscrites retrouvées sur le site du sanctuaire des Trois Gaules à Lyon, contient le texte de la décision de l'empereur Claude qui, en 48 après J.-C., accorde aux citoyens de la Gaule Chevelue l'accès aux magistratures sénatoriales et l'octroi de tous les droits politiques.

dans les mœurs et dans les comportements collectifs une profonde mutation : il ne suffit pas de construire un forum, des thermes, un théâtre, pour faire de certains groupes des citadins ; il faut aussi que soit admise, au moins superficiellement, une organisation politique et administrative sans laquelle les monuments publics ont toutes chances de rester des cadres vides ; il faut que le système économique encourage la résidence et le travail « en ville » ; il faut enfin que les notables locaux comprennent que les moyens de s'élever dans le nouvel ordre établi par Rome passent par une action centrée sur la ville.

Si nous comparons, pour les Trois Gaules, la liste des établissements urbains mentionnés au Ier siècle avant J.-C. par César avec celle des villes capitales de *civitates* à la fin du Ier siècle de notre ère, la différence est très sensible puisque de onze nous passons à soixante. Faut-il conclure qu'une cinquantaine de chefs-lieux sont nés d'une décision impériale, en des endroits où l'on ne les connaissait pas ? Ce serait sans doute aller vite en besogne, car les recherches récentes ont montré que l'occupation romaine n'avait pas créé de rupture brutale : dans de vastes régions, dès avant la conquête, des agglomérations fortifiées, des *oppida*, s'inséraient parfois dans un maillage assez dense ; plusieurs de ces *oppida* ne seront pas détruits, et continueront à vivre, certains jusqu'au IVe siècle. D'autre part un nombre appréciable de villes gallo-romaines existaient avant la conquête, même si aucun vestige antérieur au Ier siècle n'y a encore été retrouvé : c'est le cas de Bourges *(Avaricum)*, Orléans *(Cenabum)*, Paris *(Lutetia)*, Poitiers (*Limonum*) ; plusieurs d'entre elles sont devenues dans le système romain des capitales de *civitates*. Il n'en reste pas moins que le souci d'accroître la densité urbaine, particulièrement le long du nouveau réseau routier mis en place à partir des plaques tournantes de Lyon, Langres et Reims et sur l'axe Saône-Moselle, qui tente de relier pour la première fois au monde méditerranéen les régions du Nord et de l'Ouest, a dicté à Rome une politique d'urbanisation qui s'avère inséparable d'une assimilation rapide des notables locaux.

À vrai dire, le réseau des villes n'est que l'aspect le plus apparent d'une réorganisation complète des territoires, qui suppose une redistribution des terres, des modes d'utilisation nouveaux de la richesse foncière, et une répartition largement modifiée du peuplement. Même si les déplacements autoritaires de populations n'ont pas eu beaucoup d'ampleur en milieu gaulois, du moins après la pacification, même si la création de véritables colonies romaines, consécutives à la « déduction », c'est-à-dire au transfert de citoyens venus d'Italie ou d'autres provinces, est restée limitée (les principales colonies de ce type sont identifiables dans la moyenne et la basse vallée du Rhône, et n'outrepassent pas, à l'ouest Narbonne, et à l'est Fréjus ; plus au nord, on compte seulement deux colonies, du reste hors du territoire français, à Augst [*Augusta Rauricorum*] et à Nyon [*Noviodunum*]), la prise en main du sol va bien au-delà d'une simple romanisation des régimes juridiques de la propriété.

L'APPROPRIATION DES CAMPAGNES

Le système des centuriations, dont on commence seulement à mesurer l'extension grâce aux moyens nouveaux de prospection (voir p. 11), a pu être étudié à partir d'un document exceptionnel : les quelque 415 fragments d'un plan de marbre retrouvé à Orange ; les travaux de A. Piganiol et de F. Salviat ont établi que ce plan, où figurent le dessin des centuries (unité quadrangulaire de surface de 20×20 *actus*, soit un peu plus de 700 mètres de côté), les cours d'eau, les routes, et surtout les différentes catégories de terres et le régime fiscal auquel elles étaient soumises, englobait trois ensembles cadastraux diversement orientés et répartis sur les deux rives du Rhône, de Montélimar à la Camargue. À l'intérieur des quadrillages orthogonaux ainsi définis figurent les terres cultivées soumises au tribut et les terres laissées en friche, les biens partagés entre des particuliers et ceux qui sont assignés à des collectivités, les lots distribués aux « vétérans », c'est-à-dire aux anciens légionnaires qui sont devenus après leur temps de service les habitants d'une colonie « déduite » (Arles par exemple), et ceux — les plus mauvais en général — qui ont été laissés ou restitués aux autochtones, etc.

Ce type d'archive est unique, dans l'état actuel de notre documentation, mais il n'est que la transcription dans la pierre d'un mode d'homogénéisation de l'espace rural dont de multiples traces ont été retrouvées sur le terrain, dans la plaine languedocienne, dans la vallée de la Saône et dans la Gaule de l'Est. Ces centuriations, observables dans toutes les provinces romaines, de la Bretagne insulaire (actuelle Angleterre) à l'Afrique du Nord, assuraient, au prix de travaux énormes d'arpentage et de limitation, le contrôle de l'espace rural, le contrôle économique de ses moyens de production, ainsi qu'une synthèse progressive de ses cadres de vie. Puissant instrument d'annexion, elles sont aussi un moyen de modifier sur le long terme les habitudes ancestrales du travail de la terre ; aménagement du territoire et accroissement de la dynamique productive s'avèrent ici intimement liés : les innombrables modifications de tracé, tant dans les cheminements que dans les limites parcellaires, la mise en place d'un système de bornage à la fois entièrement nouveau et arrimé sur des éléments familiers du paysage (citernes, tombes, tas de pierres, etc.), l'intégration systématique de terres jusqu'alors réputées stériles ou non cultivées, tout cela bouscule l'inertie du monde rural et soumet d'immenses régions de Gaule à un régime d'exploitation jusqu'alors inconnu.

L'ESSOR ÉCONOMIQUE

Très vite l'économie de la Gaule impériale devient non seulement autosuffisante, mais capable de s'insérer dans un marché où les immenses ressources de ses terroirs jouent un rôle croissant. Plusieurs facteurs favorisent cette évolution : d'une part le système urbain et ses implications socio-économiques, qui obligent les notables locaux — dont la fortune initiale est forcément foncière — à augmenter leurs revenus dans des proportions importantes ; le notable devenu magistrat dans sa ville est tenu, surtout s'il entend accéder à la citoyenneté romaine et à une carrière administrative extra-municipale, de construire des monuments, d'offrir des jeux ou des banquets, toutes activités extrêmement coûteuses qui l'incitent à

TERRITOIRES ET MENTALITÉS 21

*Scène de comptes.
Paiement de l'impôt ?
Musée archéologique
de Saintes.*

*Scène de halage. Relief
provenant de Cabrières-
d'Aigues et conservé au
musée Calvet d'Avignon.*

tirer de ses propriétés davantage de profit. D'autre part la présence, aux frontières du nord et de l'est de la Gaule, sur la frange des pays germaniques essentiellement, de troupes nombreuses stationnées en permanence — Ch. Goudineau évalue leurs effectifs à 200 ou 300 000 hommes, soit l'équivalent d'une cinquantaine de villes moyennes de l'époque — crée un appel énorme en denrées et matériaux de toutes sortes ; il est certain qu'une partie non négligeable de l'activité économique des Gaules a été orientée — et payée — par les besoins des légionnaires des camps du Rhin. Enfin et surtout il faut tenir compte du désenclavement dont de nombreuses régions bénéficient avec leur entrée dans le monde romain : l'ouverture sur l'univers méditerranéen entraîne une diversification des cultures et des activités artisanales dont nous pouvons suivre aujourd'hui, grâce à quelques « marqueurs » particulièrement bien étudiés (surtout les vases et amphores de céramique, emballages de l'époque), la répartition et les circuits, même si l'essentiel nous échappe toujours, à savoir une appréciation exacte — ou du moins approchée — du volume des échanges avec l'Italie et les autres provinces.

Les cultures traditionnelles, et en premier lieu celle des céréales, se développent, grâce à des progrès techniques, aussi bien pour le labour, avec l'introduction d'araires plus lourdes, que pour la moisson, avec la mise au point, en Champagne notamment, d'une sorte de machine à couper les blés, poussée par des bêtes de trait. Mais de nouvelles cultures ne tardent pas à s'introduire, au premier rang desquelles figure la vigne, depuis longtemps implantée en Narbonnaise, mais qui gagne dès le début de l'Empire le Bordelais, la Bourgogne et les pays de Loire ; l'olivier, dont la production restera très inférieure à celle des provinces espagnoles et se limite de toute façon à la basse vallée du Rhône ; les arbres fruitiers qui, s'ils existaient déjà en Gaule, sont perfectionnés par les techniques de greffe et de sélection importées d'Italie.

On ne saurait d'autre part oublier l'élevage qui, en raison même de la demande accrue, connaît un essor remarquable, avec, semble-t-il, des spécialisations régionales ou locales, en vue de l'exportation de viande fumée ou de laine ; il en va de même pour les activités liées à la pêche — salaisons, fabriques de sauce de poisson (*garum*) — et à l'ostréiculture au cours des deux premiers siècles de l'Empire, en particulier sur les côtes méditerranéennes.

VAISSELLE ET AMPHORES

Un signe connexe de cette relative prospérité peut être recherché dans l'essor des ateliers de céramique qui, dès le Ier siècle de notre ère, supplantant les anciens centres de production italiens. La tendance est aujourd'hui de réduire la signification du phénomène en rappelant que la fouille des épaves et de leur cargaison a montré le caractère secondaire des chargements de vaisselle : la céramique n'a jamais été qu'une marchandise d'appoint. Certes. Comment, d'ailleurs, en aurait-il pu être autrement ? On imagine mal des navires uniquement chargés de « services de table ». Il reste que cette vaisselle, produite d'une façon quasi industrielle à *Condatomagos* (La Graufesenque près de Millau, dans l'Aveyron), et qui envahit le marché aux dépens des céramiques « campaniennes » et « arétines » (des ateliers d'imitation de l'arétine précisément, à Lyon et dans ses environs, avaient eux-mêmes relayé, quelques décennies plus tôt, les produits d'Arezzo en Italie centrale) et enfin les « sigillées » de Lezoux (Puy-de-Dôme) qu'on retrouvera ensuite, pendant plus d'un siècle (de la fin du Ier au début du IIIe siècle), sur tous les sites occidentaux, ont constitué une source non négligeable de richesses pour les régions concernées. Rappelons seulement, pour donner une idée de la dimension de certaines de ces entreprises, qu'on a découvert en 1979, à La Graufesenque, un four quadrangulaire de 7 mètres de haut où l'on pouvait empiler environ 30 000 vases ; il semble avoir

L'atelier de céramique de Sallèles-d'Aude (Aude). Un véritable complexe de manufactures a été récemment mis en évidence au cœur de la Narbonnaise. Il témoigne de la rationalisation d'une production liée au développement de la monoculture de la vigne et au succès du vin gaulois dans toutes les provinces de l'Empire à partir de la fin du Ier siècle de notre ère.

Buste en argent de Vaison-la-Romaine. Il s'agit peut-être de L. Munatius Vitalis, connu par une inscription. En tout cas nous sommes en présence d'un citoyen aisé, un notable local sans aucun doute, qui affiche par sa bonne mine et l'ampleur de sa toge (noter l'épaisseur du bourrelet — umbo — qui barre sa poitrine) sa réussite sociale et son statut juridique enviable. Début du IIe siècle après J.-C.

fonctionné pendant près de quarante ans, entre les années 80 et les années 120.

À cela s'ajoute la céramique utilitaire, celle des amphores, qui connaît dès le Ier siècle un essor sans précédent. Un faisceau d'études historiques et de découvertes archéologiques a permis, au cours de ces toutes dernières années, de définir en termes relativement précis les liens étroits qui s'établissent très tôt entre certaines formes d'agriculture — la production du vin et, dans une moindre mesure, celle de l'huile — et la fabrication sur une grande échelle de conteneurs adaptés. L'inversion du circuit des échanges en ce qui concerne le vin est un phénomène que les travaux de A. Tchernia ont admirablement cerné : on constate, en effet, qu'à partir du règne d'Auguste les exportations d'amphores italiennes vers l'Occident tendent à diminuer, alors qu'augmente de façon sensible l'importation par l'Italie d'amphores espagnoles et surtout gauloises. Sans entrer ici dans le détail des problèmes inextricables que soulève, avec les moyens dont nous disposons, l'explication d'un tel phénomène, nous retiendrons seulement que l'installation d'exploitants et de négociants italiens peut avoir été, dans des terroirs particulièrement favorables, à l'origine de ce mouvement commercial, qui n'affecte pas seulement du reste les échanges avec la péninsule, mais s'étend à des régions plus lointaines, puisque des amphores gauloises ont été retrouvées en Grande-Bretagne, sur la frontière du Danube et sur certains sites de la Méditerranée orientale. Or F. Laubenheimer a pu montrer qu'il existait une relation entre les ateliers d'amphores et les vignobles des territoires centuriés qui étaient sans doute les plus intensément cultivés.

L'atelier de Sallèles-d'Aude (Le Clots de Raynaud, dans l'Aude), en Narbonnaise, se présente comme une véritable manufacture où toutes les phases du travail de l'argile sont intégrées à un circuit rationnel, depuis les carrières jusqu'aux bassins de décantation, aux ateliers de tournage, aux aires de séchage et enfin aux fours de cuisson ; ces derniers, dont le nombre atteindra presque la douzaine, pouvaient accueillir des fournées de 600 à 1 000 amphores. La fouille de cet ensemble, dirigée par F. Laubenheimer, a également dégagé des quartiers débouchant sur une place pourvue d'un puits.

De tels établissements sont impressionnants. On aimerait savoir avec qui et pour qui ils fonctionnaient : avec des ouvriers libres ou des esclaves ? pour de riches propriétaires gallo-romains ou pour des commanditaires italiens ? Toutes questions qui, pour l'instant, demeurent sans réponse. Il apparaît seulement — et c'est déjà beaucoup — que des activités spéculatives apparemment très rentables s'étaient établies dans certaines régions de Gaule, et que des systèmes de production artisanaux mais fortement normalisés avaient dû être mis au point pour répondre, au cours des deux premiers siècles de notre ère, à une demande économique qui, en toute hypothèse, dépassait largement le cadre régional. Si l'on songe que 33 centres de production du même genre avaient été recensés en 1985, on mesure l'importance de ces officines dans la vie des pays gaulois, d'autant que la plupart, sises à proximité de voies de communication (routes ou rivières), assuraient l'écoulement des productions agricoles, mais fabriquaient aussi des céramiques communes, des terres cuites architecturales et même de la vaisselle fine.

Plus que tous les autres, ces phénomènes de rationalisation de la production, tant agricole qu'artisanale, traduisent l'efficacité des « modèles » italiens dans les domaines économiques, mais aussi sociologiques et culturels. Nous pourrions en évoquer les effets dans d'autres secteurs, tels ceux de la verrerie, du textile ou de la métallurgie.

Même très inégalement répartie — selon les régions et plus encore selon les catégories juridiques ou sociales —, la richesse créée par ces activités entraîne une véritable conversion des esprits : les systèmes de valeur, les modes d'existence, les aspirations se modifient en l'espace de moins d'un demi-siècle, et pour longtemps.

LA FRANCE GALLO-ROMAINE

Au-delà de l'emprise de Rome, c'est son empreinte qu'il convient maintenant brièvement d'évoquer, sur les individus et aussi sur les communautés.

L'ARGENT ET LE DROIT

Au mois d'août de l'année 48, sous le règne de l'empereur Claude, une délégation du Conseil des Trois Gaules vint demander officiellement au sénat de Rome l'extension du droit d'accéder aux magistratures et aux charges des carrières équestre et sénatoriale (ce qu'on appelle le *jus honorum*) à tous les citoyens romains de la Lyonnaise, de la Belgique et de l'Aquitaine, quelle que fût l'origine de leur citoyenneté. L'historien Tacite a transcrit succinctement les vigoureuses réactions des sénateurs devant une telle prétention : ils craignaient que « ces richards de Gaulois », dont les ancêtres (à moins d'un siècle de distance) avaient massacré tant de légionnaires, n'occupent les postes importants aux dépens des aristocrates appauvris de l'Italie centrale. À quoi Claude avait répondu : « Les Gaulois sont désormais semblables à nous par les mœurs, les activités et les alliances. Qu'ils nous apportent leur or et leurs richesses plutôt que d'en jouir seuls ! » L'épisode est révélateur du rôle de l'argent dans l'évolution des mentalités, du moins chez les notables locaux auxquels Rome avait eu l'habileté de conserver leurs privilèges, et qui étaient devenus presque partout les gardiens du nouveau système et les champions de l'assimilation.

Pour comprendre l'état d'esprit de ces hommes, il faut rappeler d'un mot les inégalités juridiques dont pâtissaient les Gallo-Romains : les cités se répartissaient en fait en trois catégories, selon une hiérarchie stricte mais non totalement verrouillée, qui comportait, à l'échelon le plus bas, le « droit pérégrin ». Les villes et les territoires, fort nombreux, qui, dans les Trois Gaules, étaient soumis au début de l'Empire à ce régime, devaient payer toutes les impositions directes, et leurs habitants ne pouvaient épouser des citoyennes d'un rang supérieur ni se livrer directement au commerce. Seuls l'enrôlement dans l'armée ou la faveur exceptionnelle d'un gouverneur provincial ou de l'empereur lui-même pouvaient les faire sortir de cet état juridiquement et socialement très subalterne. À un niveau intermédiaire, les cités dites « de droit latin » bénéficiaient, sur le plan local, des mêmes prérogatives que les citoyens romains, en matière d'héritage, de commerce et de mariage, mais

Le cabaretier de la rue des échoppes. Musée de Dijon. Un (ou une) marchand(e) de vin verse du liquide dans un entonnoir, remplissant ainsi la bonbonne qu'un client présente sous le comptoir. On note, derrière le commerçant, des mesures de capacité (pichets) suspendues à une poutre.

n'avaient aucun droit politique. La particularité des communautés qui jouissaient de ce *jus latii* était leur ouverture, puisque la citoyenneté romaine, stade ultime de la progression, était acquise à tout personnage qui, grâce à ses possibilités financières, accomplissait une carrière municipale et accédait dans sa ville aux magistratures annuelles ; le privilège, qui sera étendu par Hadrien aux membres des sénats locaux (les décurions ou conseillers municipaux), était transmis à la descendance. Au sommet de la hiérarchie on trouvait donc les citoyens romains de plein droit, lesquels bénéficiaient en outre d'exemptions fiscales importantes et constituaient soit à titre individuel, soit comme membres de cités ou de colonies « de droit romain », des élites très enviées.

La résorption de ces inégalités qui entretenaient certes des frustrations et des mécontentements tenaces, mais suscitaient chez les notables de puissants mouvements d'émulation (et particulière-

Cette statue funéraire, trouvée peu après 1870 près de Vachères (Alpes-de-Haute-Provence) représente un soldat de l'époque d'Auguste en tenue d'apparat : cotte de mailles, ceinturon et manteau militaire à larges plis (paludamentum) sont nettement romains, mais le collier massif (« torque ») désigne un personnage d'origine celtique. Bel exemple de soldat gaulois ayant servi dans l'armée romaine.

ment à l'intérieur des communautés « de droit latin »), ne fut que progressive. Autant que nous en puissions juger, toutes les cités de Narbonnaise bénéficiaient déjà du droit latin sous Auguste ; avant la fin du Ier siècle de notre ère, presque toutes les cités gauloises en furent dotées. L'appartenance complète à l'Empire ne sera cependant acquise que lorsque le *jus honorum* aura été consenti à ces citoyens de droit latin — ce qui semble s'être accompli par étapes, les Éduens (dont la capitale était Autun) ayant acquis les premiers la possibilité de siéger au sénat de Rome.

Une telle organisation, en apparence complexe et encore effectivement mal connue dans le détail de son évolution, présentait donc globalement la caractéristique essentielle de lier la volonté de promotion juridique et sociale au désir d'intégration. Elle faisait de l'enrichissement le moteur de tout progrès individuel ou collectif dans la hiérarchie. L'entrée dans les circuits économiques, l'assimilation culturelle et la participation politique, inextricablement liées, constituaient en fait les trois aspects d'une même démarche qui, dans le meilleur des cas, devait conduire ceux des Gallo-Romains en ayant les moyens et l'envie à devenir des Romains à part entière.

L'ÉVOLUTION DES MENTALITÉS

Le système de valeurs qui s'instaure ainsi dans les classes dirigeantes est certainement l'un des garants principaux de la longévité du régime impérial en milieu occidental. On conçoit dans ces conditions que l'émulation ait constitué un élément primordial de la vie sociale ; une émulation qui animait certes les individus mais aussi les villes. Les rivalités que nous décelons à travers l'épigraphie et les monuments publics entre Arles et Nîmes, Lyon et Vienne, Reims et Amiens etc., traduisent, de la part de leurs élites, le souci d'acquérir pour elles-mêmes et pour leurs communautés respectives, les signes patents de la faveur impériale et la reconnaissance d'une appartenance toujours plus manifeste à la romanité. Un mouvement d'échanges s'établit fréquemment entre la petite et la grande patrie, et ceux des citoyens gallo-romains qui parviennent aux échelons les plus élevés des carrières sénatoriales ou équestres — on en connaît, en Narbonnaise, dès la première moitié du Ier siècle —, assumant à ce titre des responsabilités importantes, et souvent fructueuses à Rome et dans d'autres provinces, ont à cœur de faire participer leur cité d'origine à leur réussite individuelle en finançant des constructions d'intérêt public, ou en enrichissant son infrastructure. De son côté, le pouvoir central se montre fréquemment sensible aux efforts consentis par les villes pour se doter de panoplies monumentales qui les désignent comme des centres efficaces d'assimilation, et qui obtiennent de la part de leurs habitants des gestes de loyalisme se traduisant par la consécration de lieux de culte dynastique, ou par toute autre fondation plus ou moins directement orientée vers l'exaltation du personnel impérial. À Saint-Paul-Trois-Châteaux *(Colonia Flavia Tricastinorum)*, Die *(Colonia Dea Augusta)*, Feurs *(Colonia Flavia Forum Segusiavorum)*, Autun *(Colonia Flavia Augustodunum)*, Besançon *(Colonia Victrix Vesontio)*, Langres *(Colonia Andematunum)*, par exemple, sera concédé le titre de colonie, et sans doute par la même occasion le droit romain, à des dates difficiles à déterminer, mais qui s'échelonnent vraisemblablement entre la fin du Ier et le début du IIIe siècle.

Les limites du phénomène, et son caractère un peu illusoire, apparaissent cependant dès que l'on cesse d'envisager les classes les plus élevées de la société — celles qui, évidemment, ont laissé les traces les plus explicites de leur activité — pour essayer de comprendre les modes de vie et les

attitudes des autres éléments de la population. Pour eux, nous sommes évidemment beaucoup plus démunis, et seules les stèles funéraires, avec leurs représentations figurées ou les symboles des métiers qu'elles arborent volontiers, avec aussi leurs inscriptions, trop souvent elliptiques, apportent quelques renseignements ; encore ne saisit-on là que les représentants des classes moyennes, qui ont également été, à des titres divers, les bénéficiaires du nouvel ordre en devenant les intermédiaires indispensables des grandes opérations économiques et en fournissant les principaux contingents de l'artisanat urbain, du commerce de détail, des techniciens de service, etc. Les reliefs funéraires de Bourges, de Dijon ou d'Autun, entre autres, nous présentent les images les plus vivantes de ces Gallo-Romains qui s'activent derrière leurs comptoirs ou sur leurs établis, et qui, à coup sûr, appartenaient encore à la catégorie des citadins aisés. Mais au-delà ? Nous ne pouvons que formuler des hypothèses sur le prolétariat urbain et rural, et sur la façon dont il s'intégrait — ou ne s'intégrait pas — aux circuits de production. Quant à son degré de « romanisation », il nous reste à jamais impossible d'en juger, en raison de l'absence de tout témoignage sur les catégories inférieures de ces sociétés. Quelques indices cependant donnent à penser qu'il restait modeste.

LE « GALLO-ROMAIN » DE *GLANUM*

Sur l'une des piles du monument qui marque l'entrée de *Glanum* (Saint-Rémy-de-Provence, Bouches-du-Rhône), petite ville du territoire d'Arles, un relief met en scène un personnage singulier : il s'agit d'un homme de taille moyenne, qui s'est drapé dans son *sagum* (manteau à frange typique des peuples celtiques) comme dans une toge ; il tient à distance un Gaulois de haute stature, enchaîné à un trophée, qui ne peut être qu'un prisonnier de guerre, un vaincu. Quel est le message ? Le premier individu, à demi urbanisé, est un « Gallo-Romain » moyen, qui a compris — ou auquel on a fait comprendre — qu'il valait mieux désormais imiter en tout point le genre de vie et le comportement diffusés par les Romains. Il présente à ses compatriotes, comme le témoin d'un passé révolu, un de ces guerriers d'autrefois qui n'ont plus leur place dans le nouvel ordre. Si l'on se souvient que l'arc en question fut construit dans le premier quart du Ier siècle de notre ère, et sans doute plus précisément au début du règne de Tibère, on mesure devant une telle représentation, évidemment imposée par le pouvoir régional aux concepteurs de ce monument officiel, les limites de la romanisation, dans une région où pourtant les conditions de son rapide développement étaient particulièrement favorables. Ce Gallo-Romain qui arbore une toge sans doute aussi approximative que le latin qu'il parlait devait être assez représentatif de la masse des habitants issus du substrat indigène, dont l'acculturation restait pour le moins superficielle. Tacite aurait pu lui appliquer une de ces formules hautaines par lesquelles il définit les comportements tout extérieurs des ethnies de l'Europe de l'Ouest : « Ils prennent goût à notre genre de vie et portent même souvent la toge... » Le pouvoir central, à vrai dire, n'en avait cure, pourvu que ces gens, qui formaient la masse de la population — c'est à elle que s'adressent les images de l'arc de *Glanum*, comme celles des arcs de Carpentras et d'Orange — se tinssent tranquilles. Seule lui importait au fond l'assimilation des élites locales, dont le mausolée voisin, à *Glanum*, évoquait déjà depuis près d'un demi-siècle, quand fut édifié l'arc, la valeur guerrière et le loyalisme politique, en un langage iconographique tout entier imprégné de cette culture hellénistique commune à la Grèce et à l'Italie de l'époque.

Le « Gallo-Romain » de l'arc de Glanum (face ouest, relief nord). Le personnage de gauche présente la silhouette rassurante d'un Celto-Ligure « romanisé » qui habite la ville et qui s'habille (presque) comme un citoyen romain (même s'il est drapé dans un sagum et non dans une toge). Il désigne et en même temps tient en respect un grand gaillard vêtu à la gauloise, aux mains liées derrière le dos, qui symbolise les vaincus d'hier.

Les « Barbares » de l'arc de Carpentras. Le respect de l'autre et la dignité humaine qui caractérisent les reliefs de l'arc de Glanum (même pour les vaincus) ne sont plus de mise ici : il importe de stigmatiser, par un équipement et un habillement inquiétants, les « sauvages » qui osent encore défier l'ordre romain.

Chapitre II

LES VILLES DE GAULE NARBONNAISE

Détail d'un panneau sculpté provenant sans doute du temple consacré au culte impérial (ou de ses abords immédiats) retrouvé à proximité de l'exèdre du Musée Arlaten d'Arles : visage de Jupiter Ammon ou du dieu Océanos dans une couronne de feuilles d'acanthes. On notera la variété du découpage des éléments végétalisés, où le sculpteur suggère des silhouettes animales dont le sens nous échappe (un crocodile et un dauphin).

Il n'est pas de région d'Occident où la romanisation, sous toutes ses formes, ait été plus précoce que dans la province de Gaule Narbonnaise, qui s'étend de Genève à Toulouse et englobe, avec la basse vallée du Rhône, tous les territoires qui, sur cette partie du littoral méditerranéen, avaient subi de près ou de loin l'influence séculaire de Marseille et de ses comptoirs. En ce milieu, depuis longtemps hellénisé, les phénomènes liés à l'urbanisation ont évidemment été accueillis plus facilement qu'ailleurs et l'intégration des élites indigènes s'est réalisée avec une rapidité exemplaire : dès la fin de l'époque républicaine (c'est-à-dire dès la seconde moitié du Ier siècle avant J.-C.), quand la province n'est encore que la Gaule Transalpine, la volonté d'assimilation se manifeste en ces contrées par l'adoption du latin dans toutes les transactions publiques ou privées, par la modification du nom et du contenu des magistratures locales qui s'alignent sur les usages romains, par l'apparition de la maison de type italique, à *Glanum*, à Vaison-la-Romaine, à Ensérune, etc. (voir p. 114). Et lorsque Strabon rappelle que les « plus illustres » des Allobroges, dans le nord de la province, ont transformé en une véritable ville le simple village qu'était alors Vienne, il exprime, à la faveur de cet exemple, le rôle joué par les riches familles dans le développement urbain. Mais l'archéologie nous renseigne aussi sur l'importance numérique et le rôle social d'une classe moyenne particulièrement développée, ouverte à toutes les modes venues d'Italie : les tombeaux à frise dorique de Narbonne ou les stèles à rinceaux de Nîmes en portent témoignage (voir p. 175). Soulignons enfin que le nombre des inscriptions latines recueillies dans les villes de cette province dépasse de très loin les

La province de Narbonnaise et ses « cités » sous le Haut-Empire romain (Ier-IIe siècle après J.-C.), d'après Ch. Goudineau. On notera la densité des chefs-lieux dans la basse vallée du Rhône.

Page de droite : Maquette présentant la restitution du centre monumental de Glanum à l'époque impériale. Conception P. Varène, J. Bigot, CNRS ; réalisation F. Trouvé, F. Picard. Au premier plan à gauche, les temples dits géminés et leur portique d'encadrement (péribole) ; au centre, l'aire close du forum et la masse de la basilique judiciaire ; au fond et à gauche, les quartiers d'habitation et à droite, les thermes.

trouvailles épigraphiques réalisées en toute autre région de Gaule : près de 45 % des textes latins gravés sur pierre trouvés sur l'ensemble du territoire français proviennent de Narbonnaise, dont 27 % des villes de Narbonne et de Nîmes.

Cette précocité s'explique aussi par la sollicitude du pouvoir impérial qui, non content d'établir sur le couloir rhodanien des villes importantes peuplées de colons d'origine italique (vétérans démobilisés des légions césariennes essentiellement), telles Orange ou Arles, comble de privilèges les anciennes capitales ethniques devenues chefs-lieux de cités (Nîmes par exemple), et continue de veiller au développement des plus anciennes fondations romaines de la région (Narbo Martius-Narbonne, créée en 118 avant J.-C., et Aquae Sextiae-Aix-en-Provence, créée en 122). Face aux Trois Gaules qui restent à bien des égards, sous Auguste et Tibère, des territoires immenses d'où peut toujours surgir une révolte (et celle de 21 après J.-C. confirmera ces craintes), la Gaule Narbonnaise s'affirme aux yeux du personnel dirigeant comme un monde à la fois pacifique et assimilé, où il convient de promouvoir et d'encourager tous les mouvements de loyalisme d'une population dont l'encadrement culturel et idéologique s'avère efficace. À cela s'ajoute le souci de maintenir entre Gaule Chevelue et pays ibériques un glacis prospère et soumis où les forces romaines pourront toujours trouver les ressources nécessaires à des opérations plus lointaines.

« PATRONS » OFFICIELS ET ÉVERGÈTES (BIENFAITEURS PRIVÉS)

On comprend, dans ces conditions, que se soit développé très tôt en Narbonnaise un type de relations privilégiées entre les communautés urbaines et le pouvoir central : d'un côté le personnel impérial accepte volontiers d'exercer son « patronage », c'est-à-dire sa protection, à la fois personnelle et juridique, sur telle ou telle ville qui le lui demande ; ainsi C. Caesar, le fils adoptif d'Auguste, son petit-fils par la chair, considéré jusqu'à sa mort prématurée comme l'héritier en titre du

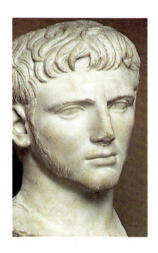

Portrait de C. Caesar, le petit-fils d'Auguste.
Adopté par son grand-père qui le désigne, avec son frère L. Caesar, comme l'héritier présomptif du pouvoir impérial, ce jeune prince sur le visage duquel on trouve plusieurs caractéristiques des portraits officiels d'Auguste (en particulier dans la disposition des cheveux sur le front) devait mourir prématurément. Cette œuvre magnifique, en marbre de Carrare, retrouvée dans les cryptoportiques d'Arles, ornait sans doute un sanctuaire dynastique sur le forum de cette ville.

Princeps, devient très tôt le « patron » de Nîmes, et offre à la ville, parmi d'autres cadeaux, un « xyste », c'est-à-dire un portique destiné à la promenade et aux exercices gymniques ; ainsi L. Cassius Longinus, consul en 30 après J.-C., entré par alliance dans la famille de Tibère en épousant la fille de Germanicus, devient le puissant « patron » d'Arles, etc. Inversement, les riches notables locaux sont plus vite et plus souvent disposés qu'ailleurs à payer de leurs deniers des constructions publiques, pour gravir les échelons de la carrière municipale et briguer ensuite de plus hautes charges ; dès le Ier siècle de notre ère nous recensons vingt-deux sénateurs, siégeant dans la curie de Rome, originaires de Narbonnaise. À titre de comparaison, rappelons que nous ne connaissons, pour la même période, qu'un seul sénateur originaire des Trois Gaules ! Bien évidemment, ces gens associaient leur ville natale et leur communauté d'origine à leur réussite personnelle et ne manquaient pas de se manifester par des largesses qui pouvaient être, mais pas obligatoirement, édilitaires. Il en va de même pour les titulaires des carrières du second rang de la noblesse romaine, celles des chevaliers : deux Arlésiens, P. Pompeius Paulinus et M. Mettius Rufus, deviendront responsables de l'administration alimentaire de Rome, l'Annone, poste clé s'il en est, et le second finira même préfet d'Égypte.

Dans une société comme la nôtre où les « fondations » se font rares ou tombent en déshérence, et où l'État-providence est censé pourvoir à tous les besoins de la collectivité, nous avons quelque peine à imaginer que des édifices aussi imposants que le théâtre d'Orange ou l'amphithéâtre de Nîmes ont été financés en tout ou en partie par des individus, et que leur fonctionnement — entretien mais aussi spectacles — peut avoir été payé pendant de longues années par une ou plusieurs familles qui consacraient à ce genre d'activité une part importante de leur patrimoine. C'est pourtant ainsi qu'il faut envisager les choses : la plupart des équipements collectifs, ces « monuments gallo-romains » qui font aujourd'hui l'admiration du touriste dans les villes de Provence et du Languedoc, sont certainement imputables à l'évergétisme privé. Cette promptitude à répondre aux incitations du pouvoir central, en ce domaine comme en beaucoup d'autres, constitue l'un des facteurs d'explication de l'exceptionnelle floraison architecturale des agglomérations antiques, et permet de comprendre l'étonnante observation de Pline l'Ancien, le célèbre encyclopédiste latin ; écrivant dans les années soixante-dix de notre ère, il définissait la Narbonnaise comme une autre Italie plutôt que comme une province.

Cheminer dans cette « Italie d'au-delà des Alpes » — pour garder le point de vue de Pline —, c'est en effet rencontrer à chaque pas des témoins humbles ou grandioses des siècles gallo-romains. Sans prétendre accomplir un itinéraire complet qui dépasserait largement le cadre d'un tel ouvrage, nous prendrons quelques exemples retenus pour leur signification historique, autant que pour leur valeur pittoresque ou monumentale.

GLANUM, OU LA MÉTAMORPHOSE D'UN ÉTABLISSEMENT HELLÉNISTIQUE

À *Glanum* (actuellement Saint-Rémy-de-Provence), petite agglomération de l'arrière-pays de Marseille, intégrée au territoire d'Arles après la fondation de cette dernière, il est encore permis d'observer comment un établissement de tradition hellénique a pu être, en l'espace de quelques générations, transformé en une véritable ville romaine, dotée de toutes les composantes de la nouvelle panoplie administrative et religieuse. Jusqu'au début du Ier siècle avant J.-C., le centre de cette agglomération, regroupée autour d'un sanctuaire de source, se composait d'une place trapézoïdale entourée de portiques à chapiteaux figurés et d'une salle de réunion des conseillers de la cité, un « bouleutérion », le plus occidental de tous les exemples de ce type d'édifice. Les maisons, réparties selon un plan régulateur assez rigoureux, occupaient une grande partie de l'espace disponible au débouché de l'étroite vallée qui franchissait à cet endroit les Alpilles. À partir des années 40 avant

J.-C., en liaison sans doute avec l'accession de *Glanum* à la catégorie des communautés de droit latin, on assiste à une lente mais sûre appropriation des espaces de décision et d'une partie des zones d'habitation.

Le processus commence par la construction d'un sanctuaire composé de deux temples où apparaissent, pour la première fois dans la région, des colonnes à chapiteaux corinthiens, et à entablements à consoles ; ces deux incunables d'un ordre architectural appelé à connaître, en France, un développement exceptionnel — de la Maison carrée de Nîmes à l'église de la Madeleine à Paris ! — sont encore bien modestes, mais l'interprétation qu'ils proposent d'une formule décorative déjà largement attestée en Italie est d'autant plus intéressante qu'elle reste empreinte d'une fraîcheur, et, pourrait-on dire, d'une innocence, qu'auront perdues les versions plus élaborées des périodes suivantes : la saveur ne s'est pas encore égarée dans les automatismes d'un naturalisme canonique, et la variété des éléments intégrés à la corniche témoigne d'une imagination qu'étoufferont bientôt les « cartons » officiels imposés par la grande architecture impériale. Quelques années plus tard ces temples seront entourés, sur trois de leurs côtés, d'un portique sur podium formant péribole, qui empiétera d'une façon symbolique sur l'ancien bouleutérion et le rendra très vite en tout ou en partie inutilisable.

Puis, implanté selon l'axe longitudinal du site, en position perpendiculaire par rapport au péribole, un forum se met en place : sa construction impose d'une part la destruction préalable de l'agora trapézoïdale et du quartier d'habitation qui la jouxtait vers le nord, et d'autre part un énorme travail de remblaiement pour compenser la pente naturelle du terrain, dont s'étaient jusqu'ici accommodés les occupants du lieu, et pour établir une vaste esplanade. Ce premier forum glanique, datable des années 30-20 avant J.-C., comportait une

Glanum (Saint-Rémy-de-Provence. Bouches-du-Rhône). Cette vue générale aérienne du site permet d'apprécier la façon dont la ville romaine s'est intégrée au paysage, en exploitant, comme l'avait fait avant elle l'établissement hellénistique, l'élargissement du ravin qui, du sud vers le nord, échancre la chaîne des Alpilles.

place quadrangulaire entourée de portiques ; il était clos vers le nord par une « basilique » à deux nefs. Cette basilique embryonnaire fut ensuite remplacée par une autre plus conforme à la tradition, et mieux adaptée aux exigences d'accueil et de circulation qui définissent ce genre d'édifice où doivent pouvoir se réunir des assemblées nombreuses à des fins économiques, commerciales ou judiciaires : pourvue d'un espace central encadré de colonnes qui soutenaient une toiture surélevée, la seconde version de la basilique possédait aussi un promenoir périphérique surmonté d'une terrasse qui constituait elle-même un déambulatoire auquel on accédait par des escaliers intégrés à la construction. Des annexes administratives s'adossèrent bientôt à ce vaste hall qui correspondait à lui seul à une sorte de forum couvert : une curie ou salle de réunion des conseillers municipaux, les décurions — désormais le bouleutérion de type grec est bien mort ! —, pourvue d'une abside axiale où siégeait sans doute la statue de l'empereur, et un *tabularium*, c'est-à-dire une salle des archives.

Montée sur de très hautes substructions, en raison de la dénivellation du terrain, la basilique-curie formait une véritable barre au cœur du site, dont elle bloquait la perspective ; elle dominait de plus de vingt mètres les rues et les maisons avoisinantes, et régnait impérieusement sur la place du forum, symbole on ne peut plus explicite de l'efficacité des nouvelles formes du pouvoir. Il ne s'agit plus désormais, comme pendant les périodes hellénistiques, d'ouvrir dans la trame de l'habitat des aires de convivialité ou de réunion, mais de modifier radicalement l'organisation initiale du terrain en faisant fi des données du relief naturel et de l'occupation antérieure.

Axialité des structures et hiérarchisation des espaces, tels sont les maîtres mots d'un urbanisme qui se veut avant tout volontariste et régulateur. L'implantation de cet ensemble basilique-forum, qui sera complété vers la fin du Iᵉʳ siècle par une clôture monumentale à exèdre au sud de la place, constitue l'une des illustrations les plus claires du bouleversement d'un paysage antérieur, consécutif à la mise en place des institutions romaines. Seul le site d'*Ampurias*, en Tarraconaise, permet d'entrevoir, selon des modalités d'ailleurs différentes, un phénomène du même ordre.

L'opération se double évidemment d'une action religieuse dépourvue d'ambiguïté qui consiste à romaniser les sanctuaires traditionnels : une chapelle consacrée à *Valetudo*, la déesse romaine de la santé, et dédiée par Agrippa, le second d'Auguste, s'établit à proximité de la source qui était à l'origine de l'établissement humain de *Glanum*, et à laquelle on attribuait évidemment des vertus salutaires. Quant aux temples corinthiens, ils sont très vite consacrés à des cultes dynastiques (Rome et Auguste peut-être), comme le prouve la galerie de portraits des membres de la famille julio-claudienne retrouvée à proximité de leurs vestiges. Ils complètent à ce titre le centre monumental dont ils font partie : avec leur péribole, ils définissent en fait l'aire religieuse du forum ; celle-ci ne doit apparemment qu'aux contraintes d'une topographie tourmentée de s'ouvrir selon un axe perpendiculaire à la place elle-même.

LE PROGRAMME AUGUSTÉEN D'ARLES

Non loin de là, la puissante colonie d'Arles, fondée en 46 avant J.-C. par T. Claudius Nero pour le

Plan de la colonie romaine d'Arles (Colonia Julia Arelate Sextanorum).

Vue aérienne d'Arles. L'habitat médiéval ou plus récent intègre admirablement les vestiges gallo-romains et nous restitue certainement, pour l'essentiel des masses et des cheminements, l'aspect de la ville antique.

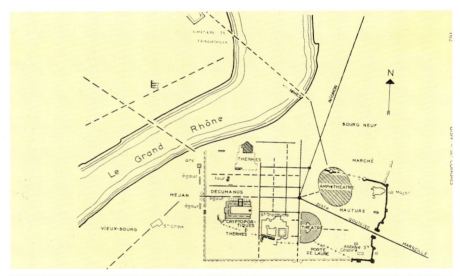

Plan de l'ensemble des cryptoportiques d'Arles et de l'exèdre dégagée par F. Mistral en 1905 dans la cour du Musée Arlaten. Plan R. Amy. Ces puissantes substructions (vue partielle ci-dessous) presque entièrement souterraines servaient d'abord d'appui aux portiques du forum ; les espaces ainsi dégagés en sous-œuvre ont pu être utilisés ensuite à des fins diverses (entrepôts, magasins, promenades, entre autres).

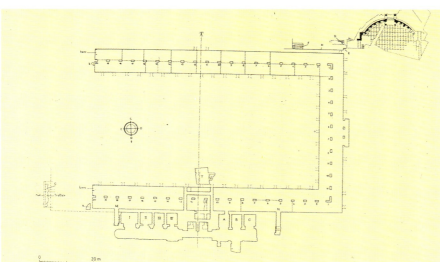

compte de César, et peuplée de soldats vétérans de la VIe légion, s'était installée sur la rive gauche du Rhône, en reléguant les anciens habitants de l'autre côté du fleuve. De dimensions moyennes, cette *Colonia Julia Arelate Sextanorum* n'englobait initialement qu'une quarantaine d'hectares, qui ne furent pas tous occupés dès les premiers temps. La longueur de son enceinte, dont le circuit n'est pas exactement restituable à l'ouest et au sud, n'atteignait certainement pas la moitié de celle de Nîmes.

Mais si son emprise au sol reste relativement restreinte, son ordonnance interne et la qualité de ses aménagements s'avèrent remarquables. Là encore une volonté de rationalisation semble avoir présidé à l'implantation initiale, qui revêt deux formes essentielles : d'une part l'infléchissement des cheminements traditionnels qui fait, par exemple, que la voie en provenance de Marseille, au lieu de suivre la pente naturelle du terrain vers le Rhône, affecte un tracé rectiligne d'est en ouest ; d'autre part le rattrapage des niveaux, pour l'esplanade du forum, qui a entraîné la construction des fameux cryptoportiques.

C'est par l'examen de cette énorme structure, éclairée par des soupiraux qui s'ouvraient dans le socle même des portiques soutenus par les galeries enterrées, qu'il faut commencer la visite de la ville antique. Construites, ou en tout cas mises en chantier peu de temps après la création de la colonie, ces galeries, qui affectent en plan la forme d'un U ouvert vers l'est, sont larges de plus de 8,50 mètres, et divisées dans leur axe longitudinal par des piles en grand appareil recevant des arcs surbaissés. Site piranésien s'il en est, les cryptoportiques d'Arles — comme les ambulacres souterrains de Narbonne, les cryptoportiques de Reims ou ceux de Bavay — suscitent chez l'observateur moderne un sentiment ambigu d'admiration pour l'ampleur du travail réalisé, et de perplexité quant à sa finalité. Les archéologues se querellent toujours pour savoir à quoi pouvaient servir ces espaces en sous-œuvre : déambulatoires abrités du soleil ? entrepôts ? refuges en cas de siège ou d'attaque ? Vaines questions qui oublient seulement que la fonction de ce genre d'aménagement est inséparable du contexte monumental où il s'inscrit ; en l'occurrence, sa seule fin est de régulariser le sol des portiques d'encadrement du forum et de contribuer à l'établissement d'une terrasse en partie artificielle. Les vides ainsi dégagés pouvaient, accessoirement, et selon la conjoncture, servir à titre temporaire de magasins ou de promenoirs, mais ce qui justifiait l'opération, c'était évidemment les supports. Quiconque a vu les substructions du forum du sommet de la colline de Byrsa, à Carthage, sait que les Romains n'ont jamais cherché à justifier l'ampleur d'un travail de terrassement par des finalités annexes d'ordre économique ou culturel.

Le forum, quant à lui, établi au croisement des voies principales, comportait dans sa première phase une place de 5 200 mètres carrés entourée de portiques ; nous ignorons la localisation de ses dépendances principales, et en particulier de sa basilique, mais les fragments de statuaire retrouvés dans les galeries souterraines suggèrent qu'il s'organisait autour d'un petit sanctuaire — chapelle ou autel — consacré, comme ceux des carrefours de Rome après 7 avant J.-C., au *Genius Augusti*, c'est-à-dire à l'être divin de la personne de l'empereur, et aux dieux Lares officiels, soit aux divinités du lieu, représentées ici sous l'effigie des fils adoptifs d'Auguste, C. et L. Caesar ; un magnifique portrait du premier, le plus âgé des deux, a été recueilli précisément dans les cryptoportiques.

Mieux conservé, heureusement, le théâtre dominait à l'est les espaces politiques et administratifs de la ville, du haut d'un ensellement rocheux. La conque de ses gradins, ou *cavea*, est entièrement édifiée sur des substructions artificielles, et son plan s'apparente directement à celui du théâtre de Marcellus à Rome, achevé vers 17 avant J.-C. C'est précisément des années 20-10 avant J.-C., que date aussi le théâtre d'Arles ; il compte donc, avec celui de Mérida en Espagne, parmi les édifices les plus anciens de sa catégorie. Son *orchestra* dallée, sa scène surélevée, son mur de scène parfaitement restituable en plan et partiellement restitué en élévation, composent l'un des ensembles les plus attrayants de cette cité par ailleurs si riche. Le programme statuaire qui animait son mur de scène comportait des effigies divines (Aphrodite, Artémis) directement copiées d'originaux grecs d'époque classique, au centre desquelles trônait, dans un baldaquin situé au-dessus de la « porte royale », un Auguste héroïsé, magnifique image du premier empereur — l'une des plus belles de celles, nombreuses, qui nous sont parvenues de tous les points du monde romain — assimilé plus ou moins explicitement à Apollon, son protecteur officiel. C'est du reste à Apollon que se réfèrent les ornements des autels retrouvés sur la scène et au centre de l'*orchestra* : ces deux objets, qui comptent parmi les plus élaborés (tant du point de vue de leur iconographie que du point de vue de leur exécution) que nous ait livrés un site archéologique occidental, nous parlent en termes explicites du dieu de Delphes appuyé sur sa lyre à proximité du trépied de la Sibylle, et du dieu de Délos évoqué directement par les cygnes et le palmier, qui sont les symboles de l'île sacrée où il naquit. Ainsi, lorsque les citoyens d'Arles se réunissaient soit pour assister à une représentation, soit pour une assemblée politique ou judiciaire, ils étaient mis en présence des images sacralisées du pouvoir impérial.

En cela le théâtre s'avère étroitement complémentaire du forum, avec lequel il constitue, en dépit de son relatif éloignement, une unité urbanistique indéniable, ne serait-ce que par le système des voies qui le reliait à la place proprement dite : une rue située dans l'alignement du forum conduisait directement à l'une des deux entrées latérales du théâtre, dont la masse était par ailleurs rigoureusement alignée sur un axe perpendiculaire à

L'« autel des cygnes » du théâtre d'Arles. Retrouvé au centre de l'orchestra, il rassemble les symboles de l'Apollon de Délos en une composition où les éléments végétaux (palmiers) et animaux (cygnes) sont traités avec une virtuosité exceptionnelle. Certains motifs renvoient directement à la décoration du grand temple d'Apollon du Circus Flaminius à Rome, reconstruit dans les années 30-20 avant J.-C.

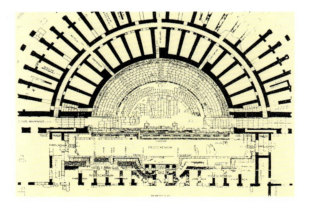

Plan du théâtre d'Arles. Conçu à partir du modèle du théâtre de Marcellus à Rome, il est, avec le théâtre de Mérida en Espagne (Augusta Emerita, *capitale de la Lusitanie*) l'un des plus anciens représentants de ce type d'édifice en Occident.

Statue d'Auguste provenant du mur de scène du théâtre d'Arles. Cette effigie colossale où l'Empereur est représenté dans une nudité héroïque date du début du Ier siècle après J.-C. Elle constitue l'un des plus beaux portraits officiels que l'on possède du fondateur de l'Empire.

(À gauche.)
Le théâtre d'Arles. Construit à la fin du Ier siècle avant J.-C., il s'inscrit parfaitement dans le plan primitif de la colonie. Ses gradins entièrement établis sur des substructions concentriques, son décor marmoréen et son mur de scène (dont deux colonnes ont été conservées) le désignent comme une réalisation déjà très élaborée. Avec ses 102 m de diamètre, il pouvait accueillir non seulement les citadins, mais un grand nombre de ruraux venus de tous les points de la civitas *ou des « cités » voisines.*

celui du forum. La valeur « scénographique » de l'ensemble n'est plus sensible aujourd'hui ; elle était, soyons-en sûrs, parfaitement concertée dans l'esprit des architectes augustéens qui ont conçu et réalisé, au cours des mêmes années, ces deux points forts de l'urbanisme arlésien.

LE RÔLE MOTEUR D'ARLES

Cet ensemble unitaire et clos sur lui-même traversera tout le Haut-Empire sans modification sensible. Seul un second forum sera ouvert, sur l'axe majeur du premier, à l'époque de Tibère (années 14-37 après J.-C.) ; longtemps confondue avec un édifice basilical, la nouvelle esplanade comportait en fait deux exèdres latérales, dont l'une, celle du sud, est entièrement conservée dans la cour du musée Arlaten dont elle constitue l'un des joyaux ; en son centre s'élevait un temple dont les éléments architecturaux ont été remployés dans le rempart tardif, et que son décor (frise de rinceaux, masques de Jupiter-Ammon ou d'un dieu Océan dans une couronne de feuillages) désigne comme un sanctuaire du culte impérial. Le passage, normal à l'époque julio-claudienne, de l'autel dynastique (celui du premier forum) au temple monumental, est attesté à Narbonne, à Nîmes et à Tarragone. Il s'accompagne ici d'une mise en scène très particulière, puisque le plan de la nouvelle place reproduisait sans doute, à une échelle évidemment fort réduite, celui du premier forum impérial de Rome, le *Forum Augustum*, avec un temple en position axiale et deux exèdres latérales élargissant l'esplanade rectangulaire. Des réalisations du même genre se retrouvent en d'autres sites d'Italie (Cumes, Arezzo) ou des provinces occidentales (Avenches, Vienne, Tarragone, Mérida, entre autres).

Ce programme réalisé à l'époque de Tibère, en parfaite continuité monumentale, topographique et idéologique avec les fondations augustéennes antérieures, comportait également la mise en place d'un arc triomphal : symétrique de celui qui avait été établi quelques décennies auparavant par rapport au noyau urbain (l'Arc dit du Rhône, qui date du règne du premier empereur), le fameux « Arc admirable », détruit pendant la guerre de Cent Ans, devait être proche, si l'on en juge par le détail de son ornementation, de l'arc d'Orange, dont nous évoquons la silhouette et le décor à la fin de ce chapitre.

Il est clair, quand on remet en situation tous ces édifices, trop souvent analysés comme les mem-

bres épars d'une panoplie inorganique, que la colonie d'Arles a été systématiquement dotée, dès le début du Principat, d'un équipement qu'on a voulu exemplaire. Bien que n'étant pas investie du rôle de capitale provinciale — à la différence, par exemple, d'une autre colonie de citoyens romains, celle de Corinthe dans la province d'Achaïe, l'actuelle Grèce —, on lui a confié une fonction prépondérante dans la diffusion des nouvelles formes monumentales en rendant plus sensible qu'ailleurs, par un jeu de signes et de symboles accessibles au plus grand nombre, leur relation directe avec le pouvoir. L'emploi du marbre de Carrare — exceptionnel dans la région : on l'ignore presque totalement à Nîmes, et il faut considérer les édifices les plus officiels de la capitale provinciale Narbonne pour en retrouver la trace —, le recours à des ateliers formés en Italie — sensible surtout, nous l'avons vu, dans les autels du théâtre —, l'extraordinaire qualité des portraits officiels — qui ne sont pas, comme il arrive souvent en milieu provincial, de médiocres reproductions locales des modèles diffusés par la chancellerie impériale —, tous ces éléments confirment une sorte de « leadership » de la ville, qui ne se démentit pas. Il est probable qu'indépendamment du souci de favoriser un milieu particulièrement réceptif, celui des anciens légionnaires devenus colons et voués à ce titre à servir de modèle et de moteur dans le processus de l'assimilation, le pouvoir s'est souvenu longtemps du fait que les Arlésiens, avant même la « déduction » coloniale, avaient fait le bon choix en optant, dès 49 avant J.-C., pour César contre Pompée. La ville bénéficiera dès lors du fait que Rome veut amoindrir Marseille en détournant l'essentiel du trafic maritime de cette partie de la Méditerranée vers les bouches du Rhône : les armateurs d'Arles auront, grâce à cela, et à leur dynamisme, le vent en poupe pour plus de deux siècles.

NÎMES, LA PROTÉGÉE D'AUGUSTE

La comparaison avec Nîmes, qui sera très tôt — et qui est encore — la rivale directe d'Arles, n'en est que plus intéressante. Cette *Colonia Augusta Nemausus*, nantie, si l'on en croit Strabon, le géographe de l'époque d'Auguste, d'un statut privilégié, reçut à une date difficile à déterminer, mais sans doute dans les toutes premières années de l'Empire, le titre honorifique de colonie assorti du droit d'intégrer à sa nomenclature le surnom sacralisant du premier empereur *(Augusta)*. Sans pour autant accéder au droit romain, elle semble avoir occupé dans la province une position qui l'a souvent mise en concurrence avec la capitale Narbonne, et que son rôle de chef-lieu du grand peuple des Volques Arécomiques ne suffit pas à expliquer.

Auguste lui témoigne en tout cas, pour des raisons que nous ignorons, une sollicitude particulière puisque l'une des principales inscriptions officielles de la ville rappelle qu'il lui a fait don de son enceinte et de ses portes ; la formule n'est pas aussi claire qu'on a parfois voulu le dire (le don en question désigne-t-il la concession du droit de construire ladite enceinte, ou le paiement pur et simple de sa construction ?), mais elle garde la trace d'un acte important où s'est exprimée la bienveillance personnelle de l'empereur. De surcroît l'épigraphie locale, très riche comme nous l'avons dit, mentionne les bienfaits de ses fils adoptifs.

Il y a donc tout lieu de croire que l'aménagement de cette ville, établie sur le site d'un ancien *oppidum*, ne laissa pas indifférente l'équipe dirigeante, qui du reste s'intéressait à l'ensemble de la région : tout le long de la *via Domitia*, la grande voie romaine de pénétration vers l'Ouest, des traces de centuriation (carroyage rural en vue de la redistribution des terres) ont été mises en évidence, qui paraissent à peu près contemporaines du programme urbanistique augustéen.

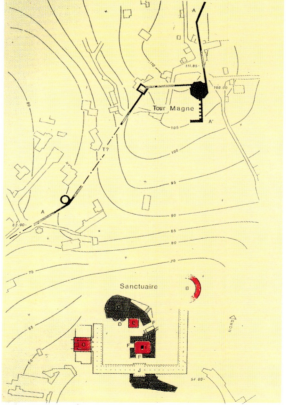

Plan restitué de l'Augusteum de Nîmes (P. Gros, P. Varène, CNRS).

A, enceinte augustéenne avec ses tours, dont la tour Magne ; A', accès extérieur à la tour Magne ; B, théâtre ; C, bassin de la source ; D, exèdres à escalier ; E, fondation rectangulaire ; F, ponts ; G, salle cultuelle ou bibliothèque ; H, nymphée ; I, autel de la plate-forme centrale ; J, propylées ? ; K, bassin de recueillement des eaux. En rouge : le programme augustéen du Sanctuaire. La façade de la salle cultuelle vers le portique et le portique lui-même peuvent appartenir dans leur état actuel à une réfection postérieure.

Ce programme, contrairement à ce qu'on observe en Arles où il était centré sur le complexe forum-théâtre, semble s'être articulé à Nîmes sur deux sites relativement distants l'un de l'autre : le premier est un lieu sacré traditionnel, celui de la source située au pied du mont Cavalier qui est à l'origine de l'établissement humain, et le second est un forum, moins périphérique par rapport à l'espace urbain.

(À gauche.)
Vue des vestiges dégagés à partir de 1739 autour du « sanctuaire de la Fontaine » à Nîmes.
Ce dessin exécuté par A. Pelet au début du XIXe siècle nous restitue une image très évocatrice des structures antiques réparties autour de la source du dieu Nemausus, qui ont constitué un sanctuaire de la famille impériale (Augusteum) à partir du début de l'Empire.

Le « temple de Diane » à Nîmes. Vue prise à travers la porte axiale. La qualité exceptionnelle de cette construction, soignée jusque dans ses moindres détails, reste sensible aux yeux de l'observateur moderne, malgré l'usure des pierres qui la composent.

LE « TEMPLE DE DIANE »

Autour de la source se développa très tôt un sanctuaire indigène que les Romains transformèrent en un lieu de culte dynastique. Ce qu'on en voit aujourd'hui est le résultat d'un remodelage complet dû aux architectes paysagistes du XVIIIe siècle qui, à la suite du dégagement des vestiges antiques à des fins utilitaires (remise en usage des canaux qui, de la source, se dirigeaient vers le centre de la ville), ont établi là l'un des plus beaux jardins architecturés que l'on puisse trouver en France, du moins en contexte urbain. Mais ces architectes ont préservé, peut-être sans s'en rendre compte, les volumes et les rythmes du sanctuaire antique, dont subsiste par ailleurs une très belle salle, dite à tort « temple de Diane », intégralement conservée en élévation. Ce sanctuaire comportait à l'origine une aire très vaste entourée de portiques, au centre de laquelle l'eau de la source, issue d'un bassin de forme irrégulière au pied de la colline, était rassemblée dans un nymphée central de forme carrée. Au milieu de ce dernier s'élevait un haut massif quadrangulaire sur lequel trônait un autel monumental, cantonné de quatre colonnes finement ouvragées ; on accédait à cette plate-forme et à son autel, entourés d'eau, par de petits ponts amovibles. À la périphérie du portique on rencontrait, à l'ouest, le « temple de Diane » qui n'est autre qu'une salle cultuelle couverte en berceau dont les murs internes étaient rythmés par des niches sous fronton alternativement triangulaires ou semi-circulaires ; située sur l'axe de l'autel, elle assumait une fonction religieuse évidente, qui n'excluait pas d'autres usages (bibliothèque, salle de conférences, etc.). À la limite nord-est de l'aire sacrée, un théâtre aujourd'hui disparu s'adossait à la colline, son mur de scène correspondant à l'alignement des colonnades du portique. Vers le sud, c'est-à-dire en direction de la ville, un dernier bassin de rassemblement des eaux courantes était franchi par le portique de façade élargi à cet endroit en un vestibule à colonnes, véritables propylées auxquelles on parvenait également au moyen d'un pont.

Cet ensemble apparemment unique en son genre a longtemps suscité la perplexité des archéologues jusqu'à ce que, d'une part, on démontre que les inscriptions et le style des monuments conservés attestaient une conception d'ensemble remontant à l'époque d'Auguste, à l'exception des propylées refaites au début du IIe siècle sous Hadrien, et que d'autre part on lui trouve des éléments de comparaison en d'autres points de l'Empire. De fait, les descriptions présentées par certains auteurs (Philon, à propos d'Alexandrie) ou contenues dans diverses inscriptions (celle de Ferento, par exemple, en Italie) permettent d'affirmer que le complexe nîmois correspond exactement à ce qu'on nommait en Orient *Sébastéion* et en Occident *Augusteum*, c'est-à-dire un sanctuaire consacré à l'empereur et aux membres divinisés de sa famille. La présence d'un théâtre — le seul que l'on connaisse à Nîmes — correspond à ce que nous apprennent plusieurs inscriptions retrouvées à proximité de l'autel sur les représentations scéniques et les concours poétiques ou musicaux qui se déployaient là chaque année, selon une formule imitée des « jeux grecs » en vigueur dans le sanctuaire augustéen de Naples, avec lequel les notables nîmois entretenaient, à certaines époques (au IIe siècle en particulier), des rapports privilégiés.

AUSTÉRITÉ ET PROFUSION DE LA « MAISON CARRÉE »

La position excentrée de ces aménagements qui répondaient à une triple exigence, exploiter les ressources des eaux vives et pérennes, manifester le loyalisme politique de la communauté et ouvrir des espaces de promenade et de distraction à la population, interdisait qu'on les annexât directe-

Façade de la « Maison carrée » de Nîmes. Ce temple corinthien, le mieux conservé du monde romain, était consacré aux fils adoptifs d'Auguste, C. et L. Caesar. Il dominait la place du forum, à la façon d'un véritable Capitole. Sa réalisation, due à des équipes régionales, s'inspire très étroitement des modèles officiels élaborés à Rome au milieu du règne d'Auguste.

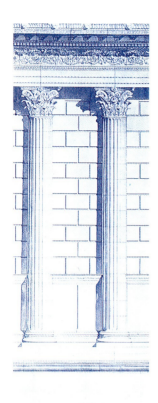

La « Maison carrée » de Nîmes. Détail de la face sud. On notera la parfaite intégration des colonnes engagées à l'appareil du mur de fond du sanctuaire. Dessin R. Amy.

ment à un forum. Il fallut donc prévoir une place mieux située par rapport au réseau viaire de la ville, et c'est pourquoi le forum de Nîmes, longé au nord par le grand axe est-ouest (*decumanus maximus*), orienté selon les mêmes directions que le sanctuaire, se trouve déplacé au contact des quartiers orientaux. S'il ne reste plus rien de son aire libre, le temple qui la dominait au sud est toujours en place ; il s'agit de la « Maison carrée ».

Il n'est guère de monument antique plus célèbre que celui-ci en France ; c'est à vrai dire le temple le mieux conservé de tout le monde romain. Jusqu'à une date récente, ce n'était pas pour autant le mieux connu. Élevé sur un podium à escalier frontal, au centre d'une petite place entourée de portiques elle-même surélevée par rapport au forum, ce petit édifice religieux possédait six colonnes en façade et onze sur ses longs côtés ; mais seules les trois premières étaient libres, les huit autres se trouvant engagées dans les murs de la salle cultuelle proprement dite, la *cella*. Ce type de plan, dit pseudo-périptère (c'est-à-dire à colonnade périphérique partiellement fictive), est caractéristique de l'architecture hellénistique. Il dérive ici directement du schéma du grand temple d'Apollon à Rome, situé près du théâtre de Marcellus, dont la Maison carrée se voulait en quelque sorte une version réduite. On trouve du reste une variante de ce type d'organisation au temple d'Auguste et de Livie à Vienne, dont nous savons qu'il assumait une fonction religieuse très comparable à celle de l'édifice nîmois : dans la capitale des Allobroges, seules la face postérieure et la première colonne en retour sont engagées, affectant la forme de pilastres.

Ce qui caractérise la Maison carrée, pour qui l'observe depuis le bas de son podium, c'est une relative austérité qui explose soudain au niveau des chapiteaux (corinthiens canoniques où l'on essaie de conserver aux acanthes quelque souplesse) et de la frise (où règnent des rinceaux de feuillages qui occupent de leurs enroulements successifs tout le champ disponible) en une efflorescence décorative qui ne recule pas devant la surcharge. L'édifice apparaît littéralement couronné d'une végétation luxuriante. L'effet est évidemment voulu : il s'agit de donner au visiteur l'impression d'une richesse et d'une vitalité inépuisables même si rigoureusement disciplinées. L'idée sous-jacente est celle de l'âge d'or chanté par les textes et exalté par les monuments, que le nouveau régime est censé ouvrir pour tous. Elle s'accorde au fait que le temple en question était consacré aux deux fils adoptifs d'Auguste, G. et L. Caesar, dont nous avons déjà dit la popularité en Narbonnaise, et à Nîmes plus particulièrement. Ce qui subsiste de la dédicace de la façade (en fait les trous de scellement des lettres de bronze doré depuis longtemps disparues) permet d'affirmer que la première ligne fut établie sur la frise après la mort de l'aîné Gaius en 2 après J.-C., et que la seconde ligne fut accrochée sur l'architrave en 4 ou 5 après la mort du cadet. Dès lors, les deux frères enlevés à l'affection d'Auguste, mais aussi à celle des Nîmois qui leur devaient beaucoup, furent assimilés à des demi-dieux et plus ou moins comparés aux Dioscures, c'est-à-dire à Castor et Pollux, héros très populaires dans l'imaginaire romain.

Si l'on voulait analyser dans le détail la structure et le décor de ce temple, admiré jadis pour sa « perfection », il serait aisé de montrer les malfaçons techniques et irrégularités rythmiques qui obligent à le considérer comme une œuvre régionale à laquelle ont travaillé des équipes d'expérience et de valeur inégales, en se fondant sur des « cartons » officiels plus ou moins bien assimilés.

Mais l'important est ici de souligner que le forum de Nîmes était dominé par un temple dynastique, lequel jouait ainsi le rôle qui était autrefois assigné, dans les fondations romaines du temps de la République, au capitole ; c'est du reste le nom que la Maison carrée a longtemps porté dans la tradition médiévale. Des observations similaires pourraient être faites à Vienne, où le temple, lui aussi remarquablement conservé, d'Auguste et de Livie (qui fut sans doute, dans une première phase, consacré à Rome et Auguste) occupait la même position à l'extrémité d'un forum dont les travaux récents de P. André ont montré toute l'ampleur ; il est en outre probable qu'à Narbonne le prétendu capitole de la place des Moulinassès, daté à tort du IIe siècle de notre ère, n'est autre, lui aussi, qu'un temple du culte impérial remontant au début de l'Empire. Rien d'étonnant à cela si l'on admet que la situation de ces villes de Narbonnaise reflète celle de Rome à la même époque, où le culte ancestral de Jupiter Capitolin fut relégué au second plan du fait des dévotions ostensibles accordées aux divinités protectrices d'Auguste, Apollon d'abord, puis Mars.

SÉGRÉGATION SOCIALE ?

Le caractère officiel de ces créations et leur rôle dans les espaces civiques et religieux ne doivent pas nous dissimuler la participation active des populations, soucieuses de manifester par là une sorte de consensus dont nous retrouvons des témoignages analogues à l'autre bout de l'Empire. Il n'est pas sans signification qu'un programme presque identique à celui de Nîmes se retrouve — cette fois sous une forme purement épigraphique, car les vestiges eux-mêmes ont pour l'essentiel disparu — dans la célèbre inscription d'Eresos (île de Lesbos, province d'Asie), où un évergète affirme avoir construit, peu de temps après 14, un temple en l'honneur d'Auguste sur le port et, « au meilleur endroit de l'agora », un téménos et un sanctuaire, en l'honneur de L. et de G. Caesar ; pour faire bonne mesure, il a même ajouté, mais sur terrain privé, un téménos et un sanctuaire pour *Livia Augusta,* la mère d'Auguste.

Si nous connaissions mieux l'habitat de Nîmes, peut-être constaterions-nous que les activités artisanales ou commerciales étaient plus nombreuses dans les quartiers orientaux, apparemment plus populaires et n'ayant pas subi une remise en ordre aussi attentive. Les cadastres rémanents et les fouilles récentes en divers points de la ville attestent en fait la persistance d'une trame antérieure à celle d'Auguste, qui peut remonter à l'époque césarienne ou même à une date plus haute, car on s'avise aujourd'hui que la ville préromaine présentait une extension nettement plus vaste que celle qu'on lui prêtait naguère. Mais la restructuration augustéenne n'a visiblement affecté que la partie occidentale de l'espace urbain ; ce qui s'est sans doute traduit par une ségrégation sociale dont nous ne pouvons plus juger. Un fait paraît cependant acquis : immédiatement au sud du sanctuaire de la source, des fouilles ont mis récemment au jour de vastes et luxueuses installations, dont il est difficile de dire si elles étaient publiques ou privées, mais qui témoignent du haut niveau de monumentalité des quartiers voisins de l'*Augusteum.*

LES VÉTÉRANS D'ORANGE

Orange constitue le troisième exemple de ces « villes d'Auguste » de Gaule Narbonnaise qui doivent au début de l'Empire l'essentiel de leur parure monumentale. Cette *Colonia Julia Firma Secundanorum Arausio* fut fondée pour les vétérans de la IIe légion. Son rôle militaire et défensif est attesté non seulement par les éléments de sa nomenclature (en particulier *Firma,* qui évoque la constance du légionnaire solide à son poste), mais aussi par son enceinte et les constructions de la colline Saint-Eutrope à laquelle la ville s'appuie vers le sud. Son organisation interne, moins rigoureusement géométrique que ne le laissent croire des plans hâtivement extrapolés à partir d'observations insuffisantes, présente cependant un axe nord-sud *(cardo maximus)* rigoureusement rectiligne, qui traverse l'espace urbain de part en part, depuis l'arc à trois baies marquant l'entrée de la ville au nord jusqu'à la colline qu'il gravit en ligne droite. Perpendiculaire à cet axe, une voie est-ouest, qui n'est peut-être pas le *decumanus* principal, longeait le théâtre et le péribole du temple, adossés à la pente de Saint-Eutrope.

Ces deux monuments insignes sont aujourd'hui le centre vers lequel convergent les visiteurs. Ils représentent en fait le noyau autour duquel s'est ordonné l'urbanisme d'Orange, puisque devant le théâtre s'ouvrait une place quadrangulaire entourée de portiques (quadriportique) ; elle constituait à la fois le « foyer » de l'édifice de spectacle, et l'annexe du forum qui s'étendait, lui, immédiatement à l'ouest, dans le prolongement du sanctuaire ; c'est en effet ainsi qu'il convient d'interpréter les vestiges du centre monumental ; la vieille hypothèse d'un gymnase ou d'un cirque à côté du théâtre repose sur une interprétation erronée des structures en place, et en particulier de l'hémicycle qui jouxte la *cavea* du théâtre. Le temple qui occupe cet hémicycle n'appartient pas, comme on l'a cru longtemps, à une réfection tardive du IIe siècle ; il date de l'époque du deuxième empereur (Tibère, 14-37 après J.-C.) et procède du même programme monumental que le théâtre lui-même.

Celui-ci, en raison de son exceptionnel état de conservation — seul le théâtre d'Aspendos en Asie Mineure peut, de ce point de vue, lui être comparé —, semble gigantesque. Il est en réalité à peine plus grand que celui d'Arles (103 mètres de diamètre hors tout ; 19 mètres de diamètre pour l'*orchestra*). Mais son mur de scène entièrement préservé qui monte à 37 mètres au-dessus du niveau moderne d'occupation, sa *cavea* retrouvée presque intacte et complètement restaurée, lui confèrent une puissance indéniable. C'est à peu près le seul endroit en France où l'on puisse prendre la mesure des volumes de ce genre d'édifice et aussi — le fait est d'importance car on n'a que trop tendance à l'oublier — apprécier son caractère impérieusement clos. Un théâtre romain n'est pas une conque ouverte sur le paysage, comme à Épidaure par exemple, mais une sorte de forteresse où la *cavea* et le bâtiment de scène sont étroitement solidaires, organiquement soudés, en plan tout comme en élévation.

Le théâtre d'Orange.
Le mieux conservé de tous les théâtres antiques, avec celui d'Aspendos en Turquie, possède encore son mur de scène, haut de 37 m, et des vestiges de son décor marmoréen (colonnes et bas-reliefs). La liaison organique entre le bâtiment scénique et la conque des gradins définit l'édifice théâtral de type romain comme un univers refermé sur lui-même, où le peuple rassemblé selon une stricte hiérarchie verticale était régulièrement convié à la « fête impériale ». Devant lui le mur de scène déployait un décor de palais où l'effigie de l'empereur trônait au milieu des divinités.

L'ESPACE DU RÊVE

Comme en Arles, mais d'une façon encore plus explicite, le mur de scène et sa décoration, en partie remontée par J. Formigé, confirment l'importance accordée au discours iconographique dans l'économie générale de l'édifice. Le théâtre d'Orange est conçu tout entier pour présenter aux spectateurs une façade de palais constituée d'une porte centrale ouverte au fond d'une large niche arrondie où s'inscrivent les colonnes d'un baldaquin, et de deux portes latérales dans des exèdres quadrangulaires. Trois colonnades superposées, soit au total 76 colonnes, à caractère purement ornemental, animaient cette immense composition, au centre de laquelle l'édicule sous arcade réservé à la statue de l'empereur, au-dessus du baldaquin de la porte « royale », attirait évidemment tous les regards. Les fûts en marbres colorés, les granits gris, les bases et les chapiteaux en marbre blanc scandaient une paroi dont nous avons peine à imaginer aujourd'hui qu'elle était elle-même entièrement revêtue de plaques marmoréennes et comportait des frises figurées dont des dizaines de fragments ont été retrouvés (un cortège de centaures directement imité des modèles hellénistiques a pu être partiellement recomposé). Quand on sait que ce mur de scène si lourdement orné était de surcroît entièrement « machiné », c'est-à-dire pourvu, à tous les niveaux, de corridors et de portes qui permettaient l'accès des machinistes pour des effets de décors, pour des apparitions divines, pour toutes sortes d'artifices dont les spectateurs du temps étaient friands, on comprendra l'importance d'une telle structure ; si elle nous semble aujourd'hui quelque peu amorphe, n'oublions pas qu'elle a longtemps été le vecteur d'une imagerie plastique ou vivante qui créait un espace de rêve tout en contribuant à l'exaltation de la dynastie au pouvoir. On ne s'étonnera pas dans ces conditions que la scène ait été couverte, et son mur de fond protégé ; ce n'est pas le moindre intérêt du théâtre d'Orange que de suggérer, grâce aux engravures des retours latéraux, la présence d'un auvent qui servait aussi, selon les recommandations du théoricien latin de l'architecture, Vitruve, à rabattre vers les spectateurs la voix des acteurs.

À côté du théâtre et relié à lui par un système d'arcades intégrées à la construction même de l'édifice de spectacle, qui témoigne de la contemporanéité des deux monuments, s'ouvre le péribole semi-circulaire déjà mentionné, en partie taillé dans le rocher. Cette juxtaposition rappelle celle de Brescia (*Brixia*), en Italie du Nord, où le théâtre et le capitole, également voisins, sont adossés au Monte Cidneo et dominent le forum de la ville. Mais à Orange le péribole n'encadre pas un sanctuaire voué à la triade capitoline, il sert d'écrin, une fois de plus, à un temple du culte impérial ; achevé, semble-t-il, à l'époque de Tibère, cet édifice religieux fort important, si l'on en juge par les dimensions de son podium et le module de ses colonnes et chapiteaux, constituait le complément sacralisé du théâtre. S'il est vain de chercher lequel des deux monuments servait d'annexe à l'autre, on se souviendra en revanche qu'au cœur de la ville antique il est normal d'attendre un complexe de ce genre, les deux liturgies, celle du spectacle et celle de la religion officielle, se révélant inséparables ; l'une et l'autre ne sont en réalité que les temps forts du calendrier particulièrement festif voulu par Auguste et enrichi par ses successeurs. Toutes les catégories sociales y ont leur rôle à jouer, tous les habitants, citadins ou ruraux, d'une même « cité » (au sens d'unité géographique et ethnique) y sont conviés, et c'est vers ce centre monumental de la ville que les foules ainsi rassemblées doivent converger.

LE RÔLE DES ENCEINTES

Rien ne rend cette évidence plus manifeste que la façon dont les limites des villes et leurs accès sont désormais solennisés. L'exaltation de l'univers urbain comme un microcosme exemplaire, à l'abri de toutes les tentations de l'errance et de la dissidence, comme le lieu de l'affirmation triomphante du « Roman way of life », se vérifie en Narbonnaise plus qu'ailleurs en raison de la qualité des structures conservées ; mais cette conservation même n'est pas entièrement le fait du hasard : elle s'explique au moins partiellement en amont par la réceptivité particulière des populations, qui a permis une floraison abondante d'édifices de ce genre, et en aval par une sensibilisation séculaire à tout ce qui, de près ou de loin, rappelait en ces pays de droit écrit la puissance et la rigueur de Rome.

Enceintes, portes et arcs scandent le paysage de la Provence et, dans une moindre mesure, du Languedoc. Arrêtons-nous un instant devant quelques-uns de ces monuments, d'autant plus paradoxaux en apparence qu'ils ont pour la plupart été conçus en un temps où les villes pouvaient fort bien se passer de protection et rester ouvertes sur les campagnes environnantes, dont elles vivaient.

Les caissons hexagonaux de la voûte de l'arc de Glanum, aux moulures lourdement décorées, accrochent efficacement la lumière. La solennisation des lieux de passage, caractéristique de l'urbanisme du début de l'Empire, trouve ici l'une de ses applications les plus éloquentes.

L'exemple le plus frappant est sans doute celui de Nîmes : l'étude récente de P. Varène a montré le soin avec lequel avait été mis en place et construit le rempart de cette colonie de droit latin qui, avec plus de 6 kilomètres de long, s'avère aussi important que ceux d'Autun et de Vienne. L'inscription déjà citée de la porte d'Auguste se laisse dater des années 16-15 avant J.-C. ; elle marque sans doute plutôt le commencement du chantier que son aboutissement ; la réalisation de l'enceinte a occupé au moins la décennie suivante, sinon plus d'années encore, car on ne prend jamais assez en considération l'ampleur et la continuité de l'effort exigé des communautés concernées par ce genre d'opération : à cette époque, et compte tenu des ressources propres à la région, la mise en œuvre des

À la limite de l'espace urbain, l'arc de Glanum, bien que pourvu d'une seule baie, est conçu selon le même schéma que l'arc d'Orange ; il a été probablement construit par les mêmes équipes. La partie haute, aujourd'hui détruite, doit être restituée sous la forme d'un lourd panneau vertical, un « attique », où s'inscrivait sans doute un fronton en relief. Les groupes de captifs qui animent ses piles latérales disent la vanité de toute résistance ainsi que les Victoires qui planent allégoriquement dans les écoinçons. Les guirlandes de fruits de l'archivolte évoquent l'abondance de la « paix romaine ».

parements en « petit appareil », c'est-à-dire en lits de moellons rectangulaires en façade et régulièrement assisés, suppose un important apport de main-d'œuvre étrangère, peut-être italienne, dont certains éléments ont pu ensuite rester sur place. Ce sont en fait tous les comportements économiques et culturels d'une population qui se trouvent progressivement modifiés par un tel chantier : l'ouverture d'immenses carrières, la création d'ateliers capables de rentabiliser par une organisation du travail aussi rationnelle que possible la taille, le transport, la pose d'un matériau normalisé sont autant de nouveautés dans le paysage traditionnel des Volques Arécomiques, et laissent des traces profondes dans l'infrastructure de la région.

En cela, les murs de courtine qui escaladent les pentes du mont Cavalier et qui, dans la partie basse de la ville, sillonnent la plaine, présentent l'image d'un nouvel ordre, capable par sa puissance régulatrice d'imposer sa loi aux données du relief. Une observation du même ordre a été faite à propos de la gigantesque enceinte de Vienne, qui atteint plus de 7 kilomètres bien qu'elle délaisse les quartiers de la rive droite du Rhône ; suivant les lignes de crête des collines qui surplombent la ville, elle était visible de l'arrière-pays à une vingtaine de kilomètres à la ronde.

À Nîmes, cette fonction ostentatoire est renforcée par un système de signes encore partiellement déchiffrables sur les portes et les points forts du rempart : les chapiteaux corinthiens de la porte d'Auguste, le portique supérieur de sa façade, aujourd'hui disparu, sa cour intérieure ou *cavaedium* qui en fait l'émule des portes urbaines grecques ou hellénistiques (celle du Dipylon à Athènes par exemple, dont Tite-Live nous a laissé une description qui s'applique remarquablement à Nîmes) indiquent d'emblée au visiteur qu'il va — du moins théoriquement ! — changer de monde en franchissant cette limite.

Plus significative encore, la tour Magne, qui se dresse toujours sur le point le plus haut de la colline, et qu'on verrait fort bien encore de la route d'Arles si de malencontreux immeubles-barres n'avaient en partie, depuis ces dernières années, obéré un paysage millénaire : P. Varène a pu montrer qu'elle avait recouvert, en doublant sa hauteur, une ancienne tour de l'*oppidum* préromain, et qu'elle ne pouvait avoir de surcroît qu'un rôle défensif modeste, puisqu'elle se trouve en retrait par rapport à l'alignement de l'enceinte. Elle était donc surtout un symbole, celui de la puissance conquérante affirmant sa domination irréversible sur l'ensemble de la région, celui d'une société nouvelle absorbant l'ancienne ; plus concrètement, elle jouait en outre le rôle d'un signal, véritable « amer » de la plaine languedocienne, indiquant à des lieues à la ronde la capitale régionale et son sanctuaire officiel. Ce dernier, ne l'oublions pas, était situé au pied du mont Cavalier, autour de la source pérenne, et il ne fait aucun doute qu'une « continuité visuelle » avait été assurée, depuis l'*Augusteum* jusqu'au sommet de la colline : de même qu'à Alexandrie le fameux *Timonium*, tour isolée dans l'avant-port, se plaçait dans l'alignement du *Sébastéion* (le sanctuaire d'Auguste) et en montrait la direction aux navigateurs, de même à Nîmes la tour Magne signifiait, par sa seule présence, la proximité d'un lieu de culte impérial, le plus important de la ville, ou du moins le plus anciennement établi.

On ne s'étonnera plus dans ces conditions que, par sa forme, qui l'a fait parfois confondre, à tort, avec un véritable phare, et par le décor de ses niveaux supérieurs (ordres engagés de colonnes ou de pilastres doriques et peut-être ioniques ou corinthiens), la tour Magne ressemble aux fameuses tours construites par Hérode, « prince-client » d'Auguste, dans le rempart de Jérusalem, et dont Flavius Josèphe nous a conservé la description précise. En ces points avancés de la romanité, les créations architecturales et urbanistiques ne se comprennent que par référence à d'autres fondations impériales et les formules adoptées, même si elles ne se reproduisent jamais mécaniquement, présentent, d'un bout à l'autre du monde méditerranéen, des affinités qui seules permettent, par-delà les exigences particulières à chaque situation et la rémanence des substrats locaux, de saisir leurs fonctions et leurs destinations initiales.

LE DISCOURS POLITIQUE DES ARCS TRIOMPHAUX

Il en va de même pour les arcs triomphaux qui, dans bien des villes de Narbonnaise, jalonnent les lieux de passage de l'espace rural à l'espace urbain : situés en avant de l'enceinte comme à Orange, ou directement sur la ligne du *pomerium* (c'est-à-dire sur la frange théorique de la ville) comme à *Glanum*, ou intégrés à la muraille comme à Die (mais la muraille, ici, est plus récente que l'arc), ils sont pour plusieurs d'entre eux porteurs de messages iconographiques dont on n'a pas toujours mesuré l'importance. Longtemps les exemplaires les plus élaborés de la série, en raison de la richesse de leur décor et de leur volume, ont été situés à une

LES VILLES DE GAULE NARBONNAISE 47

date trop tardive : ainsi l'arc d'Orange, qui avec ses trois baies, son « attique », c'est-à-dire sa partie haute ornée d'un fronton, et les reliefs foisonnants qui en occupent tous les panneaux, jugé trop riche et architecturalement trop développé pour appartenir au début de l'Empire, a parfois été attribué à l'époque de Marc Aurèle (IIe siècle) ou de Septime Sévère (début du IIIe siècle). En fait, il doit être rendu, comme l'arc de *Glanum*, qui ne comporte qu'une seule baie mais présente à part cela une structure analogue, au début du règne de Tibère (années 20 après J.-C.) ; caractéristique d'un temps où la légitimité du pouvoir était remise en cause et où plusieurs mouvements de sédition se manifestaient, il réaffirme avec force le poids de la puissance armée de Rome. Ses panneaux de « dépouilles » (entassements d'armes et de pièces d'armure ou d'équipement censées avoir été prises à l'ennemi) et de « trophées » (pieux plantés en terre auxquels on accroche des dépouilles et où sont enchaînés des captifs) rappellent d'une façon redondante que toute tentative de résistance est vouée à l'échec.

Dans une ville comme Orange, peuplée de vétérans, cette iconographie dissuasive est plutôt tournée vers l'extérieur, et l'on peut penser que les anciens légionnaires qui ont payé cette lourde construction pour marquer l'entrée nord de leur colonie entendaient par là honorer la mémoire de leur général, Germanicus, mort prématurément après de victorieuses campagnes au-delà du Rhin ; ce rival potentiel de Tibère avait reçu des honneurs posthumes extraordinaires, pour effacer toute suspicion sur les circonstances de sa mort : une inscription récemment retrouvée près de Séville les décrivant par le menu donne aussi des directives quant à l'ornementation des arcs qui lui seront attribués en divers points de l'Empire (et en

La « tour Magne » s'élève au point culminant de l'enceinte de Nîmes. Cet édifice polygonal haut de 18 m a pris la place d'une tour préromaine dont il a doublé la hauteur. Sans valeur défensive réelle, puisque située en retrait par rapport à la muraille, la tour Magne constitue surtout un symbole, celui de la puissance conquérante de Rome, et un signal indiquant la présence, au pied du mont Cavalier, du sanctuaire du culte impérial, l'Augusteum. *Son rôle est, de ce point de vue, comparable à celui de certaines tours d'Alexandrie en Égypte ou de la Jérusalem d'Hérode.*

48 LA FRANCE GALLO-ROMAINE

particulier à Rome) ; ces directives s'appliquent remarquablement à l'arc d'Orange.

Mais à *Glanum* dont la population est entièrement indigène, les trophées en haut-relief de part et d'autre desquels sont attachés des hommes et des femmes, majestueux dans leur défi ou dans leur tristesse, s'adressent autant à la population urbaine qu'à son environnement rustique. Nous avons rappelé la curieuse leçon de romanité dispensée par l'un de ces panneaux, et la conception un peu sommaire qu'elle révèle du Gallo-Romain ou du Celte assagi, dans l'esprit des responsables politiques ou provinciaux (voir p. 26). Mais là encore le message est ambigu, car il s'accompagne d'une exaltation de la Paix romaine, garantie par les Victoires allégoriques qui planent de part et d'autre de la baie ; cette *pax romana*, inséparable de la vie urbaine et de l'adoucissement des mœurs que celle-ci est censée promouvoir, est porteuse d'abondance, comme le suggèrent les guirlandes de feuillages et de fruits qui règnent sur l'archivolte.

Ce double langage est l'une des caractéristiques des monuments triomphaux ou commémoratifs de Narbonnaise. Parfois il revêt un aspect franchement paradoxal, et laisse l'observateur moderne quelque peu perplexe : quiconque a vu les « sauvages » (Celtes ou Germains) qui encadrent les trophées de l'arc de Carpentras, silhouettes massives dont certaines sont vêtues de peaux de bêtes, s'étonne de trouver sur le même édifice les délicates efflorescences des rinceaux, parlant d'harmonie et de paix à celui qui franchit la baie. La crédibilité du discours plastique s'efface, ici, derrière la répétition maladroite et schématique d'une iconographie dont les composantes, trop contrastées, ont tendance à s'annuler.

L'EXALTATION DE LA VIE URBAINE

Plus unitaire et à cet égard mieux réussi, l'arc, ou plus exactement le tétrapyle de Cavaillon (monument constitué de quatre supports en forme de

La face sud de l'arc d'Orange. L'apparente exubérance de la sculpture décorative répond moins à une tendance prétendument provinciale (horreur du vide ou prolifération gratuite) qu'à un programme concerté où tout est conçu pour exalter la puissance des armes romaines. Le thème des trophées et des amas de dépouilles est hérité de la tradition hellénistique. La construction doit être mise en relation avec la mort de Germanicus en 19 après J.-C.

Le « tétrapyle » de Cavaillon soulignait de sa silhouette finement ciselée un croisement important à l'intérieur de la ville antique. L'élégance de ses rinceaux le désigne comme une œuvre directement inspirée des « cartons » romains du milieu du règne d'Auguste.

pilastres encadrant quatre passages sous arcade opposés deux à deux) remonte à l'époque d'Auguste. Les Victoires ailées porteuses de la palme et de la couronne y demeurent les seules allusions à la conquête ; le reste du champ, sur les pilastres comme à l'archivolte, est couvert de rinceaux dont la vigueur naturaliste n'empêche pas la régularité : proches de ceux du fameux autel de la Paix à Rome, ils constituent en Narbonnaise l'un des exemples les plus orthodoxes de ce type d'ornement. À vrai dire, si les images obsédantes de Barbares enchaînés ont ici disparu, c'est que l'édifice ne jouait pas le même rôle que les autres arcs. Le tétrapyle de Cavaillon ne marquait nullement la limite de la ville, puisqu'il se trouvait à l'intérieur de celle-ci et servait à scander, au centre d'un croisement orthogonal, la rencontre de deux voies ; à l'opposition intérieur-extérieur se substitue ici l'alternative entre deux directions. Témoin assez rare mais non pas unique d'un objet urbain original, ce monument se trouve à la tête d'une série qui connaîtra en Occident (Vienne, Vérone), mais surtout en Orient, un développement remarquable : bientôt les villes syriennes d'Apamée, Bostra, Gerasa et Palmyre aménageront des tétrapyles d'une grande monumentalité qui contribueront — comme déjà, sur un registre plus humble, celui de Cavaillon — à l'exaltation de la vie urbaine en solennisant les principaux moments d'un itinéraire rectiligne bordé de portiques ; la grand-rue, avec ses annexes et ses points forts, constitue désormais un monument à part entière, un lieu de rencontre autant que de passage, une façade aussi derrière laquelle les bâtiments publics ou les habitations n'offrent pas toujours l'aspect régulier et altier que suggèrent les aménagements théâtralisés d'une voirie de luxe ; celle-ci reste toutefois une exception, ne l'oublions pas, dans des agglomérations occidentales où, les fouilles ponctuelles nous le confirment chaque jour, peu d'axes urbains étaient effectivement dallés, et où les portiques sur les trottoirs, quand ils existaient, pouvaient se résumer à de simples poteaux de bois supportant des auvents.

LES AMPHITHÉÂTRES DE NARBONNAISE

Cette rapide anthologie des centres monumentaux des villes de Gaule Narbonnaise pourrait donner à croire qu'après le premier tiers du Ier siècle de notre ère plus rien ne s'y est accompli d'important. Il est vrai que l'essentiel des structures était en place dès les années 30 après J.-C., et que même celles qui, à cette époque, restaient inachevées avaient été conçues et projetées sous les règnes d'Auguste et de Tibère. Toutefois il est un programme qu'il convient de ne pas oublier, car il a laissé dans les villes de cette région des vestiges magnifiques : c'est celui des amphithéâtres. Le plus célèbre d'entre eux, sinon le mieux conservé, est celui d'Arles, qui va servir de modèle aux autres : sa construction, qui semble coïncider avec celle d'un très vaste cirque dont les recherches de ces dernières années ont dégagé les structures essentielles, doit être située dans les années 80 après J.-C. Placé à la limite de la colonie primitive, puisqu'il empiète sur le rempart dont il a détruit un tronçon, cet amphithéâtre arlésien est remarquable à plus d'un titre : d'abord par le parti monumental de sa façade extérieure construite en belle pierre de taille et constituée de deux rangs superposés d'arcades, celles du premier niveau permettant l'accès aux galeries de circulation et aux escaliers ; il dessine en plan un ovale de 136 mètres sur 108 et enserre une arène de 69,10 mètres sur 39,90. Ensuite par la résolution de problèmes techniques qui se posaient alors, selon toute vraisemblance pour la première fois sous cette forme, aux architectes régionaux : problèmes complexes de circulation, car il importait que le flot des spectateurs (environ 20 000) pût gagner les places qui étaient assignées à chaque catégorie sociale de la façon la plus rapide et sans risque de rencontre avec des groupes cheminant en sens inverse ; il importait aussi que ce même flot pût ressortir rapidement, après l'excitation de spectacles fort longs, qui duraient parfois une journée entière, sans bousculade ni collision. Si certaines des solutions adoptées (comme par exemple la couverture de l'ambulacre périphérique du premier niveau au moyen de dalles qui ont très vite « claqué » du fait de tassements différentiels) ne seront pas retenues dans les édifices postérieurs comme celui de Nîmes, la conception générale, dérivée d'un modèle proche de celui du Colisée, s'est révélée à l'usage pleinement satisfaisante. Le fait que les meilleures places aient été réservées par décret aux « naviculaires » (armateurs) d'Arles et aux « nautes » (nautoniers et commerçants) de la Saône et du Rhône ainsi qu'aux transporteurs d'huile confirme le rôle économique de la colonie, port de mer et port fluvial tout à la fois, qui sut tirer le meilleur parti de sa situation géographique.

On ne saurait s'étonner de voir Nîmes, toujours en position de rivale, se doter immédiatement d'un édifice du même genre : après les années 80-90 (comme l'a prouvé une fouille récente), un amphithéâtre de conception et de dimensions sensiblement comparables (133 × 101 mètres) est implanté dans le secteur oriental de la ville, à proximité de l'enceinte sur laquelle toutefois le nouvel édifice ne s'appuie pas. Vue de loin, et avec les yeux de l'archéologue ou du touriste, l'opération semble aller de soi : chacune des deux villes se devait d'acquérir cette nouvelle pièce de l'équipement urbain. Il convient cependant de rappeler quel effort cette option a dû demander à la communauté, ou du moins aux quelques grandes familles qui ont assuré, ici comme probablement en Arles, l'essentiel de son financement ; il faut aussi — ou du moins il faudrait, si nous en avions les moyens — mesurer le bouleversement introduit dans la trame de l'habitat par la mise en place d'une structure aussi puissante. Certes, ici comme en Arles, tout porte à penser qu'on a choisi de préférence un secteur faiblement occupé ; il n'en reste pas moins qu'on observe encore, dans les cadastres rémanents, les conséquences de cette création sur le réseau des voies et la disposition des îlots.

Dans d'autres villes de la région, l'amphithéâtre a été jugé trop encombrant pour trouver place à l'intérieur de l'enceinte : à Fréjus, par exemple, on l'a rejeté à l'extérieur, bien qu'il fût sensiblement moins vaste que ceux d'Arles et de Nîmes, avec un ovale de 114 mètres sur 82 et une arène de 67,90 mètres sur 31. Il est aussi moins monumental que les précédents, puisque construit entièrement en « petit appareil » avec des rangées de briques. Longtemps attribué au IIe siècle, il semble qu'il date lui aussi de la fin du Ier siècle.

Quoi qu'il en soit, il fallait que la pression sociale fût puissante pour que ces villes, toutes déjà dotées de vastes théâtres qui, au prix de quelques aménagements, auraient fort bien pu servir, comme tant d'autres en Gaule du Centre ou du Nord, aux combats de gladiateurs ou aux chasses de bêtes sauvages, entreprennent de telles constructions. Il y a là un signe non équivoque de la vogue croissante des spectacles sanglants dans cette province ; les rémanences d'une hellénisation ancienne ne leur ont nullement barré la route, et l'on sait par les inscriptions que des « jeux de l'amphithéâtre » se donnaient fréquemment même dans les villes qui n'en ont pas gardé de vestiges identifiables ou qui, de toute évidence, n'en ont jamais possédé, telles Aix-en-Provence, Die ou Vienne. Plus généralement, nous reconnaissons là l'indice d'un déplacement des formes de la convivialité, et d'un déclin irréversible des lieux de la fête établis sous Auguste, des théâtres en particulier, dont nous avons vu le rôle éminent dans les premières phases de l'aménagement urbain.

L'amphithéâtre de Nîmes s'est implanté au sud de la ville, sur un terrain ne nécessitant aucun nivellement préalable, à proximité de l'enceinte (dont on voit une tour au premier plan). Il présente une structure comparable à celle de l'amphithéâtre d'Arles, même si plusieurs solutions techniques, pour la couverture des ambulacres du premier et du second niveau, sont en progrès sur celles de l'édifice précédent. Ces deux monuments, si semblables dans leur aspect et dans leur fonction, témoignent à la fois de la féroce rivalité qui animait les villes d'une même région au début de l'Empire, et de l'emprise sur les esprits (comme sur les espaces urbains) du pouvoir des jeux dans la société romaine.

La galerie du premier étage de l'amphithéâtre de Nîmes.

Chapitre III

AU CŒUR DE LA GAULE ROMAINE : LA LYONNAISE

La porte Saint-André à Autun. Chacune de ces portes possède un double porche central, flanqué de poternes pour les piétons, comme la porte d'Auguste à Nîmes.

Dans la province de Lyonnaise, Rome avait regroupé des populations qui, du Rhône au Cotentin ou à l'extrémité de la Bretagne, n'avaient parfois que peu de points communs. Cette large bande qui prend en écharpe le territoire de la France joignait en fait, aux ethnies orientales et septentrionales de l'ancienne Gaule celtique, les peuples de la mer, c'est-à-dire les Armoricains et leurs voisins du Nord-Est, jusqu'aux confins de l'actuel département de la Somme.

La frontière méridionale aurait pu en être la Loire ; mais le nouveau découpage administratif voulut apparemment conserver aux anciennes « cités » leurs limites traditionnelles, si bien que les Carnutes (capitale *Autricum*-Chartres) et les Éduens (capitale *Augustodunum*-Autun) continuèrent d'empiéter sur les deux rives du fleuve, cependant que les Bituriges (capitale *Avaricum*-Bourges) restaient intégrés à la province d'Aquitaine. Ce respect ostensible des données historiques ne trompait personne ; Strabon lui-même, le géographe du temps d'Auguste, ne manqua pas de dénoncer une organisation qui ne tenait compte, selon lui, ni de la géographie ni de l'ethnographie, et qui prenait en considération les seules préoccupations politiques.

Il est difficile d'évaluer, en termes de développement et d'assimilation, les avantages ou les inconvénients d'une telle répartition des peuples ; dans les faits, elle devait rapidement se trouver compensée par un élargissement des échanges qui rendrait caduques les divisions internes de la Chevelue. Mais peut-on parler de désenclavement pour les Armoricains par exemple, lorsque l'on constate qu'en dépit de l'extension de la province sur toute

54 LA FRANCE GALLO-ROMAINE

Maquette de la ville de Lyon au IIe siècle de notre ère. En bas à droite, dans l'île, le quartier dit des Canabae *(magasins, entrepôts, secteurs artisanaux) ; à gauche la colonie romaine de* Lugdunum *sur la colline de Fourvière ; au-delà de la Saône, le pagus de* Condate, *avec le sanctuaire confédéral du confluent. Musée de la Civilisation gallo-romaine, Lyon.*

la largeur du pays gaulois, les grands axes du réseau routier d'Agrippa, tel du moins que Strabon nous le décrit, passaient au sud ou à l'est hors des limites de la Lyonnaise, sauf pour la route qui, partant de Reims *(Durocortorum)*, gagnait Lillebonne *(Juliobona)* et l'estuaire de la Seine ? Les observations archéologiques et la toponymie urbaine attestent sans doute des créations de villes, ou à tout le moins le développement précoce d'agglomérations importantes ; *Augustodunum* (Autun), *Juliomagus* (Angers), *Caesarodunum* (Tours), plus au nord *Augustodurum* (Bayeux) et *Juliobona* déjà nommée gardent dans leur nom la trace d'une faveur ou d'un intérêt particuliers accordés par le personnel impérial de la dynastie des Julio-Claudiens (d'Auguste à Néron).

Mais il demeure tout à fait symptomatique qu'à l'ouest de Sens on ne rencontre aucune ville qui ait livré plus de cinquante inscriptions latines : les terres situées entre Seine et Loire restent, en dépit de l'accélération des recherches, de véritables déserts épigraphiques, si du moins on les compare aux régions du nord-est, du sud-est et du sud-ouest de la France.

LYON ET LE SANCTUAIRE CONFÉDÉRAL

On comprend mieux la situation quand on observe que la capitale de la province, la colonie romaine de Lyon — en théorie, d'ailleurs, située sur un espace qui n'appartenait pas au territoire provincial — fondée en 43 avant J.-C. par L. Munatius Plancus, lieutenant de César, occupe une position totalement excentrée : à proximité de l'Italie, aussi loin que possible des rivages de l'Atlantique ou de la Manche, elle accueillit au débouché des voies qui descendent des Alpes les habitants de Vienne chassés de Transalpine par les Allobroges. Placée dès 22-21 avant J.-C. au départ des grandes routes, celle de l'Atlantique vers le pays des Santons (Saintes), celles de la Manche et de la mer du Nord, qui, passant par Reims, gagnaient le pays des Bellovaques (Beauvais) et des Ambiens (Amiens), celle du Nord qui, par Langres, rejoignait le pays des Trévires (Trèves), celle enfin du Sud vers la Narbonnaise et Marseille, Lyon devint rapidement la ville cardinale du système de communication mis en place par Rome, et ce n'est certes pas un hasard si l'unité des Trois Gaules y fut solennelle-

Une Victoire ailée de bronze conservée au musée de la Civilisation gallo-romaine de Lyon. Elle évoque la silhouette des puissantes statues qui surmontaient les colonnes marquant les angles de l'aire sacrée au centre de laquelle s'élevait l'autel de Rome et Auguste.

ment proclamée en 12 avant J.-C. avec la création du sanctuaire confédéral *ad confluentem*.

Ce sanctuaire, consacré à Rome et à Auguste, occupait un épaulement de la colline de la Croix-Rousse, au-dessus du confluent du Rhône et de la Saône ; il était administré par le conseil des délégués des soixante cités gauloises qui se réunissaient à date fixe pour en élire chaque année le prêtre *(sacerdos)*. Cette fondation politique et religieuse, qui peut-être perpétuait sous une forme nouvelle un lieu de culte et des rencontres annuelles de tradition celtique, revêtit d'emblée une importance considérable : c'était en Occident la première du genre, et elle devait servir de modèle à d'autres sanctuaires officiels dans d'autres capitales provinciales. Il importe donc d'en décrire brièvement les composantes essentielles.

Elle semble avoir comporté une vaste terrasse sur laquelle s'élevait un autel monumental portant les noms des soixante peuples de la Gaule Chevelue ; ces peuples étaient eux-mêmes représentés au moyen de statues ou de bas-reliefs allégoriques répartis dans le bois sacré qui entourait le lieu sacrificiel. Les monnaies et quelques rares vestiges archéologiques — pour certains d'attribution douteuse — permettent de restituer aux angles de l'enclos sacré où s'élevait l'autel des colonnes porteuses de victoires ; l'enclos devait être décoré de guirlandes de feuilles de chêne, et l'autel lui-même des symboles du pouvoir augustéen, la « couronne civique » et les lauriers. Alentour, diverses annexes complétaient ces aménagements, la plus importante étant un amphithéâtre, construit sous Tibère aux frais d'un riche notable de Saintes qui, associé à ses fils, manifesta ainsi à la communauté gauloise et à l'empereur sa reconnaissance d'avoir été élu à la charge, fort honorifique mais fort dispendieuse, de prêtre de Rome et d'Auguste. Agrandi au début du IIe siècle, cet amphithéâtre tient une place particulière dans l'histoire tragique du premier christianisme, puisque c'est là, selon toute probabilité, que furent mis à mort, entre autres martyrs, l'évêque Pothin et Blandine, un jour de l'année 117.

Un tel édifice paraît à première vue inattendu, sinon même déplacé, dans un sanctuaire. Mais les grandes liturgies qui se déployaient en ces lieux ne rendaient pas nécessaire la présence d'un temple — lequel ne sera mis en place qu'au IIe siècle —, puisqu'elles comportaient surtout des sacrifices solennels à l'empereur et à l'entité divinisée de Rome ; en revanche, elles étaient inséparables de spectacles et de concours qui attiraient des foules énormes, et auxquels les effigies de l'empereur régnant et de ses prédécesseurs assimilés à des dieux étaient censées présider. Des complexes du même genre ont été retrouvés en plusieurs capitales du monde romain : citons Narbonne où, vraisemblablement, le sanctuaire provincial du culte impérial se trouvait à proximité de l'amphithéâtre ; Tarragone en Espagne, où le même type de sanctuaire occupe, au sommet de la ville, une vaste terrasse qui domine une place réservée aux processions, et un cirque ; à l'autre bout de l'Empire, le sanctuaire d'Ankara, en Asie Mineure, présentait aussi la succession d'un lieu de culte (temple d'Auguste) proprement dit, d'une esplanade et d'un hippodrome.

On imagine sans peine que de semblables compositions occupaient, dans les villes qui les accueillaient, des espaces considérables ; leur schéma originel doit être recherché à Rome même où le temple d'Apollon, protecteur d'Auguste, sur le Palatin, dominait la vallée du *Circus Maximus*.

Ce qui caractérisait donc ces sanctuaires officiels dont nous ne retrouvons plus aujourd'hui que des lambeaux difficiles à déchiffrer, c'était leur aspect à la fois monumental et festif. Dès le début, ils manifestèrent que tout geste d'identification ethnique et politique des provinciaux devait être placé sous l'égide du pouvoir sacralisé ; les lieux de convergence traditionnels n'avaient une chance de rester vivants que s'ils se moulaient dans un cadre défini par Rome, même si — et c'est la grande

L'autel de Rome et Auguste à Lyon, au cœur du sanctuaire des Trois Gaules, d'après un revers monétaire (as de Port-Haliguen). Le mur d'enclos de l'autel, vu de face, est cantonné par des colonnes porteuses de Victoires. Plusieurs détails de cette représentation schématique restent d'interprétation difficile.

56 LA FRANCE GALLO-ROMAINE

Vue du grand théâtre de Lyon.

Le quartier des théâtres sur la colline de Fourvière à Lyon, d'après la publication de P. Wuilleumier. Les deux édifices tirent un remarquable parti de la pente à laquelle s'adossent leurs gradins ; la divergence des orientations, partiellement imposée par le terrain, s'explique sans doute aussi par une distance chronologique assez importante entre le grand théâtre, augustéen, et le petit, du début du IIe siècle.

habileté du système — tout y était conçu pour l'exaltation des notables indigènes, à condition seulement qu'ils voulussent bien consacrer une part importante de leur patrimoine à des largesses strictement contrôlées par le gouvernement provincial.

L'URBANISME DE LYON

Dans le cas particulier de Lyon, le sanctuaire confédéral, édifié en terrain neutre sur le site de l'antique *Condate*, appartenait à l'ensemble de la Gaule Chevelue, et se trouvait donc en dehors de l'espace urbain. La ville elle-même s'ordonnait sur la rive droite de la Saône, autour de la colline de Fourvière, le forum occupant le sommet de cette colline. Dotée très tôt d'un ensemble monumental exceptionnel, la colonie romaine de *Lugdunum*, en dépit de plusieurs catastrophes — le grand incendie de 64, le pillage de 197 entre autres —, ne cessa de se développer pendant les deux premiers siècles de l'Empire, suivant un plan relativement régulier malgré les difficultés d'un relief très accidenté.

Les vestiges les plus remarquables de ce passé restent ceux du théâtre et de l'odéon, puisque

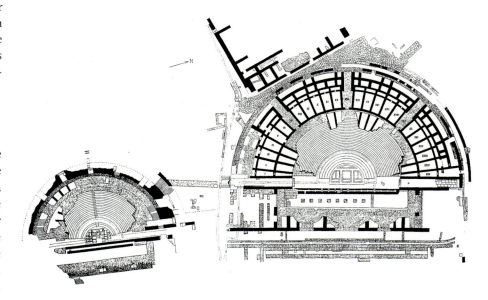

Lyon est, avec Vienne en Narbonnaise, la seule ville de la Gaule romaine à avoir possédé deux édifices de spectacle de ce type. Le premier ou « grand théâtre », construit en partie avec des matériaux provenant des carrières de *Glanum* — ce qui donne une idée de la valeur des pierres à bâtir

Le grand théâtre de Lyon. Vue sur les gradins (restaurés).

de cette région de Narbonnaise et aussi du renom des carriers et des lapicides qui y étaient établis —, est avec son homologue d'Arles le plus ancien de sa catégorie, puisque sa phase initiale date du règne d'Auguste, et semble même nettement antérieure au changement d'ère ; c'est aussi l'un des plus grands après celui d'Autun, puisqu'il ne mesure pas moins de 90 mètres de diamètre ; agrandi à l'époque d'Hadrien, il atteindra 108 mètres pour accueillir plus de 10 000 spectateurs.

Très classique dans sa conception, il représente, avec son mur de scène animé par trois exèdres ornées de nombreuses statues et bas-reliefs, sa scène complétée par le fossé du rideau dont le dispositif a pu être restitué, l'hémicycle de ses gradins entourant l'*orchestra* dallée de marbres polychromes sur laquelle empiètent les rangs des sièges destinés aux décurions (conseillers municipaux), l'un des exemplaires les plus canoniques du théâtre dit romain ; les entrées latérales, voûtées — celle du nord est particulièrement bien conservée — facilitaient les circulations tout en établissant une relation structurelle avec les parties latérales du mur de scène (les « basiliques ») ; ainsi se trouvait assurée l'unité organique de l'ensemble, dont il est difficile aujourd'hui d'imaginer le volume monumental et la richesse décorative, en dépit de l'importance des vestiges en place.

Avec un raffinement accru dans l'emploi des matériaux, puisque le dallage de son *orchestra* était fait de plus de dix pierres différentes, l'odéon, ou petit théâtre, présentait des caractères analogues, à cela près qu'une partie de son hémicycle était couverte *(theatrum tectum)*. Son axe, qui diverge de sept degrés par rapport à celui du grand théâtre, le désigne comme la composante d'un programme différent, malgré son voisinage immédiat, ce que confirment les éléments de datation qui nous orientent vers l'époque d'Hadrien.

Le résultat n'en reste pas moins impressionnant : ce quartier des théâtres sur la pente de Fourvière ne trouve d'équivalent qu'à Pompéi et à Corinthe, où l'on relève la même duplication et une proximité analogue. Cette observation peut nous conduire à remettre en cause la dénomination traditionnelle d'odéon pour le petit théâtre de Lyon ; plus qu'une salle strictement réservée aux auditions musicales ou aux déclamations, nous avons là un monument dont les aménagements particuliers peuvent être liés à l'évolution des spectacles à l'époque impériale, et peut-être aussi au souci de mieux accueillir les décurions de la colonie, trop à l'étroit dans leur ancienne curie.

L'environnement religieux de ces théâtres confirme, en toute hypothèse, leur position centrale dans l'urbanisme lyonnais : à l'ouest, sur une terrasse élevée, un sanctuaire de Cybèle dominait les gradins du plus grand, mais il en était séparé par une voie dallée ; le schéma s'avère donc différent de celui de Vienne où un temple, véritable annexe du théâtre, était intégré au sommet de la *cavea*. Au-delà, à 1 000 mètres environ du forum, des fouilles récentes ont mis au jour, dans le clos dit du Verbe-Incarné, un énorme temple — le plus grand identifié jusqu'à présent en Gaule romaine — entouré de portiques eux-mêmes supportés par des galeries en partie souterraines (cryptoportiques). Ce monument, qui occupait 120 mètres en longueur et 90 mètres en largeur, a été construit sous Tibère et Claude (années 15-50 après J.-C.) sur un quartier d'habitation antérieur ; les éléments de dédicace partiellement conservés permettent de l'attribuer au culte municipal de l'empereur. Le temple, qui présentait en façade huit colonnes corinthiennes sur un haut podium, a connu plusieurs phases ; les milliers de fragments de marbre qui en proviennent le désignent comme l'une des réalisations les plus ambitieuses qu'une colonie romaine d'Occident ait jamais entreprise. À lui seul il justifie la formule de Sénèque mentionnant « tant de superbes constructions, dont une seule aurait suffi à faire la gloire d'une ville », à propos de l'incendie qui ravagea la colonie en 64.

Mais au-delà de cette « acropole des Gaules » (Strabon) qu'étaient Fourvière et les Terrasses de la rive droite de la Saône, il faudrait évoquer, pour donner une idée plus complète de l'agglomération lyonnaise antique, le quartier de l'île (actuellement autour de la place Bellecour), dit des *Canabae*, c'est-à-dire des baraques ; sans doute doit-il son nom aux magasins et entrepôts qui occupaient de vastes espaces en ce secteur commerçant proche des ports fluviaux. Il faudrait aussi, hors les murs, évoquer le cirque du quartier de Trion, et les divers aménagements des faubourgs de l'ouest et du sud qui, dès le IIe siècle, débordèrent largement les limites de la colonie de Plancus.

UNE DÉCOUVERTE RÉCENTE :
LE CENTRE MONUMENTAL DE FEURS

Si nous quittons *Lugdunum* pour nous enfoncer dans la Lyonnaise, nous rencontrons d'abord

Les ruines de Fourvière à Lyon : vue du quartier des théâtres.

immédiatement à l'ouest, au cœur de la plaine du Forez, à 50 kilomètres de Lyon, le site de Feurs *(Forum Segusiavorum)*, capitale de la *civitas* des Ségusiaves. Grâce aux travaux qui, depuis la fin des années 70, y ont été conduits, la ville, dont l'emplacement était connu depuis toujours, puisque les itinéraires et cartes de la fin de l'Antiquité la mentionnent comme l'une des premières stations importantes sur la voie qui conduisait de Lyon à Saintes, reprend forme sous nos yeux, du moins son centre monumental. La redécouverte de son forum (car des investigations partielles y avaient déjà été faites à la fin du XIXe siècle) est l'un des événements archéologiques les plus importants de cette dernière décennie.

Cela pour deux raisons : la première est la remarquable lisibilité des structures dégagées, leur cohérence et l'absence apparente de tout remaniement important ; la seconde est la chronologie de leur construction, établie grâce à une fouille méthodique qui modifie singulièrement les idées reçues. Nous sommes en effet devant un « forum tripartite », c'est-à-dire une séquence qui associe sur un même axe une aire sacrée, une place publique et un ensemble basilique-curie, le tout clos vers l'extérieur de hauts murs presque aveugles, et bordé vers l'intérieur de portiques à un ou deux étages.

Jusqu'à une date récente, il était admis que ces plans « intégrés » où les trois éléments, le religieux, le politique et le judiciaire se déployaient sur un même alignement, n'apparaissaient pas avant la seconde moitié du Ier siècle, constituant même, dans les provinces occidentales, une formule plutôt caractéristique du IIe siècle ; les exemples de Bavay, Paris, Saint-Bertrand-de-Comminges, Alésia, Nyon ou Trèves, toujours allégués, semblaient en apporter la confirmation pour la Gaule Chevelue, avec des variantes qui ne remettaient pas en cause l'unité du complexe (le temple pouvant, par exemple, tourner le dos à la place centrale, ou s'orienter vers elle) ; même si les premières phases de certains d'entre eux remontent sans difficulté jusqu'au début de l'Empire, l'organisation planimétrique complète, opposant sur un même axe longitudinal la masse de la basilique en position transversale et le volume du temple et de ses portiques d'encadrement en position dominante, ne se rencontrait, en principe, que plus tard. Or les fouilleurs de Feurs ont pu montrer que leur forum, situé au centre d'une agglomération certainement modeste — qui ne disposait sans doute pas encore

Une hypothèse de restitution de la basilique judiciaire du forum de Feurs (Loire), due à P. André.

du droit latin, et dont il n'est pas sûr qu'elle ait eu avant le règne de Claude le statut de capitale de *civitas*, l'emprise de Lyon sur la région restant longtemps prépondérante —, était projeté sinon entièrement achevé sous cette forme dès la fin du règne d'Auguste ou le début de celui de Tibère, disons dès les années 15-20.

Les hypothèses de restitution de ce complexe, qui s'étendait sur 173 mètres de long et 76 mètres de large, sont rassemblées dans une maquette due à l'architecte P. André. On y comprend, par-delà les détails de l'élévation, toujours discutables en l'état d'arasement des vestiges, la répartition des masses et le caractère non seulement clos mais cloisonné de l'ensemble ; la basilique judiciaire, avec sa nef centrale de 14 mètres de large sur 56 de long sous la partie surélevée (en lanterneau) de la toiture, constituait un vaste hall ouvert sur la place ; elle englobait la curie ou salle de réunion des décurions, selon une pratique bien attestée sur de nombreux forums du Haut-Empire ; en position axiale sur l'un des grands côtés de la basilique, cette curie s'élevait sur un véritable podium qui soulignait la sacralité du lieu, accrue sans doute par la présence de statues impériales aujourd'hui disparues. La place centrale, cernée de portiques, affectait un plan carré (68 mètres de côté) et se trouvait isolée de la zone cultuelle par un haut mur aveugle, percé d'une large baie d'accès. La hiérarchisation des espaces est ici particulièrement sensible, malgré le caractère unitaire de la séquence, puisque le niveau de circulation de la zone cultuelle est nettement au-dessus de celui de la place ; le temple lui-même s'élevait sur un très haut podium, ainsi que les portiques qui l'entouraient sur trois côtés, selon un schéma qui semble caractéristique, en Occident, des sanctuaires du culte impérial.

Ainsi s'affirme précocement, en cette petite ville de Lyonnaise, sous une forme à la fois pleinement fonctionnelle et hautement symbolique, la présence d'un pouvoir qui cautionne et domine celui des responsables municipaux. La spécialisation des aires et leur subordination à une autorité omniprésente aux deux extrémités de l'axe longitudinal s'expriment ici, pour la première fois peut-être, avec une efficacité à laquelle même la formule adoptée à *Glanum* n'était pas parvenue, en dépit du caractère progressif de son aménagement. Il y a là un phénomène qui témoigne de la brutalité des mutations subies par les communautés urbaines, et de la rapidité avec laquelle les plans élaborés en Italie du Nord dans les premières décennies de l'Empire avaient franchi les Alpes.

AUTUN

En contraste avec cette ville de Feurs, dont nous connaissons maintenant le centre monumental, peut-être surdimensionné par rapport à l'espace véritablement habité, à l'instar de ce qu'on observe en d'autres endroits, à Nyon par exemple (*Noviodunum* en Suisse), il existe des sites urbains dont l'importance nous est amplement attestée par la tradition écrite, mais dont nous ne pouvons, malgré le progrès des recherches récentes, que retrou-

La porte d'Arroux à Autun. La galerie supérieure comportait à l'origine dix arcades séparées par des pilastres cannelés à chapiteaux corinthiens.

ver le cadre presque vide. Autun (*Augustodunum*, chef-lieu de la grande ethnie des Éduens) est dans ce cas.

Mais ce cadre est magnifique, et nous fait d'autant plus regretter l'ignorance où nous sommes encore de l'essentiel de son équipement monumental. *Augustodunum*, au carrefour de plusieurs voies naturelles entre Saône, Seine et Loire, est une création d'Auguste, qui prit soin de déplacer l'antique capitale des Éduens, initialement située à Bibracte sur le mont Beuvray, à environ 20 kilomètres à l'ouest d'Autun. Nous ne connaissons pas le statut exact de la nouvelle ville ; sans doute d'abord fédérée, elle dut acquérir rapidement (mais quand ?) le droit latin. Quoi qu'il en soit, elle se vit accorder très tôt l'autorisation de posséder une enceinte qui, à la façon de celles de Nîmes et de Vienne, suit les sinuosités des collines sur plus de 6 kilomètres et englobe une superficie de 200 hectares, l'une des plus vastes de Gaule. Construite avec des matériaux neufs, sans aucune trace de remploi, cette enceinte est constituée d'un mur de 2,50 mètres d'épaisseur revêtu de moellons quadrangulaires de grès, disposés en assises très régulières (« petit appareil »), et possède 54 tours, toutes circulaires et fort comparables, en plan comme en élévation, à celles de Fréjus.

Des quatre portes qui solennisaient les accès à la ville et donnaient au voyageur une sorte d'image anticipée de sa parure architecturale, deux subsistent seulement, mais elles comptent parmi les plus belles du genre sur notre territoire. Celle dite d'Arroux se trouvait à l'une des extrémités du *cardo maximus*, le grand axe routier, entièrement dallé semble-t-il, qui traversait la ville sur 1 200 mètres et joignait le croisement des voies venues de Chalon et de Lyon au sud-est à celui des voies venues d'Orléans et de Sens au nord-ouest ; l'autre est la porte dite Saint-André, par laquelle on sortait d'Autun pour gagner Besançon. Elles comportaient l'une et l'autre deux tours encadrant un corps central percé de quatre portes, les deux du milieu, fort larges, étant réservées aux attelages, les deux latérales, beaucoup plus petites, aux piétons ; une galerie constituée d'arcades régnait à l'étage supérieur, celle de la porte Saint-André étant le résultat d'une restauration, d'ailleurs partiellement erronée, de Viollet-le-Duc. Ce qui subsiste de leur ornementation suffit à les dater de l'époque du premier empereur : elles appartiennent donc à la phase initiale de l'enceinte et représentent à ce titre, avec la porte d'Auguste à Nîmes, les plus anciens exemplaires d'un modèle d'entrée monumentale dont la fonction défensive n'était nullement négligeable — des herses pouvaient obstruer les baies —, mais dont le rôle était surtout, du moins à l'époque où elles furent construites, de valoriser le monde de la ville et le mode de vie qu'elle était censée instaurer. Nous retrouvons ici des observations déjà faites au chapitre précédent.

À l'intérieur de cet espace soigneusement circonscrit, nous pouvons certes situer l'emplacement du forum, à l'endroit où les voies parallèles

venues de la porte Saint-André et de la porte Saint-Andoche rencontrent le grand axe dallé (cardo maximus) déjà mentionné, mais aucun vestige n'en garde trace. Seul, à la limite orientale, sur une aire qui semble avoir été ménagée par une déviation de l'enceinte, un théâtre est encore visible dont le bâtiment de scène a presque entièrement disparu ; son diamètre atteint presque 148 mètres, ce qui le situe au premier rang des théâtres classiques de Gaule et n'est pas sans poser des problèmes de structure. Cela suggère en tout cas que l'ensemble de la communauté éduenne était convié aux spectacles de sa capitale — spectacles qui, du reste, durent s'apparenter à une époque tardive à des combats de gladiateurs ou à des chasses (venationes) si l'on en juge par le haut podium qui sépare maintenant le premier rang des gradins d'honneur du sol de l'orchestra. Un amphithéâtre s'élevait cependant non loin de là ; rien n'en émerge plus depuis sa destruction complète au début du XVIIIe siècle, mais des fouilles du siècle dernier avaient établi qu'il constituait lui aussi le plus grand exemplaire de sa catégorie : avec ses 154 mètres sur 130 de dimensions hors tout, il couvre une superficie plus étendue que celle des amphithéâtres de Metz en Gaule Belgique et de Poitiers en Aquitaine, qui comptaient pourtant, hors d'Italie, au nombre des plus vastes constructions de ce type. Pour de tels édifices, totalement ou partiellement disparus, il nous faut imaginer des structures à arcades aussi monumentales que celles d'Arles ou de Nîmes en Narbonnaise, d'El-Jem en Tunisie (Thysdrus en Afrique proconsulaire), mais plus développées encore en plan sinon en élévation.

Ce voisinage d'un énorme théâtre et d'un véritable colisée, auxquels il convient d'ajouter un ludus, c'est-à-dire un centre de formation de gladiateurs créé dès le début de l'Empire, devait rendre à Autun le « quartier des spectacles » extraordinairement imposant ; la situation relative des deux principaux édifices évoque celle qu'on observe encore à Mérida (Emerita Augusta, l'antique capitale de la Lusitanie, en Espagne). Comparaison révélatrice, qui laisse à penser que ces villes gallo-romaines, simples chefs-lieux de cités, avaient, au moins pour certaines d'entre elles, atteint, dès avant la fin du Ier siècle de notre ère, un niveau de développement qui les apparentait aux plus grandes villes de l'Occident romain, même si leur statut juridique restait relativement humble et leur rôle politique strictement limité. Il convient en fait de tenir compte ici d'un facteur qui, en général, échappe complètement à l'analyse archéologique, mais qui, dans le cas d'Augustodunum, peut être apprécié sinon exactement évalué : c'est le rayonnement culturel, lié naturellement à la situation géographique et économique de l'agglomération ; l'historien Tacite nous enseigne que, dès les années 20 après J.-C., les fils de toute la noblesse gauloise venaient à Autun étudier les « arts libéraux », et à la fin du IIe siècle le rhéteur Eumène parle encore avec orgueil des « Écoles Méniennes » (dont le nom nous reste obscur) où s'arrêtaient volontiers les grands personnages en provenance de Lyon. Situées entre le capitole et un temple d'Apollon, ces Écoles constituaient, au cœur de la capitale éduenne, l'un des pôles d'attraction de toute une jeunesse dorée qui venait y chercher, comme jadis à Marseille, les éléments d'un savoir indispensable à ceux qui se destinaient à l'exercice du pouvoir dans l'administration romaine.

L'EXTENSION DU MODÈLE URBAIN

En dehors de ces grands centres, les agglomérations secondaires, placées à la tête de subdivisions territoriales restreintes, vici ou pagi, ont souvent développé elles aussi un paysage urbain très proche de celui des chefs-lieux de cités. Il y a là un phénomène dont nous ne mesurons pas l'ampleur exacte, en raison du caractère lacunaire de la documentation, mais qui ne laisse pas d'étonner pour peu qu'on y réfléchisse : quel intérêt avaient en effet les notables de ces petites villes, qui n'étaient en général que de gros bourgs, marchés ruraux ou centres d'artisanat, à se doter d'une panoplie monumentale dont ils n'avaient pas vraiment l'usage ? La question est d'autant plus pertinente que ces notables payaient en général de leurs deniers ces aménagements qui ne répondaient à aucun besoin concret de la population. Deux mécanismes différents mais complémentaires permettent d'expliquer ces comportements d'apparence irrationnelle : d'abord la puissance du modèle urbain est telle que se crée très tôt, dans tout l'Empire, une émulation municipale, dont l'Orient grec est la terre d'élection, mais dont les provinces occidentales ne sont pas exemptes ; cette émulation n'est pas purement gratuite : il est clair que beaucoup de communautés espèrent, en se dotant des signes monumentaux de la romanité, accéder à un statut juridique plus satisfaisant, ou à tout le moins attirer sur elles la bienveillance du gouverneur de la province ou d'un de ses puissants collaborateurs. D'autre part, dans une société où

(Double page précédente.) Mosaïque des jeux du cirque. Trouvée à Lyon en 1806, elle offre une image assez précise des courses de char : la spina, *construction rectangulaire occupant le centre de la piste, se termine à ses deux extrémités par un socle semi-circulaire, la* meta, *autour duquel les attelages doivent tourner sept fois ; deux de ceux-ci ont heurté les bornes et s'y sont brisés ; les lignes blanches sur la piste (en bas à gauche) marquent l'emplacement des départs ; les* carceres *ou boxes d'où sont partis les attelages se répartissent sur le petit côté de la piste, de part et d'autre de la tribune où siègent les magistrats. Il faut imaginer les gradins des spectateurs à l'emplacement de la bordure en tresse.*

Alésia. Plan du centre monumental, d'après J. Le Gall et A. Olivier.

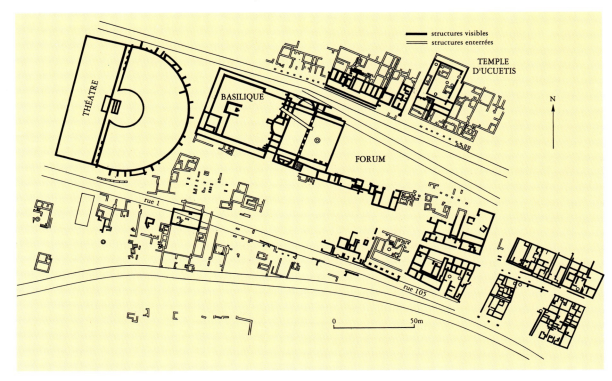

les possibilités d'investissements, au sens où nous l'entendons aujourd'hui, demeuraient rares, la mise à disposition d'une partie plus ou moins importante de leurs avoirs était, pour les possédants, le seul moyen de commencer une carrière locale en gagnant la confiance de leurs concitoyens. On voit même des personnages aisés, mais pas assez fortunés pour assumer un jour comme décurions des responsabilités municipales, ou des affranchis (anciens esclaves) auxquels leur statut interdisait en principe l'accès aux magistratures, payer des dépenses d'infrastructure (égouts, dallage des rues, fontaines) ou financer des édifices moins directement utilitaires (portiques), pour compléter telle ou telle fondation importante. C'est que dès avant la fin du Ier siècle de notre ère, les comportements collectifs et les ambitions individuelles convergent dans la même direction : il s'agit de vivre autant que possible comme un citadin et de bénéficier du cadre correspondant à la situation, une situation en grande partie nouvelle pour une région comme celle-ci, qui avait certes connu avant la conquête des habitats groupés et fortifiés *(oppida)*, mais non pas des villes proprement dites, avec des organes de gestion ou de décision regroupés dans un centre monumental.

ALÉSIA

Nous trouvons un exemple de ce phénomène au nord d'Autun, sur le territoire des Mandubiens, dans le *vicus* d'Alésia, qui remplaça la célèbre place forte où Vercingétorix capitula au terme d'un siège terrible, en 52 avant J.-C. Les travaux dirigés par J. Le Gall ont mis en évidence, au sommet du mont Auxois, les étapes d'un processus exemplaire, qui, autour d'un lieu de culte gaulois, aboutit à l'élaboration, en moins de deux siècles, d'une panoplie complète d'édifices publics. Un temple à poteaux de bois et à murs d'argile, consacré au dieu *Taranis,* plus tard assimilé à Jupiter, et qui existait déjà à l'époque du siège, a constitué le noyau à partir duquel se sont développés progressivement : une place à portiques autour du temple initial reconstruit finalement en pierres, mais sur le même emplacement et avec la même orientation ; en continuité avec ce péribole, un espace trapézoïdal bordé de portiques assimilé à un forum ; enfin, entre les deux places, est venue s'insérer au IIe siècle, empiétant sur le forum, une vaste basilique judiciaire comportant un grand vaisseau rectangulaire sur les côtés duquel s'appuyaient trois absides, la plus grande sur l'axe transversal de l'édifice faisant certainement office de curie. Pour compléter l'ensemble, un théâtre se déployait à l'ouest, presque au contact du péribole du temple ; d'un diamètre de 80 mètres, il n'a sans doute jamais possédé que des gradins de bois au-dessus d'une fondation empierrée soutenue par un grand mur semi-circulaire ; sa scène semble avoir été très réduite en largeur, comme dans les

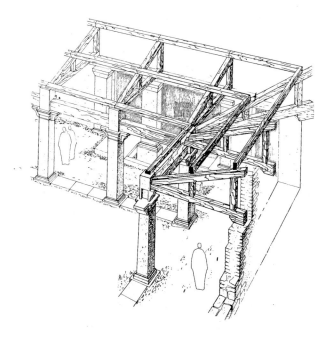

théâtres dits ruraux ou mixtes (voir ci-après) ; l'ensemble devait être achevé à la fin du Iᵉʳ siècle.

À l'autre extrémité du complexe, vers le nord, un curieux édifice, consacré au dieu *Ucuetis* et à la déesse *Bergusia*, divinités gauloises protectrices des artisans du métal, comportait un portique autour d'une cour rectangulaire et une crypte creusée dans le rocher. Bien étudiée par P. Varène et R. Martin, cette construction originale, dont la charpente a pu être intégralement restituée, montre mieux que toute autre la façon dont les institutions ancestrales se moulent désormais dans les formes de type méditerranéen : cette maison corporative, sorte de *schola* ou lieu de réunion et de culte d'un groupe social bien défini, garde ses caractères ethniques et religieux propres, mais s'organise autour d'un espace qui ressemble à un péristyle. Nous savons par les textes (Pline l'Ancien) et par l'archéologie qu'Alésia était au Iᵉʳ siècle réputée pour ses bronziers qui argentaient ou étamaient les objets selon une technique mise au point par les Bituriges (chef-lieu *Avaricum*-Bourges).

LES THÉÂTRES-AMPHITHÉÂTRES

Il est cependant un type de monument qui n'existe que dans la partie nord-occidentale de l'Empire, si l'on excepte l'exemple de *Lixus* au Maroc, et dont les exemplaires les plus nombreux se comptent en Lyonnaise : c'est le théâtre « gallo-romain » ou « rural », dit aussi « théâtre-amphithéâtre » ou « édifice mixte ». Les variantes de cette terminologie indiquent clairement les difficultés rencontrées par les archéologues pour définir une composition en dehors des normes classiques, dont par ailleurs aucun texte ancien ne nous a conservé le nom, si tant est qu'on ait jamais voulu lui en donner un. Le cas est intéressant, en ce qu'il témoigne d'une volonté d'adaptation d'un des schémas les plus contraignants que Rome ait diffusés, celui du théâtre, et garde la trace d'une recherche fonctionnelle relativement poussée, même si elle ne s'est jamais figée en une typologie infrangible.

Les caractères essentiels de ces constructions, en dépit de variantes nombreuses, peuvent se résumer ainsi : le mur entourant la conque des gradins ou *cavea* n'affecte plus la forme d'un demi-cercle, mais outrepasse en général le diamètre transversal qui marquait sa limite dans les théâtres classiques ; de ce fait l'*orchestra* cesse, elle aussi, d'être semicirculaire pour devenir elliptique ou ovale ; le bâtiment scénique enfin est très réduit en largeur et se ramène à un simple podium à la limite duquel peut s'élever cependant un mur animé de colonnes. De toute évidence il s'agit de créer une structure qui puisse accueillir aussi bien des représentations théâtrales (ou de danse et de mime), que des spectacles normalement réservés aux amphithéâtres (chasses, combats d'animaux, duels de gladiateurs, etc.), d'où l'addition généralement assez inorganique d'une véritable arène et d'une scène plus ou moins embryonnaire.

La diffusion de ces édifices est remarquable, par son ampleur d'abord, puisqu'une étude récente a pu en dénombrer une trentaine dans la seule province de Lyonnaise, le plus occidental se trouvant à Locmariaquer (Morbihan), le plus septentrional à Eu (Seine-Maritime) ; mais aussi par sa localisation : beaucoup d'entre eux ne se rencontrent pas dans des villes mais dans des sanctuaires dits ruraux, dont nous aurons à reparler au chapitre VIII. Mentionnons seulement ici les principaux exemplaires urbains qui appartiennent de surcroît à des capitales de cités, ceux de Senlis (*Augustomagus*, capitale des Silvanectes), de Vieux dans le Calvados (*Aregenua* capitale des Viducasses), d'Angers (*Juliomagus*, capitale des Andécaves), de Lisieux (*Noviomagus*, capitale des Lexoviens) et de Paris (*Lutetia*, capitale des Parisiens).

Ce dernier est le plus célèbre sinon le mieux

Le monument d'Ucuetis à Alésia, restitué par P. Varène.

Les « Arènes » de Lutèce. Proposition de reconstitution par J. Formigé (1918). Ce genre d'« amphithéâtre à scène » ou de « théâtre-amphithéâtre » est caractéristique de la Gaule intérieure, et plus particulièrement de la Lyonnaise : on y pouvait satisfaire tous les goûts du public en donnant aussi bien des spectacles violents (combats de gladiateurs, chasses) que des spectacles de mimes ou de danses. Paris antique possédait aussi un théâtre (à l'emplacement de la rue Racine).

connu ; ce sont les fameuses « arènes de Lutèce », remises au jour dans les années 1860 lors du percement de la rue Monge. Daté sans qu'on dispose d'éléments décisifs de la fin du Ier siècle ou du début du IIe, cet « amphithéâtre à scène », selon la formule de J. Formigé qui en proposa jadis une restitution suggestive, présentait extérieurement les caractères d'un amphithéâtre monumental, puisque, construit en pierres de taille, il était percé sur son pourtour de quarante et une baies séparées par des demi-colonnes supportant une corniche dorique et un mur (« attique » où s'encastraient les corbeaux destinés à recevoir les mâts du voile lancé sur la *cavea* pour protéger les spectateurs du soleil). Les dimensions de l'édifice le placent immédiatement après celui de Nîmes, puisqu'il s'inscrit dans un rectangle de 130 mètres sur 100, mais sa capacité d'accueil est difficile à établir ; elle reste en toute hypothèse très inférieure à celle d'un amphithéâtre véritable. Le mur de scène et la scène elle-même, nettement séparés de l'arène, offraient un décor architectural et statuaire assez élaboré, en tout cas plus soigné que celui qu'on peut restituer sur la plupart des monuments de ce genre ; neuf niches animaient le fond de la scène, et un ordre de colonnes à deux niveaux ornait la façade du mur. A-t-on gardé la trace des spectacles qui furent donnés en ce lieu hybride qui n'excluait pas, il faut le souligner, la présence d'un théâtre classique à Lutèce (découvert en 1861 rue Racine, lors de la construction des cuisines du lycée Saint-Louis) ? Il est toujours difficile de répondre à pareille question autrement qu'avec des généralités, mais de petites exèdres quadrangulaires disposées dans la masse du mur du podium, au niveau de l'arène (trois près des grandes entrées, à proximité du grand axe, deux aux extrémités du petit axe), laissent à penser qu'en l'absence d'aménagements en sous-sol on plaçait en ces endroits les cages des animaux destinés aux chasses ou aux combats avec les gladiateurs ; l'empreinte de seuils à grilles confirme l'hypothèse pour certaines de ces exèdres.

Ce type d'édifice mixte, dont Paris nous a livré sans doute le plus remarquable échantillon, semble apparaître dans le courant du Ier siècle, ce qui correspond, pour la Lyonnaise, à une création remarquablement précoce. Si l'on ne peut parler d'une mise au point « d'un seul jet », car les multiples différences structurelles qui séparent les exemplaires conservés témoignent sinon de tâtonnements, du moins de tentatives plus ou moins abouties, l'originalité du programme auquel ils répondent ne se démentira pas jusqu'au IIIe siècle et témoigne de la vitalité de la recherche architecturale en ces régions de la Gaule centrale à l'époque romaine.

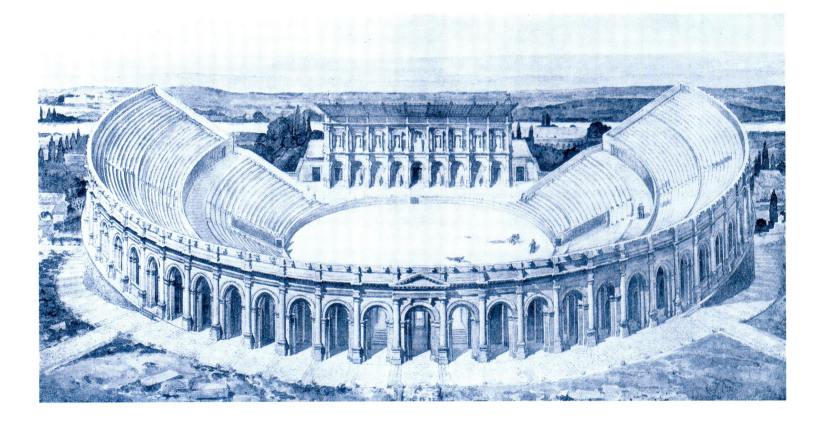

Chapitre IV

AUX MARCHES DE L'EMPIRE : LA GAULE BELGIQUE ET LE MODÈLE URBAIN

Forum et cryptoportiques de Bavay : détail de la structure des piles à rangs alternés de moellons et de briques.

Du canton de Bâle au Pas-de-Calais, du Rhin aux abords de la vallée de la Seine, la province de Gaule Belgique, telle qu'Auguste la définit, englobait seize « cités » dont plusieurs débordent largement du territoire français actuel vers la Belgique (cités des Ménapes, des Nerviens, des Tongres), vers l'Allemagne (Trévires) ou vers la Suisse (Helvètes). L'ancienne entité ethnique des Belges s'est trouvée en fait accrue, dans l'organisation territoriale et administrative voulue par Rome, de peuples qui, tels les Séquanes (capitale *Vesontio*-Besançon), les Lingons (*Andematunum*-Langres), les Tricasses (*Augustobona*-Troyes), les Leuques (*Tullum*-Toul) et partiellement les Médiomatrices (*Divodurum*-Metz), appartenaient à la communauté celtique.

Nous retrouvons là le principe de l'amalgame déjà défini à propos de la Lyonnaise (chapitre III), mais aggravé par le rôle de glacis frontalier qu'assumaient forcément les régions limitrophes du Rhin, au moins jusqu'à la création par l'empereur Domitien, en 89 après J.-C., des deux provinces de Germanie. Ce poids stratégique et économique du secteur septentrional est manifeste dans l'organisation administrative : si le siège du gouverneur provincial fut très tôt placé à Reims, l'antique *oppidum* des Rèmes (*Durocortorum*), qui avait toujours témoigné de sa fidélité à Rome et devint ainsi la capitale politique, l'autorité fiscale fut établie à Trèves à partir des années 90, et sa juridiction s'étendait aux deux Germanies aussi bien qu'à la Gaule Belgique.

Cette province n'a livré que peu de monuments insignes, mais les récents progrès de l'archéologie en milieu urbain ont sensiblement enrichi notre connaissance de ses principaux centres.

LE DÉVELOPPEMENT DES VILLES

Sur tous les sites où l'exploration a été poussée assez loin pour autoriser des conclusions assurées, il apparaît que l'urbanisation s'est développée sur un terrain sinon vierge de toute occupation antérieure, du moins livré avant Rome à un habitat sporadique qui a laissé peu de traces observables. César avait constaté que les Belges vivaient « dans des bourgs ou des fermes isolées » et ne se regroupaient que rarement en des agglomérations plus vastes. Il existe certes des *oppida* dans ces régions ; ceux qui ont été fouillés en Allemagne et au Luxembourg autour de Trèves (sur le Mark-und-Huttenberg, sur le Titelberg, à Dalheim) ont révélé des établissements très antérieurs à la conquête et relativement organisés. Mais il est difficile, du moins pour l'instant, de postuler, en dehors des quelques vestiges d'interprétation parfois délicate retrouvés en plusieurs points de Reims, Namur, Beauvais ou Metz, l'existence de sites urbains à l'emplacement des futures villes gallo-romaines, et aucune structure « celtique » ne semble en tout cas y avoir perduré au début de l'Empire, à la différence de ce qu'il est donné d'observer en Lyonnaise (songeons par exemple à Alésia). Seuls des ensembles cultuels ont pu donner lieu à des implantations anciennes et durables, dont l'orientation devait être maintenue, même si elle différait de celle des nouvelles agglomérations, ce qui est toujours un signe non équivoque de la rémanence d'un très ancien scrupule religieux : le sanctuaire de Grand attribué, après la conquête, à Apollon *Grannus* (voir p. 74) et, en Allemagne, le complexe de l'Altbachtal près de Trèves, en offrent des exemples éloquents, mais qui demeurent rares en l'état actuel de la documentation.

Nous sommes donc en présence, dans la plupart des cas, soit de créations *ex nihilo*, soit d'implantations qui font table rase des installations antérieures. Comme aucune de ces villes ne correspond à une fondation coloniale et que le statut du plus grand nombre de leurs habitants est longtemps resté, sauf exception, celui de pérégrins, l'examen de leur forme et de leur évolution présente un intérêt particulier. Dans un contexte social où les élites semblent avoir mis un certain temps à acquérir des réflexes « urbains », puisque l'évergétisme architectural se manifeste ici plus rarement qu'en aucune autre province gauloise (trois évergésies « tarifées » nous ont été conservées pour tout le Haut-Empire !), l'émulation entre des communautés peu habituées à la vie citadine n'a pas dû revêtir, du moins au début, un aspect bien virulent. Si donc l'organisation initiale des établissements est imputable à l'observance de règles qui peuvent avoir été transmises par les techniciens militaires dont le rôle ne saurait être sous-estimé, l'aménagement de l'espace et l'équipement urbain restent directement liés aux besoins et aux intérêts réels des communautés indigènes qui les occupent. Or le développement de ces villes s'avère, pour les trois premiers siècles de l'Empire, en dépit des incursions germaniques et des cataclysmes locaux (nombreux incendies, dont témoigne la stratigraphie), tout à fait remarquable, compte tenu des antécédents historiques et du substrat régional. Une telle situation permet de mesurer, mieux qu'ailleurs, la faculté de l'ordre politique et administratif imposé par Rome non seulement à fonder des villes, mais surtout à créer les conditions de leur existence et de leur développement sur la longue durée.

LA CRÉATION D'UN RÉSEAU ROUTIER

Entre 50 et 30 avant J.-C., les révoltes qui jalonnent l'histoire de cette partie mal pacifiée de la Gaule Chevelue ne sont pas favorables à un réel essor urbain. Rien d'important ne se conçoit donc avant les premières années du Principat. L'organisation de la province en 27 avant J.-C., qui suit la répression d'un soulèvement chez les Morins et les Trévires, entraîne à brève échéance la division de son territoire en cités fort vastes, mais la création d'agglomérations nouvelles n'intervient certainement pas avant la mise en place du réseau routier, que dirige Agrippa lors de son second gouvernement, en 19 avant J.-C.

Ce réseau, dicté essentiellement par des préoccupations militaires, se compose de deux axes, au départ de Langres, qui se dirigent, pour l'un vers la Manche, en passant par les futurs sites de Reims, Soissons, Arras et Boulogne, pour l'autre vers le Rhin, par Metz, Trèves et Cologne. Une voie de rocade les relie par Tongres, Bavay, Tournai ou Cassel. Ce n'est pas un hasard si l'on recense sur ces routes presque tous les chefs-lieux de cités de la province. Les voies fluviales ont également joué leur rôle dans le choix des emplacements urbains, d'autant que la convergence d'une route et d'une voie d'eau navigable constituait souvent un avantage stratégique, dans les conditions de transport qui étaient celles de l'époque.

Mais ces sites, retenus par le pouvoir central, ne sont pas devenus pour autant, et en l'espace de quelques années, des villes importantes. Même si

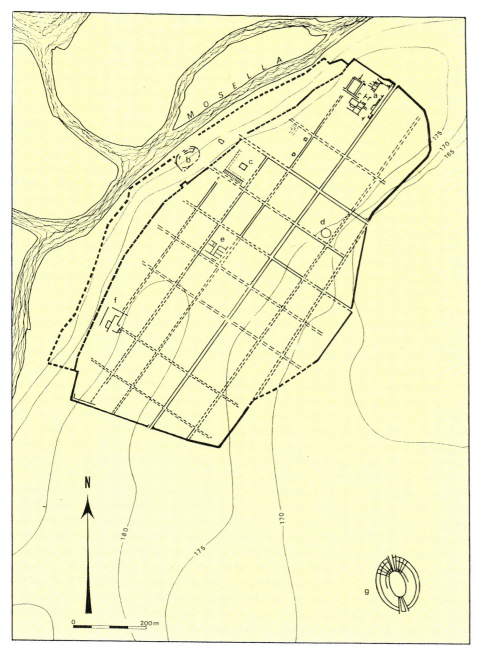

Plan de Divodurum-Metz. *a : thermes du musée ; b : petit amphithéâtre ; c : forum ? ; d : piscine ; e : thermes ? ; f : site de la basilique de Saint-Pierre-aux-Nonnains ; g : grand amphithéâtre.*

l'armée a fourni, dans les premiers temps, une aide non négligeable, sa présence seule constituant du reste une incitation à créer des établissements durables, rares sont les agglomérations où l'on retrouve trace d'une implantation augustéenne de quelque ampleur.

Toutefois la politique conduite par les successeurs d'Auguste, et le sérieux du personnel chargé de l'administration de la province, ont sans doute permis aux villes de se doter d'un premier équipement. Certaines semblent même avoir vu trop grand si l'on en juge par l'endettement dont elles eurent à souffrir dès les années 20 après J.-C. Nous savons par l'historien Tacite que l'une des causes du terrible soulèvement dit de Sacrovir, auquel participèrent activement les Trévires, et qui n'épargna guère l'ouest de la province, était, en partie, dû à ce phénomène. Mais la période qui marque pour beaucoup de villes une accélération des échanges, et dont l'importance sera décisive pour leur développement ultérieur, est assurément le règne de Claude : les préparatifs de la conquête de la Bretagne insulaire, puis sa consolidation, valorisent les axes qui, de Lyon, gagnent la Manche ou la mer du Nord, et confèrent aux villes routières de ce secteur une importance logistique et commerciale que ne brisera pas la crise de 69, en dépit des destructions entraînées alors dans certaines d'entre elles, comme Metz. Plus tard, sous le règne de Marc Aurèle, les incursions des Chauques, qui dévastent le centre et l'ouest de la province, expliquent sans doute l'importance du nouvel effort édilitaire dont portent témoignage de nombreux vestiges. La prospérité de la plupart des établissements, assurée par une remarquable infrastructure, et par la fertilité d'un terroir où les prospections aériennes ont décelé un réseau de villas très dense, sera patente jusqu'aux invasions germaniques du IIIe siècle (années 259-275).

L'ORGANISATION DE L'ESPACE

Le premier caractère de l'urbanisme de cette région est une prédilection marquée pour les plans orthogonaux. Même si l'on a parfois tiré d'observations ponctuelles des schémas théoriques contestables — comme celui qui avait cours encore récemment pour Metz —, on constate toutefois, pour un grand nombre de sites, l'existence d'un quadrillage qui, en dépit de ses irrégularités ou de ses distorsions, n'en reste pas moins repérable sur la plus grande partie des aires occupées par les villes du Haut-Empire. Amiens, Metz, Trèves, Beauvais, Boulogne, Reims, Senlis, Tongres, Thérouanne offrent des ordonnances qui, sans se laisser réduire à un modèle unique, témoignent d'un plan préétabli spécifique à chaque site, en fonction duquel s'est organisé le développement urbain. Certains changements d'orientation ou de module peuvent certes refléter des étapes différentes de l'aménagement de l'espace : ainsi, à Bavay, la première implantation consiste en une série d'îlots de 110 mètres sur 60, correspondant à une superficie de 8 hectares ; à la fin du Ier siècle, cinq rangées d'îlots plus petits, répartis sur un axe légèrement décalé vers l'est, portent celle-ci à environ 40 hectares. Mais le maintien d'une trame, même si elle

n'entretient pas de rapport direct avec celle de la fondation, procède d'une volonté de maîtriser l'extension de la ville, et de lui conserver sa régularité. D'autres modifications dans les réseaux internes ne paraissent d'ailleurs pas imputables à des phases successives de l'occupation du sol : à Amiens, à Trèves, comme du reste à Avenches, les *insulae* les plus proches du forum sont d'un module inférieur aux autres, et offrent une meilleure régularité, mais le phénomène peut être dû au fait qu'on entendait réserver aux quartiers centraux une trame plus serrée.

Cette relative rigueur dans l'organisation de l'espace est d'autant plus remarquable qu'elle s'applique, nous l'avons dit, à des communautés que rien ne prédisposait à une discipline de ce genre ; d'autre part, elle entretient avec les grandes voies de communication qui traversent ces villes ou convergent vers elles des rapports souvent déconcertants, qui prouvent que les axes générateurs du quadrillage sont à chercher dans une conception rationnelle, qui tire évidemment parti de la topographie, mais ne se laisse pas gauchir par les contingences de la viabilité, malgré l'importance effective des routes : si les voies venues du Nord et de l'Ouest qui traversent Reims et Thérouanne, par exemple, se coupent à angle droit au cœur de la ville, et méritent à ce titre leur nom de *decumanus* et de *cardo*, on observe à Amiens que le grand axe qui franchit la Somme n'a pas été pris en considération pour l'établissement du carroyage. Généralement les routes d'accès doivent infléchir leur cours normal pour pénétrer en ville, comme à Metz ou à Tongres. Il va de soi que ces implantations, assez rigoureusement tramées, furent favorisées par le choix de terrains faiblement accidentés, plaines alluviales ou plateaux ; dans les rares cas où ces conditions n'ont pu être remplies — Cassel (*Castellum Menapiorum*, capitale des Ménapes) ou Langres déjà nommée —, aucun schéma comparable n'a été mis en évidence.

On ne s'étonnera donc pas de rencontrer dans cette province, en raison de sa situation particulière, et aussi de l'évolution ultérieure des sites envisagés, à la fois des villes gallo-romaines dont l'extension et le quadrillage peuvent être restitués dans leurs grandes lignes, mais demeurent quelque peu abstraits en l'absence de vestiges monumentaux significatifs, et des établissements où des témoins encore importants d'édifices publics, noyés dans les constructions postérieures, ne permettent plus de comprendre ni l'esprit ni le détail de l'organisation spatiale. À vrai dire, les ensembles urbains les plus complets et les mieux analysés à ce jour se trouvent hors de France, à Trèves, Augst et Avenches. Dans le cadre de cet ouvrage, ils nous demeurent inaccessibles, mais nous pouvons cependant raisonner sur des exemples suggestifs.

L'EXEMPLE SINGULIER DE GRAND (VOSGES)

Un cas tout à fait unique de la seconde situation décrite ci-dessus — une situation qu'on pourrait croire réservée aux villes du pourtour méditerranéen, où des îlots de monumentalité antique subsistent souvent, isolés de leur contexte — nous est fourni par le village de Grand (Vosges), dont nous ignorons le nom ancien, même si l'on a voulu le rapprocher de celui de *Grannus*, dieu solaire guérisseur assimilé par les Romains à Apollon. Quelques tronçons de voies découvertes dans l'agglomération suggèrent un système d'axes perpendiculaires, sans qu'on puisse postuler une trame régulière dont le module nous reste inconnu. En revanche, plusieurs édifices publics y sont identifiables : à l'intérieur de l'enceinte et proche de ce qui devait être le forum dont aucun élément n'a été retrouvé, c'est d'abord une basilique judiciaire constituée d'une vaste salle de 35,60 mètres sur 21,50, ouverte sur le grand côté du rectangle ; sur la face opposée à l'ouverture, une belle salle de 14,20 mètres de large sur 10 mètres de profondeur, terminée par une abside, définit une curie avec certainement un petit sanctuaire du culte impérial. Le plan correspond d'une façon frappante à celui que Vitruve préconise pour la basilique construite par ses soins dans la colonie de Fano en Italie, et les dimensions de l'ensemble s'avèrent proches de celles qu'on observe aux deux basiliques de l'agora à Corinthe ou à celle de *Rosellae* en Étrurie méridionale. Rythmée extérieurement par des pilastres et intérieurement par une série de niches quadrangulaires peu profondes, la salle basilicale proprement dite devait être divisée en nefs par des colonnades orientées parallèlement à l'axe de l'abside ; ses parois internes étaient revêtues de plaques de marbre dont un grand nombre a été recueilli sur place ; la salle absidée, quant à elle, possédait un décor pariétal de même nature, ainsi qu'une mosaïque de pavement présentant en son centre un rectangle figuré où un acteur affublé d'un masque comique converse avec un autre personnage. Longtemps daté du IIIe siècle de notre ère sur des critères discutables, ce remarquable témoin de la vie civique, qui compte parmi les

(Double page précédente.) Diptyque à figurations zodiacales retrouvé à Grand (Vosges). À partir d'environ 200 fragments d'ivoire, deux diptyques à peu près semblables ont pu être reconstitués. Leur décor gravé à la gouge est rehaussé de peinture et de dorure. Le champ est divisé en cinq zones concentriques. Au centre, le soleil et la lune ; sur le volet gauche, l'astre du jour est associé aux signes zodiacaux diurnes ; sur le volet droit, la lune est associée aux signes nocturnes. La seconde couronne détaille, au-dessus de chaque signe, les cinq lettres de l'alphabet grec correspondant aux planètes de chacun d'eux ; la troisième couronne figure les décans avec, au-dessus, leurs noms. Dans les écoinçons, des effigies égyptisantes évoquent les vents. Une tradition égyptienne mais aussi hermétique est sans doute à l'origine de ces compositions qui devaient être utilisées par des spécialistes de l'établissement des horoscopes, actifs dans le célèbre sanctuaire.

Grand : topographie de la ville antique d'après les vestiges repérés à ce jour.

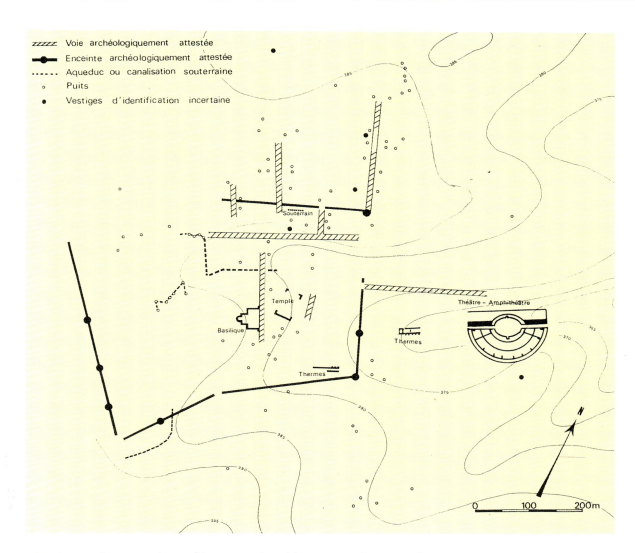

plus beaux de toutes les Gaules, peut fort bien remonter à la fin du Ier siècle.

Non loin de là, les vestiges d'un monument religieux, beaucoup moins explicites, semblent appartenir à un important sanctuaire dédié à Apollon (le *Grannus* celtique), où il est tentant de reconnaître le temple dans lequel, selon un panégyriste, l'empereur Constantin, cheminant de Langres vers Trèves, se serait rendu en se détournant de la grand-route, pour consulter le dieu. Il faut admettre cependant que le sanctuaire désigné dans le texte antique comme « le plus beau du monde » apparaît bien ruiné, et fort peu suggestif même si des fragments d'inscriptions et de reliefs attestent sa vocation apollinienne.

Hors les murs, confirmant de toute façon l'importance de l'endroit et sa valeur de point de convergence pour une aire géographique qui dépassait certainement la cité des Leuques dont fait partie le site de Grand, on rencontre un « théâtre-amphithéâtre », qui appartient à la série examinée au chapitre III ; adossé à une énorme masse de terre contenue par des soutènements puissants, il est, avec ses 149,50 mètres de diamètre, l'un des plus grands recensés à ce jour ; à titre de comparaison, l'axe majeur des arènes de Lutèce ne dépasse guère 130 mètres. Une arène elliptique, une *cavea* presque semi-circulaire et un double mur de podium dominant l'arène indiquent clairement quel type de spectacle avait la faveur des habitants et des pèlerins ; un petit autel dédié à Diane et Némésis est du reste caractéristique des lieux voués aux chasses *(venationes)* de bêtes sauvages et aux combats de gladiateurs.

Si l'on ajoute à cela des traces d'édifices thermaux publics et privés, dans et hors les murs, on mesure l'importance de cette station religieuse et économique de Grand, dont les composantes monumentales sont dans l'ensemble certainement moins récentes qu'on ne l'a souvent dit et datent, pour l'essentiel, de la fin du Ier siècle et du IIe siècle de notre ère.

AMIENS

À l'autre extrémité de la province, sur sa frange occidentale, la ville d'Amiens *(Samarobriva)*, grâce à la vigilance archéologique dont elle a été l'objet au cours de ces dernières années, et grâce aux travaux de synthèse publiés par J.-L. Massy, peut être analysée dans son devenir historique. Les étapes de son aménagement illustrent les phases d'un établissement de moyenne importance en Gaule septentrionale.

Si l'on peut admettre que la décision de fonder *Samarobriva* a été prise dans les années qui ont immédiatement suivi le séjour d'Auguste en Gaule, daté de 27 avant J.-C., et les préparatifs d'une hypothétique invasion de la Bretagne, l'organisation du site ne paraît pas antérieure à la période tardo-augustéenne. Le premier réseau ne semble rien devoir à l'existence d'un camp légionnaire, bien qu'une présence militaire sur cette plaine alluviale ait pu être motivée par la construction de la route de Boulogne.

Deux secteurs doivent être distingués dans le quadrillage urbain : en premier lieu, un noyau d'environ 40 hectares, constitué d'îlots de 125 × 105 mètres, à proximité de la rive gauche de la Somme, mais hors des marécages des niveaux les plus bas ; puis une aire plus vaste, qui englobe ce noyau primitif, et atteint progressivement une superficie de 160 hectares avec des îlots carrés de 160 mètres de côté.

Cette dualité a longtemps accrédité l'idée que la ville s'était développée en deux moments très distincts ; la recherche actuelle tend à rapprocher ces deux phases, assignant la première à la fin du règne d'Auguste ou à la période tibérienne, et la seconde au milieu du Ier siècle, ce qui, au total, implique une continuité presque sans faille, le développement décisif étant attribué au règne de Claude (41-54 après J.-C.), et la période de plus grande extension à la fin du Ier siècle.

En l'absence de grands axes perpendiculaires, générateurs de tous les autres, le carroyage apparaît plutôt, à Amiens, comme un moyen rationnel d'occupation du sol que comme un cadre dynamique ; il n'implique aucun secteur privilégié et ne définit aucun « centre », géométrique ou hiérarchique. De fait le forum s'établit au cours des années 60-80 sur deux îlots situés au contact des deux systèmes ; il occupe une longueur de 320 mètres sur 125 mètres de large. Plusieurs réfections complètes, consécutives à des incendies (l'un ravagea toute la ville à l'époque de Domitien, l'autre détruisit de nouveau le centre monumental dans la seconde moitié du IIe siècle), ont été décelées par les fouilleurs ; mais si, dans son état initial, le forum présentait déjà l'aspect tripartite que ses vestiges offrent aujourd'hui, il faut le considérer comme l'un des exemples les plus précoces d'un schéma qui connaîtra en Occident une diffusion très large : sur son axe longitudinal se développe, d'ouest en est, une place bordée de portiques derrière lesquels s'ouvrent des boutiques ; en son centre, les vestiges d'un vaste podium appartiennent sans aucun doute à un temple ; s'ouvre ensuite une aire intermédiaire mal connue, et enfin, à l'extrémité orientale, une nouvelle

La villa de Nennig (Allemagne), située entre Trèves et Metz, a conservé l'une des plus grandes mosaïques de Gaule Belgique. Décorant le sol de la salle d'apparat, cette mosaïque comporte 3 000 000 de petits cubes de pierres diversement colorées ; elle présente, en six panneaux, les phases des spectacles de l'amphithéâtre. On la date des toutes dernières années du IIe siècle après J.-C.
Page 77 : les musiciens qui scandaient les combats de gladiateurs. On remarque à gauche un très bel orgue hydraulique.
Page 78 : lutteurs armés de fouets et de bâtons.
Page 79 : scène de « chasse » (venatio) : les hommes sont aux prises avec un ours.
Page 80 : scène de venatio : *la panthère blessée.*

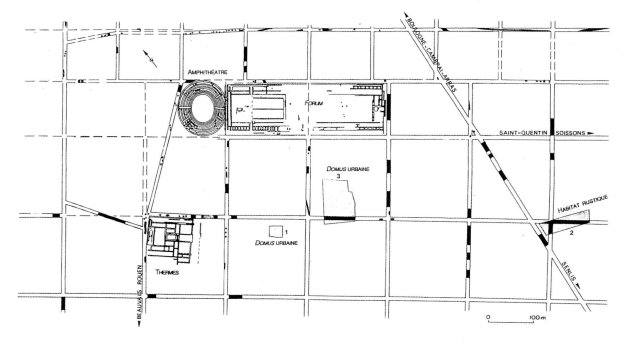

Plan du centre de la ville antique de Samarobriva-Amiens, avec la localisation des chantiers archéologiques les plus récents. On notera la différence entre les îlots de la partie nord et ceux du secteur sud. Le forum est situé au contact des deux systèmes, et l'amphithéâtre qui le jouxte a été implanté, exceptionnellement, au cœur de l'espace urbain.

LA GAULE BELGIQUE 79

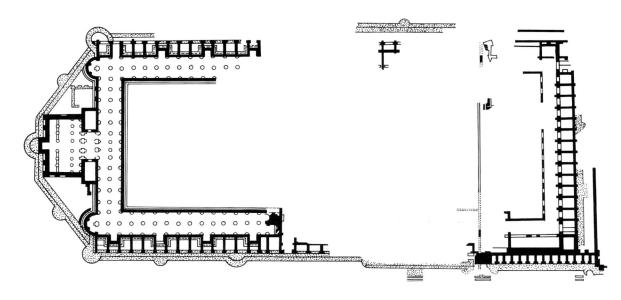

Plan d'ensemble du forum de Bavay (Nord). Les galeries souterraines qui entourent la partie occidentale (à gauche sur le plan) de l'aire occupée par le forum ont d'abord pour fonction de corriger la pente d'un terrain relativement accidenté, pour la mise en place d'une vaste esplanade à portique. Mais le soin apporté à la construction et la qualité du revêtement de certaines salles en sous-œuvre désignent les structures partiellement enterrées comme des éléments importants du complexe administratif et religieux.

esplanade bordée de bâtiments qui s'apparentent à des entrepôts. Les derniers interprètes de cette séquence ont raison d'y reconnaître un complexe religieux et administratif, auquel s'ajoute, à l'est, un marché comparable par ses dimensions à celui d'Augst. Cette tendance à l'agglomération axiale de tous les lieux publics liés à une activité cultuelle, judiciaire ou économique est encore accentuée par l'établissement presque contemporain (extrême fin du Ier siècle ou plutôt première moitié du IIe siècle) d'un amphithéâtre, qui jouxte à l'ouest le portique limitrophe du forum.

Cette localisation étonnante de l'édifice de spectacle est unique, car l'exemple d'Augst, invoqué parfois comme un élément de comparaison, s'avère différent : le théâtre-amphithéâtre de cette ville ne s'accole pas directement au complexe du forum, et son orientation est imposée par d'autres considérations. Toutefois, ce qui reste commun aux deux ensembles, c'est la liaison organique entre un sanctuaire et une construction réservée aux spectacles ; seules, comme l'a récemment montré R. Étienne, les préoccupations liées au culte impérial peuvent expliquer cette ordonnance, qui conduit, au mépris des problèmes que pose un tel choix topographique, à placer au cœur du réseau orthogonal des édifices qui, par leur masse et leur forme, le perturbent inévitablement.

À Amiens, c'est tout le système de circulation de la partie sud-ouest de la ville qui se trouve dès lors modifié. Mais cet inconvénient — auquel s'ajoutent évidemment la destruction d'un habitat antérieur, le prix des expropriations, etc. — n'a pas fait reculer les urbanistes tardo-flaviens ou trajaniens, dont le souci majeur fut d'établir un contact direct entre l'amphithéâtre et le temple occidental du forum : un vomitoire de 24 mètres de long, large de 2,50 mètres, traverse obliquement la *cavea* pour relier l'arène au péribole, et compenser ainsi le léger décalage qui subsiste entre les axes des deux complexes.

À la même phase chronologique, sinon au même programme édilitaire, appartiennent les thermes dits de la rue de Beauvais, établis dans la moitié septentrionale d'une *insula* du quartier sud-ouest, et datés sur critères stratigraphiques de la fin du Ier ou du début du IIe siècle. Installé à l'emplacement de constructions privées construites en matériaux légers, comme il est de règle dans presque toutes ces villes au Ier siècle de notre ère, ce premier établissement thermal offrait déjà un décor et une organisation dignes des plus grands exemples occidentaux. Il sera remplacé par un second, plus vaste, nullement appuyé sur les vestiges du précédent, et en légère discordance avec le carroyage orthogonal ; ces nouvelles structures sont attribuées à la fin du IIe siècle.

Tels sont, pour l'essentiel, les éléments identifiables de l'urbanisme d'Amiens sous le Haut-Empire. On sait par ailleurs que la voirie n'était pas aussi modeste qu'on l'a longtemps cru puisque, du moins le long des rues qui conduisaient aux grands édifices, ou assuraient les liaisons principales avec l'extérieur, des soubassements rythmiques ont été repérés, qui suggèrent l'existence de portiques de bois. L'habitat, lui, resta longtemps modeste et ne se romanisa qu'à partir de l'époque flavienne (fin du Ier siècle). La discipline imposée en bordure des

82 LA FRANCE GALLO-ROMAINE

rues n'était plus observée à l'intérieur des vastes îlots, où les *ambitus*, voies intermédiaires relevant du droit privé, déterminaient apparemment des espaces très irréguliers, et où les maisons se répartissaient selon des orientations souvent aberrantes par rapport aux axes du carroyage.

LE CENTRE MONUMENTAL DE BAVAY (NORD)

Si l'on cherche cependant en Gaule Belgique des vestiges urbains capables de rivaliser avec ceux des grandes villes méditerranéennes, c'est presque à la limite septentrionale de la France qu'il faut se rendre. Au cœur d'une riche région agricole, sur l'un des axes routiers les plus fréquentés de la province, celui qui joignait Boulogne *(Gesoriacum Bononia)* à Cologne *(Colonia Agrippinensis)*, la ville de *Bagacum* (Bavay), chef-lieu des Nerviens, possédait un forum très étendu, qui rivalisait par la richesse de ses annexes et l'ampleur de son parti architectural avec ceux de Trèves ou d'Augst. Nous retrouvons ici, mais dans sa version la plus ambitieuse, le plan tripartite que nous avons déjà évoqué à propos de Feurs (voir p. 59), et dont la souplesse d'adaptation aux contextes locaux explique la diffusion. Il apparaît sous une forme particulièrement impressionnante à Bavay, dont les vestiges bien conservés en élévation et, dans certains secteurs, presque intacts en sous-œuvre (cryptoportiques) frappent le visiteur par la rigueur de leur construction (petits moellons réguliers relayés toutes les trois à cinq assises par des lits de briques). Couvrant au total une superficie d'environ 230 mètres d'est en ouest et de 95 mètres du nord au sud, cet ensemble comportait, depuis sa limite orientale, une basilique dont la nef centrale ne mesurait pas moins de 16 mètres de large ; elle ouvrait sur la place du forum bordée sur ses longs côtés par des files de boutiques ; au-delà vers l'ouest, et sans doute séparée de la place publique proprement dite, comme à Feurs, une esplanade bordée de portiques à deux nefs, sur trois de ses côtés, servait d'écrin à un temple (voué à la triade capitoline ou au culte impérial). C'est là la partie la plus spectaculaire du complexe, et les aménagements souterrains qui reproduisent les rythmes de la surface, revêtus pour certains d'entre eux d'enduits peints, posent aux archéologues des questions stimulantes ; on se demande toujours, en particulier, si la vaste pièce qui s'ouvre en exèdre à la limite ouest (23 × 25 mètres), accessible du portique à deux nefs par un vestibule flanqué de deux petites salles quadrangulaires, peut être la

curie de Bavay : on attendrait plutôt cette annexe administrative à l'autre extrémité, en relation avec la basilique orientale, mais plusieurs exemples italiens (ceux de Benevagienna et de Luni en particulier) permettent de concevoir la salle des décurions isolée de l'édifice judiciaire, même dans des établissements du Ier ou du IIe siècle. Dans cette hypothèse, la salle sous-jacente à la « curie » pourrait avoir servi d'abri aux archives ou au trésor, selon un mode de superposition attesté ailleurs par l'archéologie et l'épigraphie.

Ces structures, dont l'étude vient de reprendre, témoignent en tout cas du dynamisme de la communauté qui en a supporté le coût, et montrent une fois de plus combien les villes les plus éloignées des modèles romains ont à cœur de se doter des édifices les plus représentatifs de l'autonomie municipale. Le progrès de la recherche sur *Bagacum* aidera sans aucun doute à comprendre le rôle et l'organisation d'autres aménagements comparables en Gaule Belgique, tels les cryptoportiques de la capitale Reims, plus frustes dans leur construction, mais fort étendus eux aussi, et probablement en relation avec un forum dont l'ordonnance nous demeure inconnue.

LA GAULE BELGIQUE 83

La Porte Noire de Besançon. État actuel de la face nord. Dessin de J. Bruchet, CNRS. Il s'agit en fait d'un arc triomphal qui, privé de son niveau supérieur (« attique »), enfoncé de plus d'un mètre dans le sol moderne et encastré entre deux maisons, a perdu beaucoup de sa prestance originelle. Pourvu d'une seule baie, il se distingue de tous ses homologues italiens par un décor surabondant qui envahit tous les champs disponibles. Les études récentes ont permis d'établir qu'il avait été construit à la suite de l'intervention personnelle de Marc Aurèle. Les thèmes religieux et mythologiques qu'on y déchiffre encore sont d'autant plus intéressants qu'ils appartiennent à l'une des dernières grandes compositions iconographiques du paganisme gréco-romain en Occident.

Comparables par leur extension aux cryptoportiques d'Arles, ceux de Reims développent leurs deux nefs sur trois ailes perpendiculaires ; l'existence d'un revêtement peint à l'intérieur du monument pose de graves questions quant à son utilisation comme entrepôt.

Chapitre V

L'OPULENTE AQUITAINE

L'arc de triomphe de Saintes, vu depuis le sud-est. Déplacé de 15 m par rapport à sa position antique à la suite des travaux sur les quais de la Charente, il a été démonté puis reconstruit et restauré en 1843 et 1851. Il s'agit d'un arc routier à deux baies, situé à l'endroit où la voie en provenance de Lyon franchissait la Charente.

On a pu écrire que l'ouverture du réseau routier d'Agrippa, qui permettait de joindre Lyon à Saintes par Clermont et Limoges, doublant par le nord la voie traditionnelle qui reliait l'Italie à Bordeaux par Arles, Narbonne et Agen, a constitué le facteur le plus efficace de l'intégration de la Gaule au monde romain. Cette liaison préparait en tout cas l'établissement de la province d'Aquitaine, intervenu à une date que l'on peut situer entre 22 et 13 avant J.-C. Étendant à l'ensemble des terres situées au sud et à l'ouest de la Loire (avec des enclaves au-delà du fleuve pour certaines « cités ») le nom de l'ancien district du sud de la Garonne, Auguste a créé avec l'Aquitaine la plus vaste des provinces gauloises. Presque tout le cœur de l'ancienne Celtique bascula ainsi, administrativement du moins, vers l'ouest, et un tropisme océanique fut théoriquement imposé à l'ensemble des régions du centre de la France, alors que précédemment seul l'« Isthme gaulois », entre le golfe de Gascogne et le golfe du Lion, connaissait une telle orientation.

TROIS CAPITALES SUCCESSIVES

La succession dans le temps de trois capitales reflète l'histoire de cette province sous l'Empire, où les données économiques, mieux appréciables qu'ailleurs et objectivement plus importantes, semblent avoir joué un rôle déterminant.

Mediolanum, l'actuelle Saintes, chef-lieu des Santons, fut incontestablement le premier siège du gouverneur de l'Aquitaine. Créée par Agrippa vers 20 avant J.-C., au terme de la longue ligne droite qui venait de Lyon et à l'endroit précis où, l'influence des marées cessant de se faire sentir sur la

Charente, le fleuve pouvait être franchi par un pont de pierre, cette ville est l'exemple même, en dépit de sa toponymie, d'une fondation *ex nihilo*, voulue par le pouvoir central. Lorsque naît la vaste fédération ethnique baptisée Aquitaine, *Mediolanum* en devient tout naturellement la capitale et bénéficie à ce titre, pendant le Ier siècle de notre ère, d'un développement rapide.

Toutefois, à une date que nous ne savons préciser, entre la fin du Ier siècle et le milieu du IIe siècle, Saintes perd son rôle administratif et politique au profit de Poitiers *(Limonum)*. Le nouveau choix de Rome s'explique sans doute par l'essor étonnant du peuple des Pictons, qui disposait du territoire le plus étendu qu'une « cité » gauloise ait jamais obtenu sous l'Empire, et dont Poitiers précisément était le chef-lieu. La richesse de sa classe dirigeante, dont les plus brillants représentants s'engageaient dès le début du IIe siècle dans des carrières équestres ou sénatoriales, ne pouvait qu'attirer l'attention de Rome. À quoi tenait cette richesse ? Au commerce, comme l'a bien montré G. Picard : les échanges bénéficiaient de la circulation par le seuil du Poitou et du contrôle du cours inférieur de la Loire avec le port de Rezé *(Ratiata*, en face de Nantes) ; l'activité des Pictons a laissé des traces jusqu'à Ostie, et le plus célèbre d'entre eux, M. Sedatius Severianus, qui fut consul et finit sa carrière comme préteur de Cappadoce, était patron de plusieurs corporations du port de Rome. Ce dynamisme économique, doublé d'une puissante volonté de promotion, semble avoir dégagé des profits substantiels, investis en partie au moins dans les extraordinaires ensembles monumentaux qui, selon l'expression de G. Picard, dessinent autour de Poitiers une véritable couronne d'une trentaine de kilomètres de rayon ; nous aurons à reparler de ces sites, qui ne sont pas à proprement parler des villes (les Tours Mirandes et Sanxay, essentiellement), au chapitre VIII.

Mais cette prospérité ne survécut pas aux troubles de la fin du IIe siècle, qui affectèrent gravement la Gaule de l'Ouest et frappèrent plus particulièrement Poitiers et sa région. C'est là sans doute qu'il faut chercher la raison principale de l'abandon de *Limonum* par le gouvernement provincial, et non point dans le fait, invoqué jadis par C. Jullian, que les hauts magistrats romains « s'ennuyaient » à Poitiers. Toujours est-il que la dignité de capitale passa dès lors à Bordeaux *(Burdigala)*, effectivement mieux placée, en ces temps d'insécurité, pour assurer les relais commerciaux entre l'Europe occidentale et l'Italie. La richesse de l'aristocratie marchande de ce vieux centre celtique, qui pendant des siècles avait su conserver un quasi-monopole du commerce de l'étain avec la Bretagne insulaire (le sud de l'Angleterre), partiellement reconvertie désormais en oligarchie foncière, venait aussi, depuis la fin du Ier siècle, du succès d'un plant de vigne parfaitement adapté au climat océanique, la fameuse *Biturica*. L'exportation vers l'Italie de ce vin qui, au dire des théoriciens latins de l'agriculture, Columelle et Pline, était fort proche des cépages nobles et présentait trois qualités rarement réunies dans l'Antiquité — celles de pouvoir être produit en grandes quantités, de ne pas se gâter pendant les transports et de vieillir bien —, a fait, comme l'ont montré les travaux de A. Tchernia, la fortune du terroir des Bituriges Vivisques, le peuple dont Bordeaux était le chef-lieu.

Il faudrait à vrai dire, pour avoir une idée plus précise de ce vaste conglomérat que fut toujours l'Aquitaine romaine, combiner au paramètre chronologique les données de la géographie humaine ; des disparités importantes subsistèrent à toutes les époques entre des régions qui restaient en partie étrangères les unes aux autres : même à l'intérieur de la « république » des Pictons, il est possible d'observer de sérieux contrastes entre le remarquable développement du haut Poitou et celui, beaucoup plus faible, du bas Poitou. Plus généralement, entre les peuples qui, dès avant la conquête romaine, avaient eu des contacts précoces avec les pays ibériques et l'Italie de par leur situation géographique, et ceux du Massif Central plus isolés, des discontinuités autant économiques que culturelles persistèrent, en dépit du rôle des voies de communication nord-sud, telle la route qui, de Toulouse, conduisait à Bourges en passant par *Divona*-Cahors, chef-lieu des Cadurques.

Aussi le regroupement voulu par Auguste ne prévalut-il pas très longtemps contre la profonde différence de ces ethnies arbitrairement associées. Dès le début, le particularisme des Aquitains de souche avait été reconnu, puisque *Lugdunum Convenarum* (Saint-Bertrand-de-Comminges) devint leur métropole religieuse et qu'une confédération spéciale y fut créée pour les peuples pyrénéens autour d'un sanctuaire du culte impérial. Plus tard, à une date indéterminée (fin du IIe siècle ?), une inscription nous apprend que se reconstitua de fait l'ancienne Aquitaine, et qu'elle demanda à se détacher de la province. Ce qui semble lui avoir été accordé : ainsi fut créée la Novempopulanie, dont

Vue générale de l'amphithéâtre de Saintes. Son implantation a exigé d'importants travaux de terrassement. C'est l'exemplaire le mieux conservé d'Aquitaine. D'un point de vue structurel, il appartient à une phase de transition fort intéressante entre les amphithéâtres totalement ou partiellement adossés à des pentes naturelles ou à des talus artificiels (comme ceux de Saint-Bertrand-de-Comminges ou de Cimiez), et les amphithéâtres établis sur des murs rayonnants et des voûtes (comme ceux d'Arles ou de Nîmes).

L'OPULENTE AQUITAINE 87

L'amphithéâtre de Saintes : la voûte de la porte ouest. C'est l'une des rares parties du monument construite en pierres de taille ; les autres éléments sont en « petit appareil ».

Les « grands entablements » du musée lapidaire de Saintes. Le nombre et la qualité des fragments d'architecture rassemblés dans ce musée (l'un des plus riches dépôts lapidaires de l'Occident romain) témoignent du développement de la ville sous le Haut-Empire, et de l'ampleur d'une panoplie monumentale dont les vestiges au sol ne donnent qu'une idée partielle.

Saintes, musée lapidaire. Colonne ornée de rinceaux de vignes peuplés de colombes.

l'existence administrative et juridique sera entérinée par la réforme de Dioclétien ; la région ainsi définie gardera son nom, même si les « neuf peuples » y deviennent douze à la suite de la division de trois d'entre eux.

Des quelque trente villes gallo-romaines aujourd'hui plus ou moins complètement explorées qui jalonnent ce vaste territoire, nous ne retiendrons que celles qui présentent des vestiges de quelque importance ou des éléments qui, même d'apparence modeste, ont une portée historique particulière.

SAINTES ANTIQUE

Saintes, dont nous avons déjà dit la précocité des aménagements, est assurément l'une des mieux étudiées actuellement (travaux de L. Maurin et de D. Tardy). Un arc de triomphe qui n'est plus à sa place originelle et qui fut indiscrètement restauré au XIXe siècle, un amphithéâtre et des thermes sont les seuls témoins aujourd'hui visibles sur le terrain d'un programme édilitaire qu'on devine fort riche.

L'arc s'élevait initialement à l'endroit où la route de Lyon franchissait la Charente ; c'est à ce titre un « arc routier », comparable à ceux de Rome (pont Milvius), de Pouzzoles, de Rimini ou de Bénévent. Avec ses deux baies et son décor architectural sobre mais classique, il soulignait un point important de la viabilité romaine et marquait sans doute, comme l'arc de Cordoba en Bétique (Andalousie), l'entrée dans la capitale provinciale. Sa dédicace à Germanicus, le fils adoptif de Tibère mort prématurément, confirme son caractère officiel.

Au même programme édilitaire appartenait le bel amphithéâtre dont les gradins sont en partie adossés aux flancs d'un vallon : s'il n'est pas le plus grand d'Aquitaine (de mêmes dimensions que celui de Périgueux, avec 126 × 101 mètres, il arrive au quatrième rang après ceux de Limoges, Poitiers et Bordeaux), il en est le mieux conservé ; seules les entrées axiales étaient construites en pierre de taille, le reste étant revêtu de petits moellons. Une dédicace fragmentaire, où apparaît le nom de l'empereur Claude (41-54 après J.-C.), laisse aussi entrevoir des lettres qui pourraient appartenir au

Frises doriques et corniches du musée lapidaire de Saintes.

mot Pétrocores, nom des habitants de la « cité » dont Périgueux *(Vesunna)* était le chef-lieu. Ces données prouvent d'abord que l'amphithéâtre avait été inauguré à une date relativement haute, si on la compare à celle des édifices de Narbonnaise, et ensuite, qu'un autre peuple d'Aquitaine s'était associé aux Santons pour le construire. En ces régions de l'extrême occident de l'Empire, il est clair que le pouvoir impérial a favorisé l'organisation précoce des spectacles sanglants de l'amphithéâtre, dont on pensait confusément qu'ils serviraient d'exutoire ou de fixateur à l'agressivité collective ; on espérait aussi, en y attirant les habitants d'un vaste secteur, ou même comme ici de deux ou plusieurs « cités », amalgamer les cultures et regrouper efficacement, toutes catégories sociales confondues, des citadins et des ruraux, en imposant par la même occasion le primat psychologique de la capitale et des valeurs « urbaines » qu'elle était censée promouvoir.

Des thermes qui couronnaient le coteau de Saint-Saloine, connus et dessinés depuis le XVIe siècle, ne subsistent que des vestiges difficiles à remettre en situation. L'établissement couvrait environ 8 000 mètres carrés et appartenait à la catégorie dite dissymétrique, où les salles chaudes, tièdes et froides ne se disposaient pas sur un même axe, mais s'agglomeraient sur le même côté d'une cour à portiques ou palestre. Ils sont analogues, dans leur conception, aux thermes du forum de Pompéi et, en Aquitaine, à ceux de Périgueux et aux thermes du Nord à Saint-Bertrand-de-Comminges.

Au total, cette « Milan des Santons » (c'est en effet ainsi qu'on pourrait traduire le nom latin de Saintes), ne livre qu'assez peu d'elle-même si l'on s'en tient aux vestiges en place. Mais Saintes possède l'un des musées lapidaires les plus riches d'Europe. Une telle situation, qui n'est pas unique en son genre en Aquitaine puisque Bordeaux et Périgueux présentent des caractères analogues, nous donne une idée de la distance qui sépare toujours les observations que nous pouvons faire sur le terrain de la réalité qu'elles prétendent retrouver. Nous disposons ici de milliers de fragments décorés qui nous parlent d'une ville où les temples, les portiques, les édifices publics profanes étaient nombreux et pourvus d'une ornementation aussi riche que raffinée. Démantelés à la fin de l'Antiquité, ces monuments ainsi que les tombeaux de la périphérie urbaine ont été réutilisés en pièces détachées lors de la construction hâtive de l'enceinte du Bas-Empire. Ils s'entassent donc maintenant, sous la forme de blocs isolés de leur contexte, en un désordre piranésien qui a souvent découragé la recherche. Et pourtant, ils témoignent de l'extraordinaire vitalité des ateliers de la région pendant les deux premiers siècles de notre ère, et de leur faculté à assimiler les modes décoratives venues d'Italie, quelles que soient les incidences provinciales de leur interprétation. Songeons par exemple à ce « grand entablement » qui développe sur 44 mètres une corniche très animée, et sur 22 mètres une frise ornée de rinceaux d'acanthes plus riches que ceux de la Maison carrée de Nîmes. Songeons à ces colonnes doubles pourvues de chapiteaux à mi-hauteur, qui évoquent une basilique judiciaire dont la nef centrale s'élevait au-dessus des nefs latérales ; elle appartenait aux annexes d'un forum dont il ne reste plus rien. Aussi riche que le musée Lamourguier de Narbonne (voir p. 172), le musée de Saintes nous restitue les étapes d'un vaste naufrage, celui de l'antique capitale de l'Aquitaine. À défaut de présenter des constructions complètes, il donne tout de même au visiteur une idée de la richesse de la ville ; si nous n'avions plus ces fragments, qui témoignent à la fois de la fortune des notables et de leur volonté d'intégration, nous serions tentés de définir *Mediolanum* comme une cité sans doute active et peuplée, mais peu monumentale. C'est le contraire qu'il faut imaginer, en s'aidant des publications qui ont récemment rendu à ces objets une partie au moins de leur contexte architectural, et d'abord en allant voir ces extraordinaires accumulations de fleurs et de feuillages pétrifiés.

SAINT-BERTRAND-DE-COMMINGES

Si l'on veut cependant avoir une idée plus précise de l'organisation de l'espace dans une ville d'Aquitaine, c'est indubitablement *Lugdunum Convenarum*, à proximité de Saint-Bertrand-de-Comminges, sur le cours supérieur de la Garonne, au débouché d'une grande voie de pénétration vers l'Espagne, qu'il convient d'examiner. Selon une tradition attestée par saint Jérôme, elle aurait été fondée par Pompée en 72 avant J.-C., et sa population se serait composée d'un « ramassis » (d'où le nom de *convenae*) de Pyrénéens insoumis qui écumaient la région. Rien n'a été retrouvé de cette période, mais les travaux développés à partir des années 30 par B. Sapène et complétés par les recherches des équipes actuellement engagées dans l'exploration du site permettent d'avoir une idée précise d'un établissement qui fut élevé très tôt à la dignité de chef-lieu de « cité » et qui se dota d'un équipement urbain quasiment complet dès le début de l'Empire.

Dans un réseau de voies à peu près régulièrement réparties, les plus anciens monuments publics semblent avoir été un temple avec son enceinte, et des thermes (dits du forum) qui le jouxtent. Si le forum n'est sans doute pas à l'endroit où B. Sapène l'imaginait (c'est-à-dire au nord-ouest du temple), mais au contraire vers le sud-est, l'ordonnance de la place publique et de ses annexes reste mal connue, à l'exclusion d'un édifice original longtemps considéré à tort comme une basilique, et qui n'est autre qu'un marché *(macellum)* ; longé sur trois de ses côtés par des voies publiques, cet espace quadrangulaire bordé de boutiques comportait une aire libre où s'élevaient deux kiosques sans doute animés par des fontaines. Ce marché public est l'un des plus élaborés d'Occident ; il rappelle ceux de Morgantina en Sicile, de Pompéi en Campanie, de Pergè ou de Sagalassos en Asie Mineure, de Djemila *(Cuicul)* en Algérie. La place qu'il occupe dans le tissu urbain suggère l'importance des fonctions commerciales, et plus particulièrement celle de la redistribution des denrées assumée par *Lugdunum*. Un théâtre dominait l'espace urbain au sud : il semble avoir constitué le terme d'une séquence monumentale dont le détail nous échappe encore.

Le développement de la ville se poursuit tout au long du Ier siècle, avec notamment, à l'époque flavienne (années 70-90 après J.-C.), la construction d'un « beau quartier » d'habitation, face au *macellum,* et des transformations importantes apportées aux thermes du forum ; vers la même époque se mettent en place les thermes du Nord, que leur configuration particulière a parfois assimilés à un établissement de cure. Le IIe siècle n'apportera guère de retouches à cet ensemble, sinon des restaurations ou amplifications qui témoignent d'une prospérité sans faille, jusqu'à une date relativement tardive. À l'extrémité orientale de l'axe dominé par le théâtre, une dépression elliptique repérée par la prospection aérienne laisse deviner un amphithéâtre ; si la fouille vérifie un jour ce qui n'est encore qu'une hypothèse, Saint-Bertrand-de-Comminges serait, avec Limo-

L'OPULENTE AQUITAINE 91

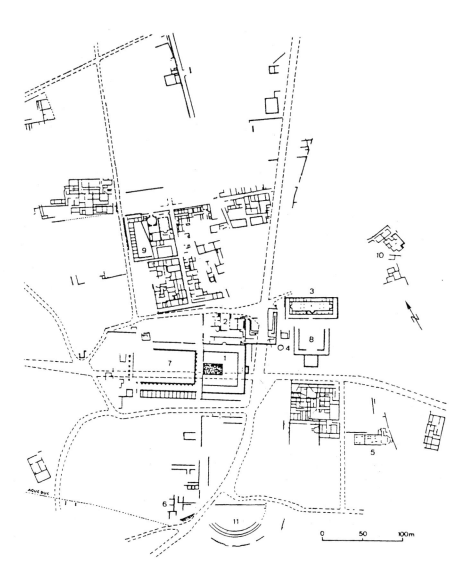

Plan schématique des principaux vestiges de Saint-Bertrand-de-Comminges (Lugdunum Convenarum).

ges *(Augustoritum)*, Agen *(Aginnum)* et *Argentomagus* (dans l'Indre), l'une des très rares agglomérations d'Aquitaine à avoir été pourvue de deux édifices de spectacle.

PÉRIGUEUX ET LA TOUR DE VÉSONE

Au cœur de la province, au pied d'un ancien habitat fortifié *(oppidum* de la Curade), *Vesunna* (Périgueux) fut fondée, lors de la création de l'Aquitaine, dans la boucle que forme à cet endroit la rivière de l'Isle. Un ensemble de constructions d'une grande cohérence a été reconnu et en partie étudié dans ce chef-lieu des Pétrocores, population qui doit à sa proximité des Santons et des Bituriges Vivisques l'essentiel de ses échanges. Au centre de l'espace presque semi-circulaire défini par le cours d'eau, deux grandes places publiques aux fonctions complémentaires sont entourées de riches demeu-

res. Si l'on ne connaît, de la première place, que la partie médiane occupée par une basilique judiciaire ouverte à l'est vers l'esplanade d'un forum et à l'ouest vers une aire sacrée où régnait sans doute un temple (dont aucun vestige n'a été repéré à ce jour), la seconde, qui en est séparée seulement par une rue, était bordée de portiques sur ses quatre côtés ; au centre de l'aire quadrangulaire ainsi définie s'élevait un édifice singulier, connu sous le nom de « tour de Vésone », que le comte Wilgrin de Taillefer, auteur d'une étude sur Périgueux antique en 1826, considérait avec raison comme « un des plus intéressants, un des plus curieux monuments » que les Romains aient construits sur notre sol.

Conservé sur 26 mètres de hauteur, il se présente aujourd'hui comme une tour circulaire de 17,10 mètres de diamètre intérieur. Il s'agit en fait d'un temple dont la salle cultuelle *(cella)* est ronde ; entouré d'une colonnade corinthienne sur podium aujourd'hui disparue, il s'ouvrait vers l'est au moyen d'un vaste vestibule, avant-corps monumental à six colonnes de façade (ou à quatre colonnes encadrées par les pilastres ou antes des murs latéraux), et possédait sur le même axe, vers l'ouest, une pièce annexe quadrangulaire qui interrompait aussi la colonnade périphérique ; un escalier axial permettait l'accès au vestibule (pronaos) et à la *cella*. Unique en son genre, cette ordonnance résulte de la contamination de deux types d'édifices très différents, et manifeste par là même, sous une forme qu'aucune autre construction publique ne permet d'apprécier aussi clairement, l'union de deux cultures, qui réalise la synthèse des modèles romains et des traditions indigènes. Les notables si bien « assimilés » de Périgueux ont fait élever un monument qui, par bien des aspects (façade rectiligne à colonnade frontale accrochée à un édifice circulaire), rappelle la prestigieuse création du Panthéon de Rome ; et l'on peut imaginer, sans grand risque d'erreur, qu'un puissant fronton triangulaire couronnait l'avant-corps. Mais en même temps, ils ont voulu que leurs compatriotes puissent reconnaître le schéma du *fanum*, c'est-à-dire du temple de type celtique à corps quadrangulaire (comme le fameux « temple de Janus » à Autun) ou circulaire, entouré d'une galerie basse. De fait, la tour de Vésone présente, par rapport à tous les antécédents italiens qu'on a voulu lui chercher, une caractéristique singulière, bien relevée par E. Will : le corps de la *cella* (la tour proprement dite) dépasse très sensiblement (plus de 10 mètres) le sommet de la toiture du portique

92 LA FRANCE GALLO-ROMAINE

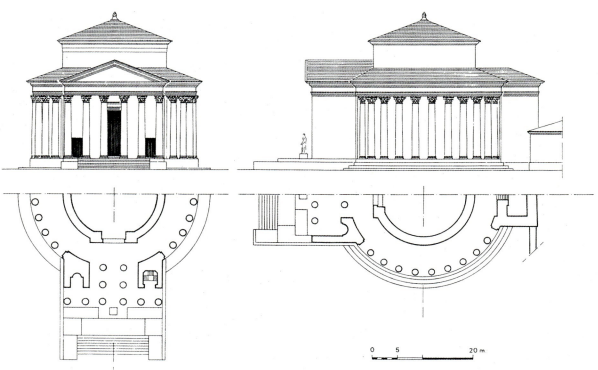

Hypothèses de restitution de la « tour de Vésone », d'après J. Lauffray. L'édifice représente la version la plus élaborée d'un type mixte où le sanctuaire celtique traditionnel (fanum) à plan centré et préau périphérique est habillé à la romaine, sur le schéma d'un temple rond (tholos) à escalier axial. L'aspect turriforme du corps central est maintenu, même de l'extérieur, grâce à la

La « tour de Vésone » de Périgueux. Il s'agit du temple majeur de la ville, sans doute consacré à Tutela Augusta, déesse protectrice de l'établissement urbain. Il faut restituer autour de ce corps cylindrique (la cella *ou salle cultuelle) un portique périphérique et un puissant avant-corps à colonnes (pronaos). À gauche, détail de l'élévation.*

hauteur de la cella *qui domine la colonnade « classique ». Par rapport aux édifices similaires du Moulin du Fâ (Talmont, Charente-Maritime) et des Tours Mirandes (Vendeuvre-du-Poitou, Vienne), qui restent des œuvres provinciales, la « tour de Vésone », par sa technique de construction, son volume et sa conception d'ensemble, appartient à la grande architecture romaine.*

périphérique ; contrairement au temple classique, dont l'élévation est tout entière livrée par la façade, contrairement aussi à ce qu'on observe au Panthéon, dont le fronton antérieur masque en quelque sorte la masse circulaire, le temple de Vésone gardait, sous quelque angle qu'on l'appréhendât, son aspect essentiellement turriforme.

Une telle création est emblématique des limites et en même temps de la fécondité de ce qu'on entend par « romanisation ». Quand elle est vécue par des hommes qui ont les moyens financiers et intellectuels de tirer parti du système, elle n'entraîne aucun renoncement, aucun « déracinement », pour employer un terme qui a la faveur des sociologues contemporains, mais suscite au contraire le sentiment d'appartenir à deux patries, une petite et une grande, lesquelles se vivifient mutuellement ; Cicéron, déjà, se voulait arpinate (originaire du bourg d'*Arpinum*, en Campanie) et romain ; près de quatre siècles plus tard, Ausone sera lui aussi bordelais et romain. Nous ne pouvons mettre un nom sur les personnages qui ont conçu la tour de Vésone, mais ils étaient sans doute assez semblables, par l'esprit et les intentions, à ce M. Pompeius Libo, habitant de la même ville de Périgueux, qui, prêtre du sanctuaire confédéral de Lyon (voir p. 54), dédie au IIe siècle son action édilitaire à un Apollon Cobledulitavus, c'est-à-dire à un dieu celtique romanisé. C'est sans doute aussi du IIe siècle que date la tour de Vésone, qui a toute chance d'être le temple de *Tutela Augusta*, divinité tutélaire, comme son nom l'indique, et à ce titre protectrice traditionnelle du lieu — fort proche, en un mot, des déesses gauloises traditionnelles, ces « Mères » *(Matres)* auxquelles on vouait un culte ancestral, mais déesse qui a pris, avec un nom latin, le surnom sacralisant des empereurs. Elle devait, plastiquement, revêtir l'aspect d'une matrone rassurante, si majestueuse fût-elle, inévitablement pourvue d'une corne d'abondance. Un fragment de frise orné de rinceaux confirme l'idée que le temple s'inscrivait, en dépit de son particularisme architectural, dans la série des édifices qui exaltaient la paix instaurée et garantie par Rome.

LE PORTIQUE DE BOURGES

La revue des chefs-lieux de « cités » nous conduirait ainsi, de découvertes en découvertes, à des développements qui sortiraient très vite du cadre de ce volume. Signalons seulement, dans la puissante capitale des Bituriges, *Avaricum* (Bourges) — dont César disait déjà, avant la conquête, qu'elle était la plus belle agglomération de Gaule —, la présence de l'une des structures urbaines les plus spectaculaires que l'on puisse rencontrer en ces régions. Récemment étudié et publié par J.-P. Adam, le portique qui limitait en façade les éléments voûtés (alternativement quadrangulaires et semi-circulaires en plan) destinés à soutenir le flanc ouest de la colline où s'élève la vieille ville est dégagé sur plus de 70 mètres ; on peut y accéder par les caves des habitations modernes, soit à partir de la cour du Palais ducal, soit à partir de la rue d'Auron. Typique des architectures rythmiques en grand appareil, ce portique est fait d'une alternance de larges arcades et de robustes trumeaux d'où se détache une colonnade engagée qui supporte un entablement droit. Daté de la fin du IIe siècle, il s'apparente aux plus belles réalisations conçues en Italie dès la fin de la République (façade du *Tabularium* à Rome ; arcades des murs de soutènement du temple d'*Hercules Victor* à Tivoli ou de *Jupiter Anxur* à Terracina, etc.). À la fin du

94 LA FRANCE GALLO-ROMAINE

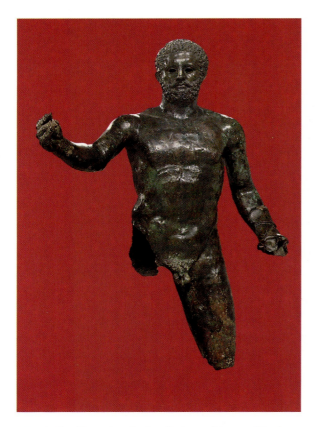

IIIe siècle, il servira de fondation à la muraille dans laquelle désormais la ville s'enferme.

Il faudrait aussi mentionner les agglomérations secondaires qui ont réservé tant de surprises aux archéologues de ces dernières années. Tel le *vicus* (bourg) d'Antigny (Gué de Sciaux), à environ 40 kilomètres à l'est de Poitiers, repéré en 1982 par la photographie aérienne, et dont sont connus désormais les principaux bâtiments (sanctuaires, thermes, théâtres) et l'organisation des quartiers artisanaux, telle aussi la ville d'*Argentomagus* (Argenton-sur-Creuse, Saint-Marcel, dans l'Indre), dont on sait aujourd'hui qu'elle a refait intégralement son théâtre au IIe siècle, qu'elle s'est dotée d'un amphithéâtre, et qu'elle comptait des ensembles cultuels d'une grande extension.

BORDEAUX

Mais il nous faut achever ce trop bref circuit en Aquitaine par la visite de sa dernière capitale. Située, comme Saintes, à l'extrême limite de l'action des marées, sur la rive gauche de la Garonne, *Burdigala* (Bordeaux) a occupé l'emplacement d'un très ancien port de commerce, un *emporium*, pour employer le mot grec utilisé par le géographe Strabon. La multiplication des fouilles urbaines depuis 1973 a permis le relevé d'un certain nombre de structures antiques ou médiévales, sans augmenter sensiblement le nombre des vestiges conservés ; mais un acquis est important : il s'agit de l'apparition d'un système de rues orthogonales, dont la structure remarquablement soignée a pu être observée sur plusieurs tronçons. Toutefois, l'essentiel de l'équipement monumental ne semble pas antérieur à l'époque sévérienne, c'est-à-dire au début du IIIe siècle après J.-C. Peut-être le phénomène est-il à mettre en relation avec le transfert de la capitale provinciale à Bordeaux. Le premier et le plus important de ces édifices a malheureusement disparu, détruit à partir de 1675 par la volonté de Louis XIV ; il s'agissait des fameux Piliers de Tutelle, « superbe monument qui était un des plus magnifiques et des plus entiers qui fussent restés en France », selon la formule de C. Perrault, qui en a donné, quatre ans avant sa destruction, le dessin et l'analyse les plus complets : une colonnade de 8 supports × 6, montée sur un haut podium, définissait une aire de 26 mètres sur 19 ; surmontées d'une rangée d'arcades ornées de statues en forme de caryatides, ces colonnes dépassaient avec leur entablement 15 mètres de hauteur. On a longtemps discuté pour savoir si elles appartenaient à un temple, à un portique ou à une basilique ; il est admis pour l'instant qu'elles constituaient l'« enclos à claire-voie » du forum ou d'un forum de la ville, ce qui n'est pas tout à fait satisfaisant ; on doit admettre de toute façon que la localisation de ces « Piliers » les désigne comme l'un des éléments les plus importants du centre monumental de la ville impériale.

L'autre pôle en est le fameux « palais Galien », identifié dès le XVIe siècle comme un amphithéâtre. Établi à la limite nord-est de la ville, il n'a conservé que son extrémité septentrionale : construit sur terrain plat, il se présentait comme un véritable « colisée », avec soixante-quatre travées accessibles par autant d'arcades ; toutefois, il semble n'avoir jamais possédé que des gradins en charpente, aucune trace de maçonnerie interne ne subsistant à l'intérieur du vaste anneau elliptique de sa façade externe ; celle-ci est construite en petit appareil, avec des lits de briques qui permettent de la dater approximativement de la fin du IIe ou du début du IIIe siècle. La belle statue de bronze qui représente Hercule — l'un des très rares objets de ce genre retrouvés en Gaule — appartient à la même époque, particulièrement florissante pour Bordeaux ; elle peut être mise en rapport avec le regain des cultes héracléens que la vogue croissante des jeux de l'amphithéâtre n'a pas manqué de provoquer dans la région.

Le grand Hercule de bronze du musée d'Aquitaine. Cette magnifique statue, coulée en une seule fois selon le procédé dit « à la cire perdue », est l'un des plus grands bronzes retrouvés en Gaule. Elle date de la fin du IIe siècle de notre ère, mais a été conçue sur le modèle d'un Héraclès de Lysippe, le grand sculpteur grec du IVe siècle avant J.-C. La théologie impériale de l'époque, assimilant de plus en plus étroitement l'empereur vivant (Commode en particulier) à Hercule, et la vogue des combats de gladiateurs ont favorisé la diffusion de telles œuvres dans les provinces occidentales.

Le Palais Galien de Bordeaux. On désigne par ce nom, qui remonte à une très ancienne tradition médiévale, les vestiges de l'amphithéâtre. Ce vaste édifice, réalisé avec le plus grand soin (noter la régularité des parements où alternent sept assises de moellons et trois rangs de briques), pouvait accueillir environ 15 000 spectateurs, ce qui donne une idée de l'importance de la ville et de son territoire. Longtemps daté du IIIe siècle, cet amphithéâtre remonte plus probablement au IIe siècle.

L'OPULENTE AQUITAINE 95

Chapitre VI

LA MAÎTRISE DE L'EAU

Le « pont du Gard » : par sa rigueur structurelle et par son admirable intégration dans le paysage, cet ouvrage d'art, célèbre entre tous, est comme le symbole de la maîtrise romaine en matière d'hydraulique. Il ne doit pas faire oublier cependant les approximations et défectuosités d'un système dont les autres tronçons de l'aqueduc de Nîmes gardent les stigmates.

Sources, fontaines ou édifices thermaux ont fait quelques apparitions dans les pages précédentes, mais nous nous sommes jusqu'ici contenté de les mentionner, réservant à un chapitre particulier l'illustration du phénomène qui est peut-être le plus caractéristique de l'urbanisation romaine, à savoir l'approvisionnement en eau des villes principales et des agglomérations secondaires. Rien n'a plus radicalement ni plus durablement modifié les habitudes de vie des populations, par-delà les incidences régionales liées au climat ou à la géographie, que cette maîtrise de l'eau dont on crédite avec raison les ingénieurs romains et leurs émules locaux.

Certes, nous devons nous garder, là encore, de toute appréciation systématique : le drainage des ressources hydrauliques au profit des villes ou des grandes résidences n'a pas seulement des effets positifs, et l'on a pu parler, parfois avec quelque excès, d'une appropriation abusive aux dépens des populations rurales ; d'autre part les études les plus récentes ont mis en évidence des erreurs de conception, des malfaçons ou des négligences qui obligent à nuancer singulièrement les éloges que suscitent traditionnellement les imposants vestiges d'ouvrages d'art qui subsistent dans les campagnes françaises.

Disons dès maintenant, pour tempérer des enthousiasmes sympathiques mais mal informés, que la longueur d'un aqueduc, par exemple, si souvent admirée en tant que telle, prouve seulement, la plupart du temps, que la technique des canalisations antiques ne permettait le recours à des conduites forcées que dans des cas exceptionnels, et qu'on préférait multiplier les détours pour limiter les pentes.

DES RÉALISATIONS EFFICACES : LES AQUEDUCS

Pourtant, le développement des villes, les progrès de leur salubrité, l'accroissement de leur confort collectif ont été indéniablement liés à la construction des aqueducs. Lorsqu'on connaît suffisamment un quartier d'habitation du Haut-Empire pour évaluer sa capacité à gérer le problème de l'eau, on constate toujours avec étonnement que les puits, les sources ou les citernes y demeurent peu nombreux, et incapables de toute façon de couvrir ses besoins les plus immédiats. Inversement, quand on peut suivre sur la longue durée les phases d'expansion d'une agglomération, il apparaît que chacune de celles-ci est conditionnée par la mise en place d'un nouvel aqueduc, ou l'amélioration du système d'approvisionnement antérieur.

Le cas le plus remarquable est celui de Lyon. Aucune autre ville provinciale ne s'est pourvue, en quelque cent trente ans, d'un réseau comparable par son ampleur (200 kilomètres au total) à celui de la capitale des Gaules : dès l'époque d'Auguste — ce qui est déjà, en soi, exceptionnel —, le massif calcaire le plus proche, celui du mont d'Or, fut mis à contribution, avec une canalisation de 26 kilomètres ; quelques décennies plus tard, l'aqueduc dit de Craponne ou de l'Izeron, rassemblant plusieurs tronçons différents, multipliait par deux les disponibilités de la ville en eau potable ; l'aqueduc de Brevenne, sans doute construit vers le milieu du Ier siècle de notre ère, exploita ensuite des sources du versant occidental des monts du Lyonnais, dont il acheminait les eaux sur plus de 66 kilomètres ; enfin l'aqueduc de Gier, long de 75 kilomètres, fut mis en place sous Hadrien au prix de prouesses remarquables. Au total, si l'on cumule les débits théoriques de chacun d'eux, et si l'on admet que les plus anciens fonctionnaient encore normalement lorsque le plus récent fut ouvert, la capacité globale de ces ouvrages atteignait 106 000 mètres cubes par jour, ce qui est considérable pour une agglomération à propos de laquelle les estimations les plus fantaisistes ont été jadis proposées, mais dont on considère aujourd'hui qu'elle ne dépassait guère (certains assurent même qu'elle n'atteignait pas) 50 000 habitants au IIe siècle de notre ère.

Le niveau technique de l'aqueduc de Gier est, nous l'avons dit, exceptionnel : son parcours accidenté comportait au moins 25 tronçons en élévation — l'un d'eux, celui de Chaponost, conserve 72 arches presque intactes —, 7 tunnels dont le plus long, qui était aussi le plus profond, dépassait 825 mètres et cheminait à 20 mètres sous terre, et 8 siphons. Des vestiges de ces derniers sont encore visibles à Soucieu-en-Jarrest et, en aval, au point de franchissement de la vallée de l'Izeron (rampe amont du siphon) : 9 tuyaux de plomb de 27 centimètres descendent à Soucieu, du « réservoir de chasse », établi au départ de la pente, vers le « ventre », c'est-à-dire le tronçon horizontal inférieur du dispositif ; la hauteur de chute est réduite par la présence d'un « pont-siphon » franchissant la partie la plus profonde de la vallée. Une telle solution, à laquelle les ingénieurs gallo-romains ont dû recourir plusieurs fois sur le tracé de cet aqueduc, fondée sur le principe des vases communicants, était théoriquement accessible à la technique antique, mais présentait des inconvénients certains, en raison du coût élevé des tubulures de plomb, de la faiblesse des soudures et des difficultés de leur entretien ; le siphon de l'Izeron ne comportait pas moins de 12 tuyaux en batterie, ce qui représente un volume énorme de métal, et multiplie les risques de fuite ou de rupture. Aussi n'a-t-on recouru à ce procédé que dans des cas extrêmes ; il est d'autant plus remarquable d'en compter autant d'exemples aux alentours de

L'aqueduc de Lyon-Gier à Chaponost. Vue générale.

Schéma de principe des siphons lyonnais, d'après J.-P. Adam.

F : *flèche maximum réduite par le pont-siphon construit au fond de la dépression* ; H : *dénivellation entre le réservoir de chasse (A) et le réservoir de fuite (B).*

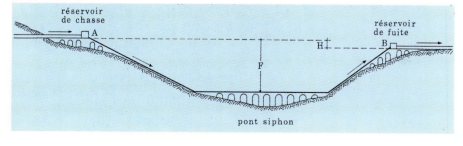

Aqueduc de Lyon-Gier. Détail de l'appareil « réticulé » : ce type de parement, caractéristique des constructions italiennes, dans de nombreuses réalisations officielles du Haut-Empire, est très rare en Gaule romaine. Il exige une main-d'œuvre spécialisée, et rompt avec les habitudes régionales (parement en « petit appareil » quadrangulaire horizontal).

L'aqueduc de Fréjus. Construites en « petit appareil » horizontal de type traditionnel, les piles de cet aqueduc étaient souvent munies de contreforts latéraux.

Lyon ; les aqueducs de Saintes nous en conservent aussi le témoignage.

Une autre particularité de l'aqueduc de Gier réside dans le recours, pour les parements de ses piles, à un « appareil réticulé » (constitué de blocs à section carrée disposés en losanges selon des lignes obliques) interrompu par des arases (lits horizontaux) de briques. Ce type de construction, caractéristique de l'époque d'Hadrien (117-138 après J.-C.), est très rare hors d'Italie : si l'on en juge par les exemples conservés en Afrique romaine (Carthage, Utique), seuls les édifices officiels, à la construction desquels participaient des équipes formées dans les ateliers impériaux, présentaient un épiderme de ce genre ; c'est la preuve, indépendamment des énormes problèmes posés par sa réalisation, que l'aqueduc de Gier a été voulu et peut-être partiellement payé par le pouvoir central. En Gaule, de toute façon, le « petit appareil » horizontal a presque partout prévalu aux dépens du « réticulé ». Un autre élément plaide en faveur d'une maîtrise italienne de ces travaux, c'est la répartition régulière des regards disposés le long de la canalisation : ceux qui ont été repérés (il devait en exister, en fait, plus de 1 000 sur le parcours) sont tous distants de deux *actus*, c'est-à-dire de 240 pieds, soit un peu plus de 70 mètres ; en cela le système répond exactement aux prescriptions du livre VIII du traité d'architecture de Vitruve.

Moins important que ceux de Lyon, l'aqueduc de Metz (*Divodurum*, chef-lieu des Médiomatrices, sur la rive droite de la Moselle) a cependant laissé, dans la dernière partie de son circuit, des vestiges qui comptent parmi les plus suggestifs de ceux qu'on peut voir au nord des Alpes. Il s'agit du « pont-aqueduc », construit sans doute au début du IIe siècle de notre ère, sur lequel la canalisation franchissait la Moselle ; long de 1 100 mètres, il était soutenu par des arches dont les piles les plus hautes culminaient à 25 mètres au-dessus de la vallée ; l'eau circulait au sommet de cet ouvrage dans deux canaux parallèles larges chacun de 90 centimètres et séparés par une cloison de 35 centimètres de haut. De part et d'autre de ce pont, deux structures sont encore visibles : celle de l'amont, sur la rive gauche de la rivière, a la forme d'un fer à cheval ; l'eau, sortant de sa canalisation souterraine, était conduite dans un bassin quadrangulaire qui servait de régulateur avant l'entrée en ville, mais cette fonction était transcendée par une exigence religieuse qui définissait l'ensemble, tel du moins qu'il fut découvert au XVIIIe siècle, comme un véritable « nymphée » ou petit sanctuaire des eaux (8,70 mètres sur 11,40). En aval un bassin circulaire de 6,20 mètres de diamètre servait de « château d'eau » *(castellum divisorium)* : le double canal du pont-aqueduc s'y réduisait à un seul, qui partait en angle droit vers la ville. Toutefois, compte tenu de la cote à laquelle se situait ce « château d'eau », seuls les quartiers bas de Metz pouvaient être approvisionnés. L'aspect monumental de l'ensemble et sa valeur technique ne sauraient donc dissimuler le caractère partiellement inadapté ou insuffisant de l'aménagement.

DÉCOUVERTES SUR L'AQUEDUC DE NÎMES

Les recherches conduites depuis quelques années sur l'aqueduc de Nîmes ont permis des découvertes qui, sur bien des points, bouleversent les idées reçues. De l'ouvrage qui conduisait, sur près de 50 kilomètres, les eaux de la Fontaine d'Eure près d'Uzès, située à quelque 20 kilomètres de la ville, on n'a longtemps connu que le fameux « pont du Gard » qui franchit la vallée du Gardon. Au même titre que l'aqueduc de Ségovie en Espagne, cette magnifique construction aérienne, haute de près de 49 mètres, a de tout temps séduit les observateurs ; avec ses trois séries d'arches superposées, la rigueur de son grand appareil dont les pierres accrochent la lumière, l'harmonie de ses proportions, il est l'un des symboles de la présence romaine en Gaule. Il manifeste indéniablement la faculté des ingénieurs du début de l'Empire à transformer en monuments majestueux les structures les plus prosaïques, et à faire surgir la beauté d'une adéquation efficace entre les nécessités d'une technique au demeurant assez fruste et les exigences d'un paysage naturel.

Aujourd'hui, d'autres ouvrages du même genre ont été dégagés de la végétation qui les dissimulait, et étudiés avec grand soin par l'architecte J.-L. Paillet ; qu'il s'agisse du « pont de Bornègre », qui déploie 3 arches sur 70 mètres de long, des 37 arches du « Pont-Rou » près de Vers (3 sections se développent sur près de 2 kilomètres) ou en amont des 39 arches du « pont de la Lône », ces tronçons aériens présentent tous les stigmates dont le « pont du Gard » a été débarrassé par les restaurateurs du siècle dernier. On peut y observer les nombreuses reprises ou réfections, parfois bien étranges, dont ils ont fait l'objet, le plus souvent en raison de la mauvaise étanchéité du cuvelage ; on y constate les difficultés rencontrées par les niveleurs antiques, armés de leur seul « chorobate », instrument de visée relativement efficace mais n'excluant pas, sur les longues distances, des erreurs qui pouvaient être fâcheuses, pour maintenir une pente à peu près constante : celle-ci oscille entre 0,07 ‰ et 0,45 ‰, avec des accentuations sensibles au début et à la fin du parcours ; on y suit à la trace les pirates qui perçaient le canal et recueillaient l'eau dans des conduites de bois à des fins d'irrigation ou pour des usages ménagers ; on y décèle surtout les problèmes insolubles que suscitèrent très vite les dépôts calcaires à l'intérieur du canal, où les incrustations les plus épaisses peuvent atteindre 48 centimètres ; le débit moyen

Ars-sur-Moselle. Le bassin de décantation de l'aqueduc de Metz et les canalisations du pont-aqueduc.

Jouy-aux-Arches. L'aqueduc de Metz. Vue générale.

LA MAÎTRISE DE L'EAU

L'aqueduc de Nîmes. Les arches du Pont-Rou avec les maçonneries qui les obstruent : elles portent la trace de restaurations maladroites, dues aux fuites de la canalisation (mauvaise étanchéité du cuvelage) ou aux failles de la maçonnerie (tassements différentiels).

théorique de 20 000 mètres cubes par jour s'en est trouvé réduit, descendant parfois très sensiblement au-dessous de 14 000 mètres cubes. En cas de hautes eaux, une telle diminution de l'espace de circulation créait une surpression qui, en de nombreux points, risquait de faire claquer la couverture du canal.

À vrai dire, la faiblesse majeure de ces ouvrages d'art réside précisément dans ce qui contribue le plus efficacement à leur beauté plastique, à savoir l'absolue cohésion du canal et de son support. Le fait que la conduite d'eau soit structurellement solidaire du portique qui la soutient entraîne une raideur qui devient fatale lorsque des tassements différentiels font jouer les piles les unes par rapport aux autres, ou lorsque les intempéries altèrent la maçonnerie. La mise hors d'usage de certains tronçons était inévitable à plus ou moins longue échéance, et les bricolages ponctuels ne résolvaient que temporairement les inconvénients qui en découlaient.

Au terme du circuit, l'aqueduc franchissait en tunnel les collines de Nîmes et débouchait dans un château d'eau, retrouvé en 1844, rue de la Lampèze. Initialement entouré d'une colonnade corinthienne, le bassin de répartition de ce *castellum divisorium*, circulaire, mesurait 5,50 mètres de diamètre ; un quai de 1,38 mètre de large le longeait, permettant les travaux d'entretien et de service ; sur son pourtour étaient percées dix ouvertures où s'encastraient des tuyaux de plomb de 40 centimètres de diamètre ; circulant dans cinq canaux, ces canalisations assuraient l'alimentation des différents quartiers de la ville. Trois bondes au fond du bassin permettaient l'évacuation des eaux de vidange ou des éventuels trop-pleins. Toutes les questions posées par ce système ne sont cependant pas résolues, et certains spécialistes anglo-saxons mettent même sérieusement en doute ses possibilités de fonctionnement réel ; sans aller jusqu'à lui refuser toute crédibilité, on conviendra que les problèmes de pression et d'inertie, avec les moyens dont disposaient les Romains (qui ne connaissaient que les robinets dits « à boisseau »), étaient sans aucun doute beaucoup plus mal maîtrisés qu'on ne l'a longtemps admis ; en particulier, l'énormité des canalisations de plomb suscite quelque perplexité chez les observateurs modernes.

Il serait du plus haut intérêt de déterminer la date de la construction de cet aqueduc nîmois. Nous avons vu l'importance de la période augustéenne pour l'urbanisme de *Nemausus*, et le rôle que jouait alors la source qui jaillit au pied du mont Cavalier. Les grands travaux supervisés par Agrippa et Auguste prévoyaient-ils déjà le captage de la Fontaine d'Eure ? C'est ce qu'on a souvent affirmé, sans preuve. Les études récentes ne permettent pas encore de fixer une chronologie assurée pour cette réalisation, mais il s'avère que l'essentiel de l'aqueduc, et le « pont du Gard » en particulier, ont été construits au Ier siècle de notre ère et peuvent fort bien, même si l'exécution en a été quelque peu difficile et différée, répondre à un projet d'aménagement élaboré par l'entourage d'Agrippa.

Au total, et quelles que soient les déperditions dues aux difficultés de son acheminement, l'eau restait, en toute hypothèse, très abondante dans les principales villes gallo-romaines. Nous avons suggéré, à propos de Lyon, quelle relation théorique s'établissait entre le débit journalier des aqueducs et le nombre supposé des habitants. Le volume réellement disponible doit être sans aucun doute sérieusement révisé à la baisse, car il n'est nullement assuré que tous les aqueducs de Lyon aient jamais été en état de fonctionner en même temps ; ce que nous savons maintenant de l'aqueduc de Nîmes et de ses malfaçons prouve la fragilité de ces constructions, et il est probable que dans la capitale des Trois Gaules on ait procédé comme à Rome : plutôt que de réparer un aqueduc rendu inutilisable par une défaillance de l'un de ses tronçons, on préférait en édifier un autre, d'où une

Le château d'eau (castellum divisorium) *de Nîmes. Vestige exceptionnel par son état de conservation du point d'arrivée d'un grand aqueduc urbain, ce bassin, initialement traité comme un monument public (avec colonnade périphérique), permettait en principe la répartition de l'eau dans les différents quartiers de la ville. Les problèmes concrets posés par son fonctionnement laissent cependant les spécialistes quelque peu perplexes.*

prolifération qui fait illusion, mais traduit en réalité le manque de souplesse du système et les imperfections de la technique. Il reste qu'au moins 30 à 40 000 mètres cubes affluaient quotidiennement à Lyon au IIe siècle, ce qui représente presque un mètre cube par habitant et par jour. Il en allait de même à Vienne, où l'on ne compte pas moins de onze aqueducs (avec une capacité théorique de 100 000 mètres cubes). De même, à *Aquae Sextiae* (Aix-en-Provence), quatre aqueducs approvisionnaient l'agglomération, etc.

L'EAU DANS LA VILLE : LES THERMES

Que faisait-on de cette eau ? Quand on sait que la distribution directe aux maisons particulières relevait d'un privilège rarement accordé, on est en droit de s'interroger sur la rationalité des efforts déployés en ce domaine. Certes, les eaux courantes étaient omniprésentes, mais réservées aux établissements publics d'une part (thermes et fontaines, essentiellement) et à l'assainissement du réseau des égouts, des caniveaux des rues ou des latrines collectives, d'autre part.

Les plus gros consommateurs étaient évidemment les thermes, qui dès l'époque augustéenne se sont multipliés dans toutes les villes de Gaule. Mais nous manquons encore d'études précises sur les conditions dans lesquelles ces établissements étaient approvisionnés, et l'on ignore même certains aspects essentiels de leur fonctionnement (qu'en était-il, par exemple, des grandes piscines froides ? l'eau s'y renouvelait-elle sans cesse, ou se contentait-on de les vider périodiquement de leur contenu à des fins d'assainissement ?). Nous connaissons, en revanche, les principales formules architecturales et techniques retenues pour l'aménagement du circuit traditionnel à travers les salles tièdes, chaudes et froides ; celui-ci relevait davantage, du reste, d'une sorte de rituel social que d'une exigence de propreté, et il ne constituait que l'une des possibilités offertes par ces édifices complexes où les lieux de promenade (portiques couverts, jardins et péristyles), les bibliothèques, les salles de conférence proposaient aux citoyens des modes de délassement très diversifiés et de multiples occasions de se rencontrer aux heures creuses de la journée.

De petites villes comme *Glanum* (Saint-Rémy-de-Provence) ou Martigny (Suisse) possédaient un établissement thermal. *Vasio* (Vaison-la-Romaine) en possédait au moins deux ; *Lutetia* (Paris) trois, comme sans doute *Lugdunum Convenarum* (Saint-Bertrand-de-Comminges) ou *Mediolanum Santonum* (Saintes). Les plus grandes agglomérations pouvaient en compter une dizaine ou plus, ce qui n'excluait pas, dans les quartiers résidentiels, la possibilité pour les grandes demeures de disposer de leurs bains privés. Dans une ville comme Trèves, les thermes occupaient des surfaces considérables, en tout point comparables à celles des plus grands édifices de la Rome du IIe ou du IIIe siècle et ces complexes immenses, qui couvrent parfois plusieurs hectares, ont fini par constituer, aux dépens des espaces traditionnels de la convivialité, les lieux de convergence privilégiés de la population, en dehors des occasions de rassemblement dans les édifices de spectacle.

L'un des exemplaires les plus anciens est celui de *Glanum*. Construit dès les années 40-20 avant J.-C., soit tout au début du règne d'Auguste — et peut-être même avant l'avènement du premier empereur —, il comportait, sur une même ligne, les trois pièces destinées aux ablutions (un *caldarium* ou salle chaude pourvue dans un premier temps d'une abside, qui fut ensuite rasée pour permettre l'agrandissement de la palestre ; un *tepidarium* ou salle tiède et un *frigidarium* ou salle froide) ; les deux premières étaient chauffées par le système classique de l'hypocauste, c'est-à-dire de la circulation de l'air chaud sous les sols (ces derniers étaient soutenus par de petites colonnes de briques ou pilettes, dont plusieurs sont toujours en place) ; au sud, une grande cour bordée de portiques sur trois de ses côtés était réservée à la promenade ou aux exercices gymniques (palestre) ; elle s'ouvrait sur une vaste piscine froide (*natatio*) ; au nord, les pièces de service, et en particulier les salles de chauffe où un personnel en général servile alimentait le foyer (*praefurnium*), conservent des structures très lisibles.

Une étude de J. Bigot a permis de montrer que cet établissement correspondait presque exactement, non seulement par son plan mais par ses dimensions, aux thermes dits de Stabies à Pompéi : c'est la preuve que des modèles mis au point en Italie circulaient en Occident à date haute et que les thermes, au même titre que les forums ou les basiliques, appartenaient à la panoplie de la cité romanisée dont l'adoption était, sinon obligatoire, du moins largement recommandée. Ce n'est certes pas un hasard s'ils présentent à *Glanum* la même orientation que l'ensemble public dont nous avons examiné les composantes (voir p. 31), et s'ils ont empiété avec la même désinvolture sur un quartier d'habitation antérieur. Ils procèdent de

LA MAÎTRISE DE L'EAU 107

Les thermes de Glanum (Saint-Rémy-de-Provence) : les pilettes en partie restaurées d'une salle chaude (hypocauste).

Maquette restituée du second état des thermes de Glanum, d'après les travaux de J. Bigot, CNRS.

toute évidence de la même volonté d'instaurer un nouveau genre de vie, et leur implantation revêt une signification analogue à celle des nouveaux organes de décision.

On ne s'étonnera pas, dans ces conditions, que cet instrument d'assimilation, si puissant dans le domaine essentiel des comportements collectifs, ait suivi l'évolution des schémas italiens et romains. Peu d'études ont malheureusement été consacrées à ce jour aux thermes gallo-romains. Même l'un des établissements les mieux analysés, les thermes dits de Cluny à Paris, où l'on observe une volonté de symétrie tant au rez-de-chaussée que dans le sous-sol, pose encore des problèmes d'interprétation que les fouilles de ces dernières années ont remis en évidence : on ignore, par exemple, quelle fonction attribuer à l'une des salles principales (vestiaire-*apodyterium*, ou salle chaude-*caldarium*). Le point ultime de l'évolution est de toute façon marqué en Gaule par les thermes de Trèves, et plus particulièrement par ceux dits de Sainte-Barbe, où l'on trouve sous sa forme la plus élaborée l'ordonnance axiale des grandes salles chaudes et froides, avec la répartition symétrique de leurs annexes ; la « palestre » revêt ici l'ampleur d'une véritable place publique, et la monumentalité des installations n'a rien à envier aux créations romaines du IIe ou du IIIe siècle (thermes de Trajan ou de Caracalla).

Le site de Cimiez (*Cemenelum*), à l'extrémité sud-orientale du domaine gallo-romain, et plus précisément dans la province des *Alpes Maritimae*, à l'est de la Narbonnaise, conserve, sur le territoire français, l'exemple d'un complexe thermal qui a

Les thermes du Nord à Cimiez : la paroi orientale du frigidarium. Ce qu'on prenait traditionnellement depuis le haut Moyen Âge pour les vestiges d'un « temple d'Apollon » était la seule partie restée en élévation d'un vaste établissement thermal. La hardiesse du voûtement en berceau de cette salle la désigne comme un monument unique en son genre, du moins dans cette partie de l'Empire. On notera la technique de construction, comportant une alternance de moellons et de lits de briques.

connu diverses phases mais qui, dans son état actuel, couvre de part et d'autre d'une voie est-ouest *(decumanus)* environ un hectare et demi. Les vestiges les plus imposants, traditionnellement désignés comme un temple d'Apollon, appartiennent au *frigidarium* des « bains du Nord » ; cette salle, dont les murs latéraux montent encore jusqu'à l'imposte de la voûte, mesure intérieurement 17,80 mètres de long sur 9 mètres de large ; elle s'achevait sur un bassin ovale encastré dans une abside aplatie ; son couronnement en berceau était constitué d'une série d'arcs-doubleaux en briques à crochets où s'encastraient des tuiles faisant office d'armature pour les parois en blocage. Ce *frigidarium* apparaît aujourd'hui quelque peu isolé en raison de son état exceptionnel de conservation ; il a servi jadis de corps de ferme, et ses vestiges, dessinés par Giulano da Sangallo, ont été chantés par Michel de L'Hospital. Les fouilles, conduites à partir de 1955 par F. Benoit, ont montré qu'il appartenait à une séquence très ample qui comportait vers l'ouest une salle ronde (étuve ou *sudatorium*), une salle tiède et deux vastes salles chaudes, dont une à abside semi-circulaire ; les chaufferies ou *praefurnia* sont encore visibles vers le nord. Au sud s'ouvrait une palestre d'où l'on avait accès à une piscine entourée de portiques. De l'autre côté de la voie, les bains dits de l'Est et ceux dits de l'Ouest (peut-être respectivement réservés aux hommes et aux femmes) présentent une organisation comparable, sans doute un peu plus tardive. L'ensemble n'est de toute façon pas antérieur au début du IIe siècle, et atteste la richesse de cette agglomération de *Cemenelum* à l'époque des empereurs sévériens ; la modeste capitale augustéenne du district des *Alpes Maritimae* est devenue, en l'espace de deux siècles, une ville riche et populeuse, capable de se doter de l'ensemble thermal le plus important de Gaule romaine — si l'on en excepte les établissements de Trèves.

Les ruines décharnées et en général peu évocatrices de ces constructions complexes ne nous permettent plus d'accéder à la réalité dont elles gardent la trace. Il faut, pour mesurer l'ampleur de l'effort consenti par les communautés concernées, se remémorer, à travers les textes et les témoignages des contemporains, les impératifs économiques et techniques liés à leur fonctionnement et à leur entretien. Un personnel qualifié, des réserves de combustible énormes, une attention constante au bon état des revêtements étanches, des conduites d'air chaud, des sols suspendus, des murs creux, etc., représentent autant d'investissements que ne couvraient que très partiellement les droits d'entrée fort modiques en général, et dont beaucoup de catégories sociales étaient du reste exemptes. À cela s'ajoute la richesse monumentale et décorative qui, selon les usages romains, dépassait de très loin les besoins strictement fonctionnels : on a recueilli dans les thermes de Sainte-Colombe, sur la rive droite du Rhône, en face de la ville de Vienne, une série unique de sculptures de grande valeur, et il faut restituer sur les parois des principaux établissements thermaux des placages de marbres ou des peintures dont le chatoiement coloré transformait en véritables palais du peuple les salles, les portiques, les auditoriums où chacun pouvait librement vaquer des heures entières au gré de sa fantaisie. Aucune création antique n'a mis en œuvre, pour des enjeux concrets à peu près nuls, autant de ressources et autant de compétences. Les thermes publics sont le signe le plus patent du prestige exercé par un mode de vie qui est aussi une culture ; son adoption par des collectivités provinciales que rien ne préparait à ce type de comportement, même si elle n'a été que progressive, montre bien que la conquête romaine a constitué, dans le domaine des mœurs, où se manifestent ordinairement les rémanences ou les résistances les plus tenaces, une véritable conversion.

Mais cette emphase et ce luxe accordés à des espaces uniquement consacrés à des aspects non productifs de la vie collective étaient aussi un moyen de dédramatiser les différences juridiques ou économiques entre les diverses composantes de la population urbaine, et de donner à chacun l'illusion que l'ordre romain était en mesure d'apporter le confort et le divertissement même aux plus démunis. Cette fonction sociale des thermes publics passera ensuite, dans l'Empire chrétien, à l'édilité religieuse, dont les principaux agents seront longtemps les évêques ; reprenant à leur compte les obligations des anciens notables païens, ceux-ci utiliseront souvent les bénéfices des biens ecclésiastiques à la construction d'auberges pour pèlerins, de bains publics, de portiques, autour des basiliques ou des cathédrales, nouveaux centres de la convergence populaire.

L'ÉNERGIE HYDRAULIQUE

Bien qu'il soit rarement pris en considération, un dernier dossier mérite d'être ouvert ici : c'est celui de l'utilisation de l'eau à des fins artisanales ou « industrielles ». On a souvent écrit, et c'est vrai pour l'essentiel, que l'Empire romain avait, en beaucoup de domaines, entraîné une stagnation sinon une régression des recherches techniques, les esclaves pourvoyant à tous les gros travaux et nul ne cherchant dès lors à soulager la peine des hommes. Cette vision quelque peu sommaire mérite d'être corrigée sur plus d'un point : elle ne tient pas compte des améliorations ponctuelles apportées en diverses régions à des pratiques ancestrales que l'amplification des échanges et l'accroissement des besoins rendaient inadaptées aux exigences nouvelles d'une société qui, pour être « esclavagiste », n'en connaissait pas moins les impératifs du rendement et les tentations de la spéculation. Ainsi, l'introduction du *plaumoratum*, c'est-à-dire de l'araire (et non pas de la charrue) munie d'un avant-train à roue, au Ier siècle de notre ère, a entraîné en Italie, mais aussi dans les pays rhénans et danubiens, de sérieux progrès dans les cultures céréalières. Et nous avons évoqué, au chapitre premier, différentes formes de rationalisation de la production qui ont laissé, en Gaule romaine, des traces fort éloquentes.

En ce qui concerne le recours à l'énergie hydraulique, les nécessités de l'approvisionnement de villes de plus en plus peuplées — au premier rang desquelles Rome constituait, avec peut-être un million d'habitants au IIe siècle, une sorte de monstre unique en son genre — et celles du ravitaillement des troupes qui sont massées sur tous les points du *limes*, c'est-à-dire de la frontière, ont constitué le moteur essentiel d'un mouvement qui affecte aussi bien le cœur de l'Empire que les provinces : dès la fin du IIe siècle et surtout à partir de l'époque sévérienne (début du IIIe siècle après J.-C.) semblent s'être multipliés les moulins à eau. Le mieux conservé se trouve à Barbegal, non loin d'Arles, au cœur de la Gaule Narbonnaise. Dans son état actuel, l'établissement industriel, fouillé naguère par F. Benoit, à qui l'on doit l'identification de l'ouvrage et la compréhension de son fonctionnement, se présente comme une vaste enceinte rectangulaire de 61 mètres de long sur 20 mètres de large, adossée à un enrochement incliné d'environ 30 degrés.

Au centre de cette enceinte, sur son axe longitudinal, un escalier monumental permet de parcourir toute la pente ; il était bordé sur ses deux côtés de huit « chambres de meunerie », qui elles-mêmes étaient en relation avec des roues à aube entraînées par un courant d'eau qui tombait de bief en bief : huit chutes — seize au total si l'on compte les deux séries parallèles — se succédaient ainsi le long du bâtiment. On discute toujours sur les détails

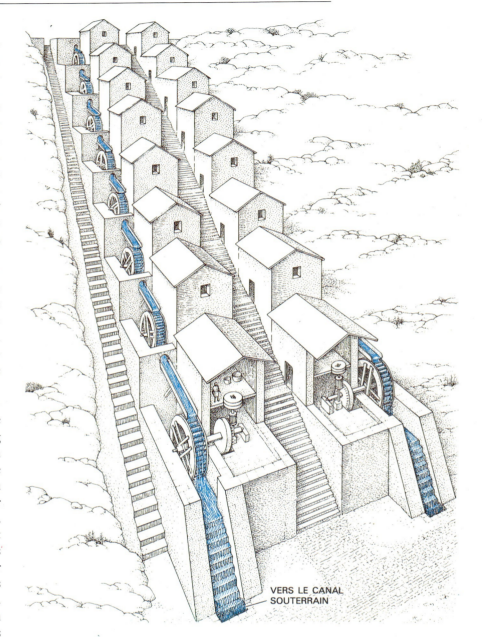

techniques des engrenages (le système à « rouet » et « lanterne » inspiré des moulins du XVIIIe siècle n'est peut-être pas, malgré sa fortune dans les restitutions qui ont été proposées de cette meunerie, le mieux adapté à la réalité antique) ; mais on connaît bien le système d'approvisionnement en eau, qui vient de faire l'objet d'une nouvelle analyse : un aqueduc, collecteur des sources du versant sud des Alpilles, perçait la crête rocheuse au moyen d'une tranchée de 3 mètres de large ; au débouché de la falaise, les eaux étaient conduites à l'intérieur de deux massifs de maçonnerie vers les franges externes de l'enceinte où elles étaient ensuite précipitées, de bief en bief, jusque dans la plaine où un canal les recueillait ; elles se perdaient à partir de là dans le marais des Baux.

La meunerie de Barbegal (près d'Arles, Bouches-du-Rhône) : véritable « usine romaine », selon l'expression de Trevor Hodge, cet ensemble de seize moulins en batterie construits en deux séries parallèles à flanc de coteau était alimenté par l'eau d'un aqueduc spécialement construit à cet effet. Les deux rangées de roues à eau étaient disposées dans des ouvrages de maçonnerie

à l'extérieur du corps central du bâtiment ; l'axe de chacune de ces roues, haute de plus de 2 m, était couplé, vers l'intérieur, à un axe vertical qui, à l'étage supérieur, faisait tourner une meule de basalte de 0,9 m de diamètre. Certains détails de fonctionnement demeurent obscurs, mais une étude en cours contribuera sans aucun doute à les clarifier.

La date de cet ensemble reste indéterminée ; il est probable qu'il remonte à une époque plus haute qu'on ne l'a longtemps admis, le IIIe siècle paraissant aujourd'hui s'imposer aux dépens des IVe et Ve siècles. En toute hypothèse, Barbegal constitue le témoignage le plus ancien d'une batterie de moulins à roues verticales. C'est sur son modèle qu'il faut imaginer les fameuses *molae* du Janicule à Rome, ces grandes meuneries dont nous parlent des textes tardifs, et qu'alimentait l'*aqua Traiana* entre autres (l'aqueduc de Trajan).

Si les chiffres avancés à l'ordinaire — 28 tonnes de farine pour une journée de dix heures, à raison de 240 à 320 kilos par heure et par « chambre » — sont certainement excessifs, la capacité d'une telle installation dépassait les besoins de l'agglomération voisine de la colonie d'Arles ; sa production devait pourvoir à la nourriture d'au moins 50 à 60 000 personnes. Les services officiels de l'*Annone* (chargés de l'approvisionnement de Rome) ou ceux des légions du Rhin n'ont assurément pas été étrangers à sa conception, qui se recommande par son efficacité, et par l'économie des moyens mis en œuvre, les données du terrain étant remarquablement exploitées. Mais cette meunerie si performante montre aussi la richesse du terroir arlésien à l'époque impériale, car le choix de son implantation a d'abord été dicté par les possibilités de production de la région, et ce sont les terres céréalières des environs qui fournissaient les énormes quantités de grain nécessaires à son fonctionnement.

Chapitre VII

HABITER
DANS LA VILLE

Détail d'une mosaïque provenant des environs de Rome et conservée au Kunsthistorisches Museum de Vienne (Autriche). Scène de banquet.

Il est toujours difficile, pour les périodes éloignées, de restituer avec précision le cadre de la vie quotidienne. Dans les villes gallo-romaines, le problème se complique du fait que les centres monumentaux et leurs bâtiments publics, occupant souvent un espace démesuré par rapport à la superficie globale des agglomérations antiques, et construits avec des matériaux plus solides et selon des normes plus exigeantes que les édifices privés, sont les seuls à avoir laissé, dans les tissus urbains postérieurs, des vestiges de quelque importance. Aussi ont-ils longtemps retenu d'une façon presque exclusive l'attention des archéologues. De surcroît les rares îlots d'habitations qui émergeaient d'un naufrage quasi complet, ou que les fouilles remettaient au jour, relevaient de catégories sociales plutôt privilégiées ; ils ne correspondaient donc pas à la réalité la plus fréquente.

La situation s'est aujourd'hui largement modifiée, et l'une des conquêtes de la recherche en milieu urbain est d'avoir su retrouver, à partir d'indices parfois bien modestes, la diversité des paysages humains en restituant toutes les formes d'un habitat populaire qui s'avère fort éloigné des canons classiques de la demeure « gréco-italique ». Mais si cette dernière a perdu le monopole qu'on croyait encore devoir lui reconnaître naguère, elle n'a pas disparu pour autant, et son importance historique se trouve accrue du fait qu'on en a repéré des exemplaires dans toutes les provinces de la Gaule romaine.

La répartition entre grandes demeures et habitats modestes n'est pas régionale ; si l'on connaît, c'est vrai, davantage de *domus* traditionnelles dans l'Afrique romaine que dans la Gaule Belgique, on ne doit nullement en conclure à l'absence de celles-ci dans les provinces du nord-ouest de l'Empire. Trèves, par exemple, a livré sur l'emplacement des futurs « Thermes impériaux » les vestiges d'un véritable palais privé, organisé autour de l'un des plus vastes péristyles identifiés hors d'Italie, et les très nombreuses mosaïques retrouvées en tous les points de cette ville attestent la richesse de sa bourgeoisie marchande aux IIe et IIIe siècles après J.-C. À Cologne, en Germanie, la maison dite de la mosaïque de Bacchus est l'une des plus vastes demeures urbaines recensées en Occident puisqu'elle couvre dans sa dernière phase environ 3 400 mètres carrés. C'est une superficie du même ordre qu'occupait à Rouen *(Rotomagus)* une vaste et luxueuse maison, récemment repérée à peu de distance du quartier populaire de la rue des Arsins.

L'occupation de l'espace est en fait, pour un riche personnage qui assume des responsabilités municipales et ambitionne une carrière équestre ou sénatoriale, le seul signe tangible de sa puissance et de sa future promotion. Le théoricien Vitruve avait étudié le phénomène dès le début du règne d'Auguste pour les responsables (décurions) des municipes d'Italie ; une situation analogue prévaut pour les notables gallo-romains : les charges qui pèsent sur eux et les devoirs de sociabilité qui leur sont imposés rendent inévitable le choix d'aménagements ostentatoires et la disposition de vastes dégagements. Les structures d'accueil et de réception doivent en quelque sorte doubler les pièces réservées à la vie privée. Cette ambiguïté de l'habitation des classes dirigeantes est certainement l'une des causes essentielles du recours au schéma gréco-italique dans les « belles maisons » provinciales, quels que soient le substrat ethnique et les contraintes climatiques.

La province de Gaule Narbonnaise, en raison de son immersion ancienne dans un contexte hellénistique, nous offre les premiers exemples de ce type de demeure, adopté et mis au point, sur certains sites, avant même la conquête romaine, maintenu ensuite et développé pour les raisons socioculturelles que nous venons d'évoquer.

DEUX MAISONS DE *GLANUM*

Dans le quartier des notables à *Glanum*, sur la frange nord-ouest de l'agglomération, en face des thermes et de la basilique, deux maisons sont apparues, établies dans un triangle préservé par les bâtisseurs du centre monumental au début de L'Empire. La raison en est simple : quelques-unes des riches familles qui ont assumé tout ou partie des frais de ces constructions publiques avaient là

La maison dite de Cybèle et d'Attis à Glanum. Corniches en remploi disposées de façon à servir de banquettes dans l'ancien péristyle, apparemment transformé en salle cultuelle.

Vue aérienne de Glanum (Saint-Rémy-de-Provence). En haut à droite, dans un espace triangulaire allongé, le quartier d'habitation des notables (magistrats municipaux et/ou prêtres du sanctuaire de la source).

L'autel « aux oreilles » (auribus) de la déesse Cybèle, dédié par Loreia Pia. Retrouvé dans le péristyle de la maison de Cybèle et d'Attis à Glanum, après sa transformation en local cultuel pour la déesse Cybèle, cet autel témoigne de la piété des fidèles, soucieux d'obtenir de leur déesse protectrice qu'elle écoute avec une bienveillante attention leurs requêtes et leurs prières.

leur résidence. La plus vaste, appelée par les fouilleurs maison de Cybèle et d'Attis, remonte dans son premier état au IIe siècle avant J.-C. Elle comportait deux parties bien distinctes, qui la désignent comme l'une des demeures les plus vastes de la région : vers le sud, une dizaine de pièces ouvraient sur un espace centré sur un bassin (*impluvium*) cantonné de quatre colonnes ; ces colonnes soutenaient les pans d'une toiture inclinée vers l'intérieur, qui laissait découverte l'aire du bassin. À la fois lieu de recueillement des eaux pluviales et puits de lumière, cette pièce correspond exactement à ce qu'on désigne dans la demeure italique par le nom d'*atrium*. À cette structure remarquablement intégrée, qui suppose un genre de vie sinon une culture très proches de ceux des communautés hellénistiques d'Italie, s'ajoutait initialement, dans la moitié nord, un péristyle incomplet, c'est-à-dire une cour bordée sur trois de ses côtés par une galerie couverte soutenue au moyen de colonnes ; derrière cette galerie s'ouvraient des pièces, chambres à coucher

Le péristyle de la maison dite « des antes » à <u>Glanum</u> : remarquable exemple d'un aménagement bien attesté en milieu grec ou hellénisé (de Délos à Ampurias), qui suppose de la part des notables locaux un goût ostensible non seulement pour les formes architecturales mais aussi pour les modes de vie méditerranéens.

HABITER DANS LA VILLE 117

Le soffite (plafond) du laraire de la maison « des antes » de Glanum. La petite chapelle des dieux du foyer (dieux Lares) occupait un angle du péristyle ; on notera la finesse et la variété du décor des caissons.

ou salons. La maison possédait deux entrées sur la rue, et ses deux parties étaient elle-mêmes reliées par une large ouverture. Conservée telle au début de l'époque romaine, avec seulement des remises au goût du jour dans le décor qui n'affectaient pas son organisation, elle fut modifiée, à une date impossible à déterminer, dans sa partie septentrionale : le péristyle fut alors cloisonné et partiellement transformé en une salle pourvue d'une banquette courant le long des murs ; les blocs de la banquette sont en fait des corniches retournées, en remploi, provenant de la destruction d'une structure antérieure (peut-être l'entablement des portiques du péristyle). Le local ainsi constitué servait de salle de réunion pour les fidèles de la déesse Cybèle : on y a retrouvé un autel consacré aux oreilles *(auribus)* de cette divinité qu'on espérait attentive, et divers reliefs et dédicaces qui attestent la vitalité de son culte. Dès lors, la communication avec l'autre partie de la maison est close, et tout porte à penser que le secteur consacré à la confrérie ne lui appartient plus. Évolution significative : à mesure qu'on avance dans la période impériale, les aristocraties locales ont tendance à s'appauvrir, et les sectes religieuses vouées à des divinités d'origine orientale jouent un rôle social et culturel qui ne cesse de s'accroître.

118 LA FRANCE GALLO-ROMAINE

L'autel de la « cave-sanctuaire » d'Argentomagus (Saint-Marcel dans l'Indre). Découverte récemment, cette structure est la mieux conservée d'une petite série bien représentée en Gaule intérieure (un autre exemple se trouve à Lutèce). On s'interroge sur sa signification. Peut-être, comme l'a récemment suggéré G. Coulon, s'agit-il d'une transposition du laraire classique.

L'autre maison de ce même quartier glanique, dite « des antes » à cause des piliers quadrangulaires qui encadrent l'entrée de l'une de ses pièces, était centrée sur un péristyle de douze colonnes. Les quatre colonnes de la galerie ouest présentaient un module plus important que les autres, selon un dispositif décrit comme rhodien par Vitruve : le portique de ce côté, plus élevé, permettait un meilleur ensoleillement des pièces adjacentes. La maison comportait sans doute un étage, si l'on en juge par l'amorce d'une volée d'escalier conservée dans l'un de ses angles. Nous avons là un type d'habitat caractéristique des îles grecques de l'Égée (Délos par exemple), mais aussi des comptoirs hellénisés d'Occident (*Ampurias*, en Catalogne), qui a perduré à *Glanum* pendant toute la période romaine. Dans un coin du péristyle, un podium quadrangulaire indique la place d'un « laraire », c'est-à-dire d'une petite chapelle où étaient rassemblés les dieux du foyer (Lares) ; le plafond et la corniche de ce laraire ont été retrouvés à proximité. La présence d'un tel sanctuaire, caractéristique des demeures italiques (où il prenait place en général dans l'*atrium*), témoigne d'une réceptivité particulièrement active à l'égard des us et coutumes des nouveaux maîtres, et procède d'une volonté d'assimilation qui est le trait dominant des notables de Gaule Narbonnaise.

LES GRANDES DEMEURES DE VAISON

À Vaison-la-Romaine (*Vasio*), sur le territoire des Voconces, plusieurs maisons luxueuses ont été remarquablement étudiées par Ch. Goudineau et G. Hallier. Leurs analyses et leurs restitutions nous permettent d'avoir une idée précise de la façon dont se logeaient en ville les riches propriétaires terriens.

Dans sa phase la plus ancienne, la maison dite « du Dauphin » (du nom d'une sculpture en marbre retrouvée sur le site) présentait encore l'aspect d'une habitation de type semi-rural : les pièces donnaient sur une cour carrée qui ouvrait vers l'est sur un espace clos de murs, peut-être un potager ; un petit édifice thermal et une sorte de grange en constituaient les annexes. Cette installation sommaire des années 40-30 avant J.-C. s'est progressivement modifiée, complétée, mise à la mode italienne, et l'on aboutit, dans les années 80-100 après J.-C., à une grande *domus* pourvue de tous les raffinements « pompéiens » : la modeste cour carrée s'est transformée en un péristyle au centre duquel règne un bassin ; c'est sur lui que donnent les principales pièces (salles à manger et chambres) : il communique par l'intermédiaire d'un *tablinum*, ou salle d'apparat du maître de maison, avec un *atrium* à quatre colonnes, qui lui-même est

La Mosaïque des masques du musée de Vienne. Ce tapis remarquablement équilibré présente une série de masques masculins et féminins de tragédie et de comédie. La maison d'où il provient était peut-être le siège d'une troupe d'acteurs (scaenici), par ailleurs bien attestée à Vienne. S'il s'agit de la demeure d'un particulier, elle témoigne des goûts littéraires du propriétaire. Cet attachement des riches Gallo-Romains à la culture latine est caractéristique de cette partie de la Narbonnaise. L'œuvre peut être datée du milieu du IIe siècle.

en liaison directe avec l'entrée sous porche qui empiète sur le portique du trottoir. Au sud, un vaste jardin d'agrément pourvu d'un miroir d'eau offre aux habitants un lieu de délassement particulièrement appréciable ; de véritables salons s'ouvrent derrière le portique septentrional de ce jardin, pour bénéficier de sa fraîcheur et de la vue sur sa verdure. À l'autre extrémité de la maison, dans l'angle nord-est, des bains privés comportant une cour de service, une salle chaude et une salle tiède — ces deux dernières pourvues d'un sol sur pilettes entre lesquelles circulait l'air chaud — ont remplacé le rustique balnéaire de la période précédente. L'ensemble couvre une surface de 2 700 mètres carrés au sol, ce qui correspond à l'une des plus grandes demeures pompéiennes, la maison dite « du Faune ».

En fait, si étonnant que cela puisse paraître, cette maison du Dauphin n'est pas la plus vaste de Vaison : la maison dite « du Buste d'argent » occupe, avec ses bâtiments thermaux et sa palestre, plus de 3 000 mètres carrés ; c'est aussi la superficie de la maison appelée « Prétoire ». De telles installations, réservées à quelques familles, s'apparentent davantage à des villas suburbaines qu'à des demeures de villes, et leur présence s'explique à Vaison par le fait que l'agglomération s'est développée à partir d'une bourgade rurale où l'espace n'était ni limité ni distribué de façon autoritaire ; les propriétaires enrichis ont pu annexer à leur habitat des terrains qui précédemment étaient cultivés, et qui de toute façon leur appartenaient. Le processus observé ici est donc très différent de celui qui prévaut à Pompéi par exemple, où les belles demeures ne pouvaient s'agrandir qu'en empiétant sur les constructions voisines, et où l'on note du reste, dans la dernière phase éditiliare de la ville (entre 62 et 79), une subdivision des plus grandes unités privées à des fins commerciales ou locatives. La situation de Vaison correspond à un type de développement empirique, où les notables progressivement « urbanisés » ont joué un rôle moteur : c'est une évolution qui pourrait être observée, si les conditions étaient plus favorables, dans de nombreuses autres villes.

UNE MAISON PÉRIPHÉRIQUE DE NARBONNE

Le cas de Narbonne est assurément, du point de vue de l'origine de l'agglomération et de son importance administrative, bien différent de celui de Vaison. Il reste que, dans cette capitale de la Narbonnaise, il est difficile de distinguer, à la

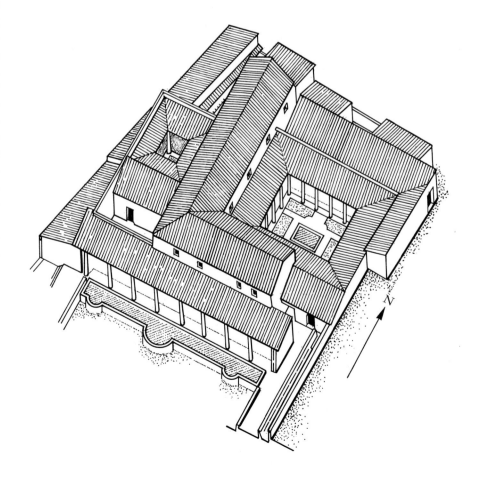

Les deux phases principales de la maison dite « du Dauphin » de Vaison-la-Romaine (Vaucluse), d'après Ch. Goudineau et G. Hallier.
L'origine rurale de cette demeure et le caractère quelque peu empirique des aménagements dont elle a été progressivement dotée au gré de l'enrichissement et de l'« urbanisation » croissante de son ou de ses propriétaires ne l'empêchent pas de revêtir finalement l'aspect d'une vaste et riche domus.

La maison du Clos de la Lombarde à Narbonne : motifs décoratifs de la pièce D.

périphérie de l'habitat antique, ce qui appartient encore à la ville de ce qui correspond déjà à un espace suburbain. L'une des grandes demeures résidentielles qui semblent s'être établies de préférence dans les quartiers septentrionaux, la maison dite « du Clos de la Lombarde », a été fouillée à Narbonne à partir de 1974. Son ornementation pariétale a fait l'objet d'une étude complète de la part de M. et R. Sabrié : elle fournit un exemple étonnant de la richesse des décors dont ces habitations des classes dirigeantes étaient agrémentées aux Ier et IIe siècles de notre ère. Murs et plafonds des pièces principales ont livré là des peintures qui n'ont rien à envier aux demeures contemporaines d'Italie, et où les spécialistes peuvent reconnaître, avec un décalage chronologique peu sensible, l'adoption rapide des diverses modes dans l'ordonnance des panneaux et le choix des sujets dont les villes résidentielles de Campanie donnaient l'exemple. La grande salle, située entre le péristyle et l'*atrium* (la salle K des fouilleurs), possédait en particulier sur la paroi nord-ouest une « mégalographie », c'est-à-dire une fresque où figuraient des personnages grandeur nature dans un cadre architectural peint en perspective qui constitue l'une des compositions les plus impressionnantes que l'on puisse voir hors d'Italie : sous un baldaquin couvert d'une demi-coupole en coquille et encadré de pavillons quadrangulaires à deux étages soutenus par des colonnes libres, une Victoire qui élève au-dessus de sa tête un bouclier et un Génie porteur d'une corne d'abondance et d'une patère représentent les divinités protectrices du maître des lieux, tout en manifestant un goût évident pour la thématique officielle ; à droite, au premier niveau du pavillon, un soldat armé d'une lance peut être assimilé à l'un des Dioscures (Castor ou Pollux), et au-dessus un magnifique buste d'Apollon lauré confirme le caractère religieux de l'ensemble. Il est probable que l'on trouvait dans cette salle le laraire de la maison : sa situation à proximité de l'*atrium* confirme l'hypothèse. Au moment où il fut réalisé (seconde moitié du IIe siècle), ce somptueux décor exprimait en tout cas non seulement le loyalisme officiel du propriétaire, mais aussi son statut social et culturel : il s'agissait probablement d'un riche affranchi (ancien esclave ayant réussi dans les affaires) assumant des responsabilités dans le culte impérial, soit à l'échelon municipal, soit à l'échelon provincial. Si

La « mégalographie » (peinture à grandes figures) de la pièce K de la maison du Clos de la Lombarde à Narbonne. Architecture en trompe l'œil, raffinement coloral, effigies inspirées de l'iconographie officielle : tous les prestiges de l'imagerie décorative et religieuse à la mode en cette seconde moitié du IIe siècle sont ici réunis.

122 LA FRANCE GALLO-ROMAINE

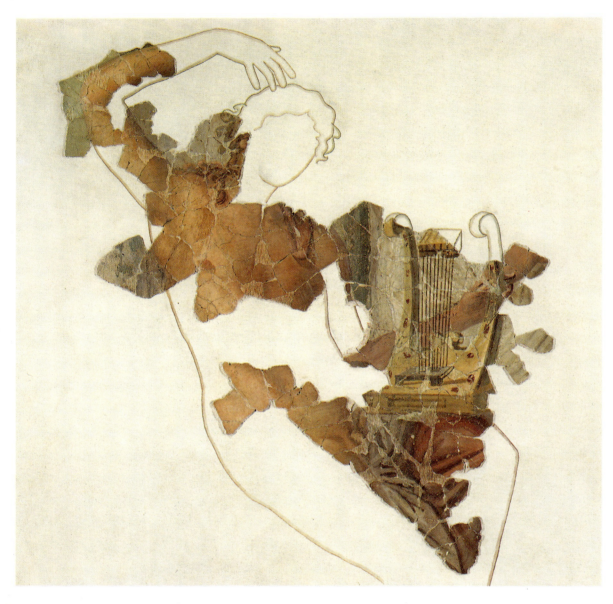

Fragments d'enduits peints sur mortier de chaux, sable et tuileau recueillis à proximité de la petite agglomération rurale (vicus) de Famars (Nord) et conservés au musée des Beaux-Arts de Valenciennes. Le personnage ici représenté est Apollon, le dieu à la cithare.

ce type d'ornementation peut paraître, en première analyse, réservé aux élites des régions proches de l'Italie ou intégrées de longue date à l'aire gréco-italique, il faut admettre que des cartons similaires ont également circulé dans les Trois Gaules.

L'INTÉGRATION CULTURELLE

De fait, la *domus* de « type romain », évidemment inaccessible de par son extension et ses aménagements à la masse de la population, s'est imposée aux responsables administratifs et politiques, en Aquitaine, Lyonnaise et Belgique, à partir de la seconde moitié du Ier siècle. La prospérité économique y est assurément pour beaucoup, mais aussi la possibilité, accordée par l'empereur Claude (voir p. 24) d'accéder aux carrières équestre et sénatoriale pour ceux qui en auraient les moyens financiers. Ce qu'on a pu appeler avec raison « l'avènement politique des Gaules » a sans aucun doute contribué à la diffusion des schémas traditionnels dans l'habitat des classes dirigeantes. La réalisation de grands programmes d'architecture privée, attestée de la Garonne au Rhin, manifeste la complicité de fait des élites avec le pouvoir romain, exalte, avec parfois un peu d'avance sur les réalités, leur intégration culturelle, et rend de toute façon possible leur activité politique et sociale. Il en est résulté dans les villes un besoin d'espace pour toute une catégorie de la population, dont nous avons quelque peine à imaginer l'intensité ; aux exemples mentionnés plus haut de Trèves et de Rouen pourraient être ajoutées les demeures récemment dégagées au centre de la ville antique de Périgueux,

Ce Buste en bronze, qui ornait sans doute la demeure d'un riche habitant d'Alésia (il s'agit d'une tête féminine de grande qualité) illustre le savoir-faire des bronziers mandubiens. Musée d'Alésia.

et particulièrement celle dite « des Bouquets ». Mais si l'espace est le premier et le plus apprécié des luxes, l'ostentation décorative en est l'inévitable complément. Nous ferons des observations du même ordre à propos des villas réparties dans la campagne (chapitre IX).

L'un des acquis les plus importants en ce domaine consiste, grâce à la mise en œuvre de méthodes perfectionnées de fouille, de ramassage et de restauration, en la découverte intervenue au cours de ces deux dernières décennies, d'un art gallo-romain de la peinture pariétale dont la technique, la qualité, mais aussi la diffusion, sont surprenantes.

Pour prendre un exemple récent — qui est aussi un exemple limite —, les fragments d'enduits peints recueillis à Famars, simple bourg (vicus) du nord de la Gaule Belgique (architecture en trompe l'œil à corniches richement ciselées et bustes sculptés sur des panneaux circulaires en forme de boucliers), confirment la créativité des ateliers septentrionaux : nourris d'images « classiques », ceux-ci étaient capables de redonner une forme originale à des schémas anciens, et c'est une véritable école provinciale qui, au fil des trouvailles, se manifeste ainsi, dont les œuvres rivalisent sans peine avec celles de Rome pour la même époque (seconde moitié du IIe siècle et début du IIIe siècle). Ce qui frappe dans les fragments retrouvés à Famars, c'est non seulement la richesse ornementale de la composition, mais le soin apporté au détail, tant en ce qui concerne le dessin des motifs non figurés que les rapports chromatiques destinés à créer une impression de relief ; une telle maîtrise autant iconographique que technique témoigne d'une tradition dont nous n'apercevons plus que les manifestations ultimes, mais dont il faut croire qu'elle s'appuie sur un long passé.

Des trouvailles comme celles de la rue des Farges à Lyon (en particulier le panneau figurant un personnage féminin couronné de lierre et porteur d'un plectre, dans un contexte évidemment dionysiaque) prouvent en fait que, dès le règne d'Auguste, la peinture murale des demeures gallo-romaines avait atteint dans les meilleurs cas une maîtrise surprenante. Ce panneau, qui recouvrait des murs faits de briques crues séchées au soleil, nous enseigne aussi que les plus beaux décors pariétaux pouvaient à l'occasion revêtir des architectures que nous aurions tendance à juger pauvres ou éphémères — ce qui prouve l'inadéquation de nos critères d'appréciation dans le domaine encore mal exploré de l'habitat.

(Double page suivante.) Mosaïque dite des xenia. Musée de Vienne. Elle présente, dans des médaillons circulaires, les petits cadeaux d'hospitalité qu'offrait traditionnellement à ses hôtes le maître de maison (xenia), d'où les champignons et les poissons. Mais d'autres médaillons encadrent des monstres marins hybrides. Cette mosaïque semble datable du début du IIIe siècle.

LES HABITATIONS MODESTES

Les fouilles en milieu urbain ont permis cependant de grands progrès dans la connaissance du logement des humbles. Ces progrès sont liés, nous l'avons dit plus haut, à une observation plus attentive des contextes stratigraphiques, où les archéologues sont en mesure aujourd'hui de repérer les vestiges de matériaux éminemment périssables comme le bois des colombages et des panneaux muraux, ou les traces de structures rémanentes plus ou moins totalement ruinées comme le torchis, la brique crue, les moellons liés à l'argile, les galets fluviaux assemblés avec de la terre, etc. Cette architecture économique commence à être étudiée, et des restitutions en élévation peuvent être tentées. Ainsi la demeure du Gallo-Romain modeste prend forme ici ou là sous nos yeux. Pour ne citer que les découvertes les plus récentes, nous évoquerons seulement ces maisons retrouvées rue des Arsins à Rouen (*Rotomagus*, chef-lieu des Véliocasses) : sises le long d'une ruelle large de 3 mètres pavée de rognons de silex surmontés d'une couche de galets, elles possédaient une armature verticale de bois dont les vides étaient remplis de torchis ; le socle en était constitué d'un muret de pierre sur lequel une poutre horizontale, équivalent de la sablière des charpentes de comble, recevait l'armature à colombages. L'une des unités identifiables affectait une forme grossièrement carrée de 12 mètres de côté, partagée en six pièces

126 LA FRANCE GALLO-ROMAINE

Saint-Romain-en-Gal.
Détail de la mosaïque des dieux Océans.

Saint-Romain-en-Gal.
Une grande domus *dans son état du IIe siècle après J.-C. : la maison dite des dieux Océans.*

dont certaines paraissent avoir été réservées à un usage artisanal. Le matériel retrouvé sur les niveaux d'occupation et dans les couches de destruction (le quartier fut incendié au début du IIIe siècle) autorise à imaginer, dans un tissu très dense où les espaces entre chaque habitation restent fort étroits, des boulangers, des teinturiers, des tabletiers (qui travaillent l'os), en somme tout un monde d'ateliers et d'échoppes, où s'entassait une population fort active.

Les fouilles conduites avenue Adolphe-Max à Lyon, dans l'actuel quartier Saint-Jean, ont de la même façon mis en évidence des maçonneries faites de petits moellons bruts de granit, de schiste ou de calcaire, mêlés à des galets et liés par un mortier à base de calcaire du Mont d'Or ; la présence d'un système de chauffage aux salles montées sur pilettes permet d'identifier des thermes dans une partie du site, mais le reste des structures, là encore pressées le long de voies étroites, évoque un quartier populaire et artisanal.

Il convient de signaler toutefois que, jusqu'à ce jour, aucun immeuble de rapport, du type de ceux qui se sont multipliés à Ostie et à Rome, en particulier au IIe siècle de notre ère, n'a été identifié dans une ville des provinces occidentales : la relation entre la densité de la population et l'espace disponible n'a apparemment jamais atteint, dans ces régions, un seuil critique qui aurait entraîné la mise en place de vastes constructions à plusieurs étages, centrées sur une cour formant puits de lumière. Des étages existent cependant, non seulement dans certaines ailes de service ou d'habitation des grandes *domus,* mais aussi dans des maisons plus modestes : les boutiques ou ateliers du secteur commercial d'Alésia, au sud-est du forum, présentaient, au IIe siècle, des entresols et même, semble-t-il, des niveaux d'occupation qui doublaient la surface du rez-de-chaussée ; appuyés sur des piliers formant une sorte de portique sommaire au-dessus du trottoir, ces étages, partiellement en surplomb, évoquent des dispositifs retrouvés dans certains sites d'Italie centrale (*Alba Fucens* par exemple).

L'EXEMPLE D'ALÉSIA

Ce quartier d'Alésia, qui vient de faire l'objet d'une analyse approfondie de la part de M. Mangin, est, avec le quartier viennois de Saint-Romain-en-Gal, un de ces ensembles urbains qui ont acquis progressivement une organicité spécifique, hors de toute répartition préétablie de l'espace ; ils permettent d'entrevoir les modalités de fonctionnement et de développement de certaines zones excentrées, dont l'habitat et les unités de production individuelles sont les seules composantes, et dont l'aménagement suit les aléas de l'activité économique. Il est d'autant plus remarquable d'y relever une tendance marquée à la régularisation des structures.

À Alésia, le secteur situé au sud-est du forum a longtemps gardé la physionomie qui était la sienne depuis la période préromaine : un quartier « en ligne », en bordure d'une rue qui conduit vers le centre du *vicus,* et marque l'axe longitudinal du plateau. Dans la seconde moitié du Ier siècle de notre ère, l'essor de l'agglomération, qui bénéficie de la prospérité générale, entraîne une extension des aires occupées, et une meilleure organisation de l'espace. Sans rupture véritable ni remaniement global, l'évolution structurelle commencée à la fin du règne de Claude s'achève sous celui d'Hadrien, avec l'aménagement architectural des façades, qui reste incomplet vers le sud mais s'avère systématique vers le nord (mise en place de portiques rudimentaires), et la fermeture des îlots ; c'est alors que se constitue l'*insula* H, faite d'unités quadrangulaires assez semblables, de 110 à 120 mètres carrés, où l'essentiel semble réservé à une cour, mais où la surface de l'habitation est sensiblement accrue par la présence d'un sous-sol

Le quartier d'habitation de Saint-Romain-en-Gal (Rhône), d'après D. Tavernier.

1. Grand portique ; 2. Maison des dieux Océans ; 3. Atelier de teinturier ; 4. Petits entrepôts ou boutiques ; 5. Maison aux cinq mosaïques ; 6. Vue panoramique sur le site ; 7. « Le marché » : ateliers et boutiques ; 8. Atelier de foulons ; 9. Zone artisanale ; 10. Thermes ; 11. Habitations ; 12. Grands entrepôts (Horrea) ; 13. Hypocauste.

et probablement d'un étage. Dans le même temps, la spécialisation s'accentue : à l'ouest s'affirme la vocation commerciale des installations, en liaison avec le forum, et l'on peut même parler d'un véritable marché *(macellum)*, alors que les îlots orientaux, et en particulier l'îlot H, semblent réservés à des activités artisanales.

Il serait évidemment du plus haut intérêt de mettre cette structuration progressive du quartier en liaison avec celle du centre administratif et religieux de la ville. Mais les horizons chronologiques sont encore, en ce qui concerne ce dernier, trop incertains pour qu'on puisse établir une relation assurée entre les phases respectives des deux secteurs. Ce qui reste important, c'est l'introduction d'un urbanisme embryonnaire dans une zone qui n'a jamais eu de vocation résidentielle, ni comporté d'élément monumental : il est rare de pouvoir suivre ainsi les progrès de la régularisation dans un milieu que sa situation sociale et culturelle semblait vouer à un développement purement spontané. Sans doute la cause agissante de cette organisation, du moins pour la partie orientale du quartier, doit-elle être cherchée dans la concentration des terrains et des installations entre les mains de quelques propriétaires non résidents, sinon d'un seul, dont l'intérêt économique passait évidemment par une occupation rationnelle du sol.

UN QUARTIER SUBURBAIN DE VIENNE

Bien différent apparaît le quartier qui s'est développé dès l'époque augustéenne sur la rive droite du Rhône, face à la ville de Vienne, sur le territoire de la commune de Saint-Romain-en-Gal. Les vestiges actuellement dégagés ne représentent qu'une partie d'un ensemble beaucoup plus vaste, qui comportait notamment, vers le nord, d'importants ateliers de poterie. Mais, telles qu'elles sont, les installations réparties le long de trois voies principales et de deux voies secondaires présentent le plus grand intérêt. Cette extension urbaine de Vienne, sans doute directement liée au pont qui franchissait le fleuve à cet endroit où il forme un coude, est moins anarchique qu'il n'y paraît d'abord : la plupart des bâtiments présentent en effet des cloisonnements perpendiculaires à la grande rue centrale, et cette orientation se maintient au-delà de la voie publique qui la rejoint à l'extrémité nord du quartier.

À l'ouest de la voie principale, on rencontre d'abord, sur plus de 100 mètres, la grande *domus* dite des dieux Océans, qui, dans son état actuel, date pour l'essentiel du IIe siècle, mais dont la première phase remonte aux années 10-20 après J.-C. Un vestibule monumental, un péristyle, un nymphée et un grand jardin constituent les éléments principaux de cette immense habitation qui ne couvre pas moins de 2 500 mètres carrés au sol. Mais elle épouse le mouvement de la rue, dont la bifurcation vers l'ouest, à la hauteur du jardin, entraîne l'inclinaison de l'axe de celui-ci, et surtout elle ne s'inscrit dans aucun îlot unitaire. Tout se passe comme si elle avait utilisé une surface résiduelle entre une autre maison à l'ouest et des boutiques associées à de petits entrepôts vers l'est. De même au nord, de très vastes magasins *(horrea)* destinés au stockage des denrées alimentaires et des produits manufacturés semblent avoir imposé la forme trapézoïdale de son jardin. La continuité de ces installations est frappante, seule une ruelle très étroite isolant la maison des autres bâtiments.

L'espace angulaire situé entre les deux rues convergentes se recommande par son utilisation très efficiente des surfaces résiduelles et son unité fonctionnelle ; longé à l'ouest et à l'est par des portiques, il présente une série de pièces où l'eau circulait abondamment ; une batterie de bassins dans l'espace central a fait penser à une foulonnerie ou à une teinturerie ; au sud, deux groupes de cellules se répartissent le long d'une allée ; là encore la présence de l'eau évoque une activité plus artisanale que commerciale. Ce petit complexe remarquablement conçu possède l'un des aménagements « industriels » les plus élaborés et les plus cohérents qu'on puisse trouver hors d'Italie.

Au nord-est enfin, un établissement thermal, dont il est difficile de dire s'il était public ou privé, et des maisons à péristyle ont été partiellement dégagés.

Cette imbrication de grandes demeures, d'ateliers, d'entrepôts et de boutiques nous donne une idée suggestive de la vivante diversité des quartiers non monumentaux des riches villes de Gaule, aux Ier et IIe siècles de notre ère. Elle laisse entrevoir une organisation qui, sans être fondée sur une véritable ségrégation sociale, n'en implique pas moins une répartition efficace de l'espace. Il est probable que tous les ouvriers employés dans les établissements artisanaux n'habitaient pas sur place. En revanche, les patrons, ou du moins ceux qui avaient des intérêts dans ces entreprises, pouvaient fort bien être les propriétaires de l'une des riches demeures qui sont serties dans ce tissu urbain si dense, quoique *extra muros* dans le cas du quartier de Vienne décrit ci-dessus.

Le châtiment de Lycurge : le motif central de cette mosaïque provenant de Sainte-Colombe (Rhône) est tout à fait insolite en Gaule. Il ornait le pavement d'une vaste salle à manger (triclinium) de forme quadrangulaire avec une abside. Le décor exclusivement végétal du tapis (rinceaux de vignes pour l'essentiel) est d'une exceptionnelle finesse. Les membres du cortège de Dionysos (thiase), allongés comme dans un banquet, assistaient, de l'abside, au châtiment du roi de Thrace qui avait osé contester la divinité de Dionysos. Fin du IIe siècle sans doute.

Chapitre VIII

SANCTUAIRES ET MONUMENTS À L'ÉCART DES AGGLOMÉRATIONS URBAINES

Le temple de Vernègues (Bouches-du-Rhône) : la vue aérienne met en évidence la beauté piranésienne du site, l'un des plus suggestifs de la France du Sud-Est. Ce temple, serti dans un péribole semi-cirulaire, présente l'une des plus anciennes versions de l'architecture corinthienne en Occident (hors d'Italie).

À l'intérieur des territoires organisés en « cités » avec à leur tête une ville d'importance variable, mais investie du rôle de centre administratif et juridique, de nombreux établissements subsistaient, qui n'entraient dans aucune des catégories classiques normalement définies en milieu méditerranéen.

Ces établissements dont la plupart semblent remonter à une période antérieure à la conquête, même si nous les retrouvons sous une forme romanisée, se situent à la frontière des mondes urbain et rural sans s'intégrer vraiment ni à l'un ni à l'autre. Les historiens italiens les regroupent volontiers sous le vocable purement négatif de « non-città ». Et, de fait, ils témoignent d'une réelle inadéquation du schéma ville-campagne, auquel les Romains avaient espéré réduire les Trois Gaules comme les autres provinces, et manifestent la résurgence de certains comportements collectifs caractéristiques des peuples celtiques et de leurs voisins immédiats. Ces comportements furent évidemment, autant que possible, canalisés, voire récupérés par le pouvoir en place, mais ils n'en donnèrent pas moins naissance à un type d'organisation tout à fait original dont il convient d'examiner quelques exemples.

DES FONDATIONS « URBAINES » EN RASE CAMPAGNE ?

Il s'agit d'ensembles qui comportent tous les éléments d'un noyau urbain : une place publique analogue à un forum avec, souvent, un édifice apparenté à une basilique judiciaire (c'est du reste comme cela qu'il est désigné dans une inscription de Vendœuvres-en-Brenne dans l'Indre, où apparemment il s'en trouvait même plusieurs) ; un ou deux temples, un théâtre de type mixte et parfois un amphithéâtre ; en général, mais pas toujours, des thermes. Le problème est qu'autour de ces édifices publics, qui occupent souvent une surface beaucoup plus étendue que celle des centres monumentaux urbains — le forum des Tours Mirandes dans la Vienne est aussi vaste que celui de Trajan à Rome ! —, les prospections et les fouilles ne décèlent d'ordinaire qu'un habitat sporadique, sans aucune mesure avec les capacités d'accueil des bâtiments religieux ou profanes.

Pourquoi ces fondations en rase campagne ? On a voulu les assimiler tantôt à des marchés, tantôt à des sites de pèlerinage, tantôt à des lieux de cure. G. Picard propose de reconnaître dans les plus importants d'entre eux des *conciliabula* ; le terme est employé par un historien antique (Florus) pour désigner les centres de réunion situés dans les bois, où avant la conquête se célébraient de grandes fêtes et où les principaux chefs gaulois, au premier rang desquels Vercingétorix, tentèrent, dans la dernière phase de la guerre, de rassembler les peuples celtiques contre les légions de César. En Italie, le mot pouvait désigner les points de ralliement des colons romains dispersés dans des régions rurales. En fait, aucune de ces hypothèses ne s'exclut : selon qu'on privilégie le sanctuaire, le forum ou les thermes, selon qu'on envisage l'ensemble ou le détail des composantes, les fonctions apparaissent potentiellement diversifiées. Ce qui reste spécifique, c'est l'isolement relatif de ces établissements par rapport aux agglomérations urbaines proprement dites.

Ils se localisent dans le nord de l'Aquitaine, sur le territoire des Santons, des Pictons et des Bituriges ; dans l'ouest de la Lyonnaise et dans le sud de la Belgique. En d'autres termes, dans une aire géographique et ethnique très circonscrite, constituée par les bassins moyens et inférieurs de la Loire et de la Seine, envisagés largement.

Les sites de Champlieu dans l'Oise, Sanxay, les Tours Mirandes et Vieux-Poitiers dans la Vienne, Drevant dans le Cher, Areines en Loir-et-Cher, Montbourg et Triguères dans le Loiret, Chassenon en Charente, Genainville dans le Val-d'Oise, Châteaubleau en Seine-et-Marne, Vieil-Évreux dans l'Eure, Ribemont-sur-Ancre dans la Somme comptent parmi les mieux connus, sinon les plus faciles à interpréter. Certains, tel Vendœuvres-en-Brenne dans l'Indre, restent à explorer dans le détail, d'autres comme La Bauve, en Seine-et-Marne, en cours d'étude, gardent, autour de vestiges spectaculaires, l'essentiel de leur secret.

Pour prendre la mesure de l'ambiguïté de ces complexes, qui recèlent quelques-unes des ruines les plus remarquables que l'on puisse trouver dans les Trois Gaules, et pour saisir leur caractère inclassable en l'état actuel des connaissances, le cas de Sanxay chez les Pictons s'avère utile.

L'EXEMPLE DE SANXAY

Sur la rive gauche de la Vonne, au lieu-dit Herbord (le nom antique nous est inconnu), il se présente comme un vaste sanctuaire dominé, de l'autre côté de la rivière, par un théâtre-amphithéâtre adossé à la pente de la vallée. Fouillé à la fin du siècle dernier par C. de La Croix, il comportait dans sa plus grande extension, d'ouest en est, une cour à portiques servant d'enclos à un temple octogonal, une autre encadrant un édifice circulaire et une troisième où furent installés des thermes. D'autres cours plus petites complétaient la séquence vers le nord-est ; elles appartenaient, au moins pour certaines d'entre elles, à un établissement balnéaire secondaire. Au sud, des installations, interprétées comme des hôtelleries par le fouilleur, étaient réparties selon une trame très dense qui incluait une vaste piscine de plus de 38 mètres de long sur près de 10 mètres de large.

De tout cela, qui couvrait au total près de 16 hectares (la superficie d'une petite ville gallo-romaine), on n'observait plus que des monuments isolés : le théâtre, le temple et les grands thermes, le reste ayant été remblayé. Les recherches, qui ont repris récemment sous la direction de P. Aupert, montrent qu'à l'origine le complexe était exclusivement religieux, et qu'il a été progressivement monumentalisé entre les années 40 et le début du IIe siècle. Les thermes, qui envahissent dans la dernière phase le secteur oriental, s'aménagent à proximité d'un temple double dont le plan et les annexes (salles accessibles par un souterrain) suscitent quelque perplexité. Quant au temple octogonal de l'ouest, qui semble avoir commandé l'orientation de toutes les autres constructions, il affecte une forme proche de celle d'un *fanum* ou édifice cultuel de tradition celtique, c'est-à-dire qu'il comportait une salle centrale — *cella* — de plan octogonal, sans doute entourée de portiques décagonaux ; l'organisation des circuits souterrains ou partiellement enterrés (cryptoportiques) de son péribole reste difficile à saisir.

Il est certain que nous avons là un « sanctuaire thermal » dont la divinité principale était peut-être Apollon (auquel était consacré le *fanum*), où

SANCTUAIRES ET MONUMENTS RURAUX 133

Le « théâtre-amphithéâtre » du sanctuaire de Sanxay : aménagement typique de ces établissements entre ville et campagne, destinés à promouvoir dans des formes contrôlables et autant que possible « romanisées » le rassemblement des populations sur des sites de convergence traditionnels.

Le « sanctuaire rural » de Sanxay (Vienne) : le temple octogonal, élément organisateur d'un vaste sanctuaire thermal.

Le « théâtre-amphithéâtre » de Sanxay vu du nord-ouest. Avec plus de 90 m de diamètre, il compte parmi les plus importants de la région.

La parodos (entrée) orientale du théâtre-amphithéâtre de Sanxay.

SANCTUAIRES ET MONUMENTS RURAUX 135

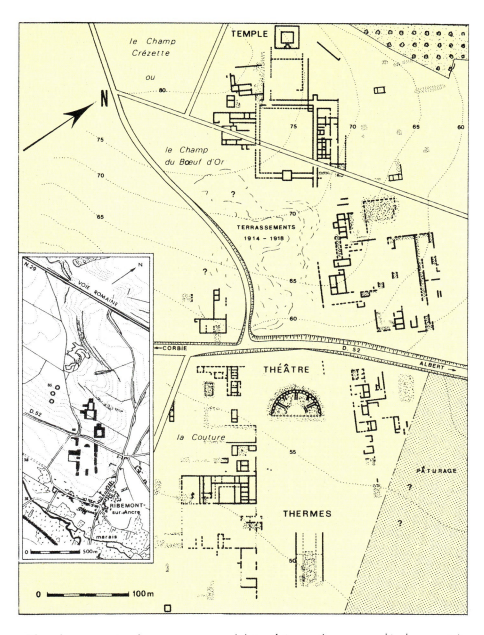

Plan du sanctuaire de Ribemont-sur-Ancre (Somme), restitué par R. Agache d'après les données fournies par la prospection aérienne. Cet ensemble où, à ce jour, aucune trace d'habitat permanent n'a été repérée, couvre la superficie d'une agglomération gallo-romaine moyenne (25 hectares).

une activité thérapeutique se développa très rapidement. Les capacités d'accueil du théâtre (6 600 spectateurs sur des gradins de bois) et des balnéaires suggèrent que les curistes et les pèlerins venaient des campagnes et des villes avoisinantes, et particulièrement de Poitiers (*Limonum*), distante d'une trentaine de kilomètres, ce qui n'exclut pas que les agriculteurs et éleveurs de la région s'y soient retrouvés pour des foires périodiques. Il reste qu'on explique mal à ce jour la puissante organisation axiale de la séquence monumentale dominée par le *fanum* en forme de « tholos » (édifice à plan centré) ; il est probable que le site doive son prestige initial à une implantation religieuse fort ancienne, mais les liturgies complexes qui motivent cette implantation nous échappent.

CONTINUITÉS ET RUPTURES

La même observation vaut pour les monuments de Ribemont-sur-Ancre chez les Ambiens, repérés d'abord par la photographie aérienne, puis fouillés entre 1966 et 1971 ; ils se répartissent sur un axe longitudinal de 800 mètres, à partir d'un temple édifié au sommet d'une colline. L'ensemble couvre la surface énorme de 25 hectares. Le théâtre, construit dans le troisième quart du Ier siècle, fut doté à la fin du IIe siècle d'une arène elliptique ; les thermes, qui datent de l'époque de Trajan, occupent une cour rectangulaire fort vaste (50 × 33 mètres). Les recherches les plus récentes ont montré que cet ensemble impressionnant avait en réalité pris la place d'un sanctuaire gaulois dont on a retrouvé l'ossuaire : il était composé de milliers d'ossements humains sacrificiels, avec lesquels avait été édifiée une « construction » essentiellement faite de tibias, d'humérus et de fémurs ; alentour gisaient des armes. Ces vestiges, qui évoquent d'assez près les textes de César ou de Posidonius relatifs à certains rituels des peuples celtiques, relèvent de pratiques auxquelles les Romains — doit-on vraiment le regretter ? — ont mis fin. Mais la valeur religieuse du site s'est néanmoins perpétuée, sous une forme différente.

LA STATUAIRE DE GENAINVILLE

Une autre évolution se manifeste à Genainville chez les Véliocasses, qui connut son apogée au IIe siècle et regroupait, au fond d'une vallée, un théâtre-amphithéâtre et un grand temple entouré d'un péribole rectangulaire de 111 mètres sur 77. Cet édifice, dont subsistent des vestiges importants, était flanqué d'un petit temple secondaire et de trois bassins où surgissait la source qui, de toute évidence, est à l'origine du site. Le temple principal mérite une mention particulière, car s'il présente le plan carré (29 mètres de côté), avec galerie de circulation périphérique, caractéristique des lieux de culte de tradition celtique (*fanum*), il comportait une façade à fronton central et demi-frontons latéraux ; cette volonté classicisante est confirmée par les statues retrouvées en 1969 par P. H. Mitard, qui ornaient l'un de ces demi-frontons, et qui donnent une idée précise des divinités honorées dans le sanctuaire : une déesse féminine assise tient une patère vers laquelle un enfant tend la main ; dans l'attitude ordinaire d'une *Tellus* (déesse de la Terre nourricière) ou d'une *Mater* (déesse mère), elle est accompagnée

Statues provenant du fronton du sanctuaire de Genainville (Petromantalum, Val-d'Oise). *Les fragments ici rassemblés ornaient le demi-fronton sud du temple : une divinité assise tenant un sceptre et une patère, un enfant et deux nymphes occupent l'espace triangulaire dans des attitudes très classiques ; les poncifs de la statuaire de tradition hellénistique réapparaissent, en un contexte et à une époque où on ne les attend plus.*

d'un autre personnage féminin demi-nu, et d'une troisième divinité ou nymphe, allongée, près de laquelle figure un second enfant. Ce qui frappe l'observateur le moins averti, c'est l'aspect de ces statues réalisées selon des canons et dans des positions qui les apparentent à des imitations pleinement recevables des types grecs les plus classiques. La question qu'elles posent est double : qui les a réalisées ? et pourquoi ces effigies cultuelles destinées à manifester la présence de divinités ancestrales adoptent-elles cette iconographie ? Aucune réponse précise ne peut être apportée aujourd'hui. Du moins certaines idées reçues s'en trouvent-elles ébranlées : il est clair que ces lieux de rassemblements périodiques ou temporaires ne sont pas réservés à des régions moins « romanisées » que d'autres ; les schémas de la culture hellénistique y ont assurément pénétré avec autant de force qu'ailleurs, et il faut même compter, parmi les raisons qui expliquent la longévité de ces sanctuaires, le fait que leurs dieux tutélaires ont su, sans rien perdre apparemment de leur popularité, revêtir des noms et prendre des formes qui les mettaient sur le même plan que les dieux des provinces méditerranéennes, les faisant ainsi entrer de plain-pied dans les panthéons impériaux. Le phénomène est à rapprocher des quelques dédicaces ou inscriptions retrouvées sur ces sites ; on y apprend que la personne divinisée de l'Empereur est associée au culte local (Vendœuvres-en-Brenne) et qu'un prêtre du culte impérial *(sacerdos Romae et Augusti)* a dédié le théâtre des Tours Mirandes.

CHAMPLIEU OU L'HORREUR DU VIDE

Un effort similaire d'habillage architectural et iconographique peut être noté à Champlieu, au cœur de la forêt de Compiègne, mais avec des résultats singuliers. Ces vestiges, célèbres entre tous, bénéficièrent de la sollicitude parfois indiscrète de Prosper Mérimée, Viollet-le-Duc, F. de Saulcy et... Napoléon III. À la fois sanctuaire de frontière (aux confins du territoire des Silvanectes et des Suessions) et relais religieux sur un axe régional important (la route de Senlis à Soissons), le complexe développait, du sud au nord, des thermes, un très beau théâtre, et un temple enfermé dans un péribole de 60 mètres sur 45. L'édifice cultuel lui-même est carré, comme les temples gaulois, mais élevé sur un haut podium, comme ceux des Romains ; il présente en outre des angles externes renforcés par de forts pilastres

SANCTUAIRES ET MONUMENTS RURAUX 139

(À gauche.) <u>Statuette en bronze du dieu Sucellus</u> provenant de Glanum (Saint-Rémy-de-Provence).

(À droite.) <u>Stèle ou haut-relief votif représentant le dieu gaulois Sucellus</u>. Saint-Romain-en-Gal (Rhône). L'attribut principal de cette divinité est le maillet qu'il tient dans la main gauche.

couverts d'une décoration sculptée, entre lesquels les murs sont animés de sept demi-colonnes engagées. Nous avons donc affaire, si nous voulons en donner une définition technique, à un « *fanum* pseudopériptère » ! On y accédait par un escalier axial, lui-même précédé d'une sorte d'allée processionnelle bordée de colonnes ; la porte du sanctuaire était, quant à elle, précédée d'un pronaos (porche monumental) constitué de quatre colonnes libres supportant un fronton triangulaire.

L'amalgame des structures, que nous avons déjà observé à la tour de Vésone de Périgueux (voir p. 91), n'a ici rien d'orthodoxe, mais atteste d'une façon pathétique le souci d'intégration d'un lieu de culte ancestral dont on ne veut ni ne peut modifier le plan, mais qu'on souhaite entourer de tous les prestiges de la nouvelle architecture. Les reliefs surabondants dont s'ornait ce temple procèdent de la même tendance : on y trouve, traités d'une main parfois rapide mais toujours efficace, avec une polychromie dont peu de traces restent aujourd'hui décelables, un nombre impressionnant de thèmes mythologiques, avec une prédominance des images apolliniennes, qui donnent à penser que, dans son « interprétation romaine », le sanctuaire avait été dédié au dieu de Delphes. Cette extraordinaire composition, imputable à la fin du IIe siècle, trahit une maîtrise moins grande qu'à Genainville, et se caractérise dans le détail par une très provinciale horreur du vide. Mais l'ensemble n'en est que plus révélateur des intentions des commanditaires, du caractère éclectique du répertoire des artistes et des capacités d'assimilation des ateliers régionaux.

LE RÔLE DES SANCTUAIRES RURAUX

La diversité des situations et de leur évolution sur la longue durée interdit à vrai dire de définir des catégories trop tranchées. Ces vastes « sanctuaires ruraux » ont évidemment joué des rôles et connu des développements qui peuvent être bien différents d'une région à l'autre. On peut toutefois affirmer sans grand risque d'erreur qu'ils ont tous assumé une fonction de relais dans la romanisation des campagnes, et il est admis aujourd'hui que certains d'entre eux ont été à l'origine d'agglomérations relativement importantes. Des bourgs ou *vici* comme *Argentomagus* (Saint-Marcel dans l'Indre), les Bolards en Côte-d'Or, Pithiviers-le-Vieil dans le Loiret, Eu en Seine-Maritime, Aubigné-Racan dans la Sarthe doivent sans doute leur existence à la présence ancestrale d'un lieu de pèlerinage autour duquel s'est progressivement établi un habitat fixe. Le cœur de ces agglomérations est effectivement constitué d'un ou de plusieurs sanctuaires. Celui des Bolards, entouré d'un péribole en fer à cheval, s'organisait autour d'une vaste salle cultuelle en forme de tour rectangulaire couverte d'un toit à quatre versants et entourée d'une galerie de circulation ; devant elle une salle dallée, où ont été retrouvées des fondations d'autels, suggère des cérémonies importantes, où l'on honorait des divinités protectrices et guérisseuses étrangères au panthéon classique, bien que la présence d'Apollon y soit attestée par divers témoignages. D'aucuns ont même voulu considérer que la ville antique de Grand (Vosges), dont nous avons évoqué les vestiges page 74, était initialement elle aussi un sanctuaire conçu d'un seul jet à la fin du Ier siècle de notre ère, où l'eau devait jouer un rôle essentiel ; de fait, les maisons s'y répartissent pour l'essentiel en dehors du « rempart », lequel pourrait ainsi avoir été tout simplement le péribole du ou des temples. C'est là sans doute pousser un peu loin, jusqu'aux limites du paradoxe, la théorie de la genèse des centres urbains à partir de lieux de culte qui les auraient précédés, car dans le cas particulier de Grand, les structures qui relèvent explicitement d'une vie civique et administrative, telle la fameuse curie qui constitue un modèle du genre, semblent tout de même plaider en faveur de l'hypothèse d'une ville dès la première implantation. Mais l'idée reste intéressante en ce qu'elle met en évidence les ambiguïtés inhérentes à ces sanctuaires qu'on dit ruraux, faute parfois d'en avoir cerné toutes les composantes.

Quoi qu'il en soit, ces fondations bien étranges ne doivent pas être confondues avec d'autres établissements qui, pour être eux aussi en dehors ou à côté des agglomérations, semblent appartenir à des contextes différents.

COMPLEXES SUBURBAINS NON INTÉGRÉS

On rencontre en effet à la porte des villes, ou à proximité des habitations, en un milieu donc plus « suburbain » que proprement rural, des ensembles cultuels qui peuvent être importants et perpétuent sans doute, dans la ville ou près d'elle, le souvenir de très anciennes fondations religieuses, sans pour autant être à l'origine du site urbain. Le plus extraordinaire est sans conteste celui de l'Altbachtal, à Trèves (*Augusta Treverorum*, en Allemagne fédérale) : hors du réseau orthogonal des rues, mais à l'intérieur de l'enceinte construite à la fin du

Vue restituée du sanctuaire de l'Altbachtal à Trèves. Ce groupe de constructions, dont certaines sont fort anciennes et antérieures même à la fondation de la ville romaine, a été de toute évidence préservé comme un lieu de pèlerinage traditionnel ; son intégration théorique à l'espace urbain n'a pas, apparemment, modifié son ordonnance ancestrale.

SANCTUAIRES ET MONUMENTS RURAUX

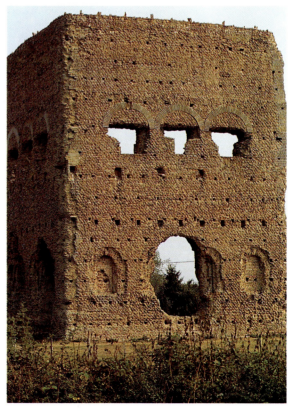

Le « Temple de Janus » à Autun, vue de l'espace interne. Les techniques de construction employées ici sont celles mêmes des édifices urbains du Haut-Empire.

Le « Temple de Janus » à Autun. Il ne subsiste de ce sanctuaire de type celtique que le corps central quadrangulaire et turriforme. Il représentait, aux portes de la ville, un lieu de culte indigène sans doute assez vivant pour que sa monumentalisation ait été jugée nécessaire.

IIe siècle de notre ère, il témoigne, par l'orientation différente de ses enclos sacrés et le caractère très archaïque de ses premières constructions (trous de poteaux), d'une activité religieuse qui remonte au-delà de l'époque augustéenne. Plus de vingt temples de type celtique *(fanum)* et une trentaine de chapelles, auxquels s'est ajouté un théâtre dans les années 100, attestent que le sanctuaire a vécu pendant tout l'Empire à côté de la ville proprement dite, de sa vie propre ; enclave réservée aux cultes indigènes, sans relation directe avec les ensembles monumentaux qui structurent l'espace urbain, hors de la trame des îlots d'habitation, mais à quelques dizaines de mètres des fameux Thermes impériaux qui permettaient à Trèves de rivaliser avec Rome, les modestes constructions, dont seules quelques-unes ont été refaites en pierre au IIe siècle, ont apparemment continué d'accueillir fidèles et pèlerins jusqu'à la fin de l'Antiquité.

Aucun phénomène comparable ne peut être observé sur le territoire français, mais un élément rémanent doit être versé au dossier : il s'agit, à la porte d'Autun, de la ruine imposante de ce que la tradition appelle le « temple de Janus ». En subsistent seulement les très hauts murs de la salle cultuelle ; il appartient vraisemblablement à un enclos sacré du même genre, dont des tronçons ont du reste été retrouvés, qui permettait la libre poursuite des liturgies locales sans nuire à l'ordonnance romanisée de la ville. Dans le cas d'*Augustodunum*, les techniques gallo-romaines (« petit appareil » et échafaudage de bois dont demeurent dans les murs les « trous de boulin ») ont assuré la construction de l'édifice, qui n'offre donc plus l'aspect archaïque des nombreuses chapelles de Trèves.

Ces temples « celtiques », dont on découvre sans cesse de nouvelles traces (on en recense aujourd'hui, dans les Trois Gaules, près de trois cents), constituaient à vrai dire, sur des sites extra-urbains, isolés ou regroupés le long des voies de communication ou sur des aires volontairement laissées à l'écart de toute circulation, l'une des constantes du paysage gallo-romain. C'est une idée à laquelle nous avons quelque peine à nous accoutumer, car la plupart du temps il ne reste rien de

Le « pont des Arches » du sanctuaire de Villards-d'Héria. Noter la taille des mégalithes qui soutiennent, au-dessus du torrent de l'Héria, la plate-forme où s'élevait le temple au nord-est du complexe.

ces modestes bâtisses composées d'un noyau central, carré, polygonal ou circulaire, émergeant d'une galerie surbaissée le plus souvent appuyée sur des piliers de bois : mais leur rôle dans la scansion des espaces périphériques des villes et dans la vie même des populations était fort important, comparable en somme à celui des chapelles de saints locaux dans la campagne bretonne ou à celui des « marabouts » dans le Sahel.

LE CAS DE VILLARDS-D'HÉRIA

Une place à part doit être enfin réservée aux vestiges de Villards-d'Héria dans le Jura, qui appartiennent au sanctuaire principal des Séquanes. Jusqu'à présent l'absence d'un théâtre, d'un forum ou de structures destinées au rassemblement de populations nombreuses interdit de les faire entrer dans la catégorie des sanctuaires ruraux ou *conciliabula* (voir p. 132) ; la spécialisation très stricte des aménagements, qui semblent tous conditionnés par la présence de l'eau, désigne plutôt l'ensemble comme un lieu de cure, mais il n'est pas exclu, compte tenu de l'extension du site, que des prospections ultérieures mettent en évidence des éléments complémentaires qui obligent à en élargir les fonctions. De toute façon, sa situation géographique, nettement plus orientale que celle des autres complexes, et surtout le parti extraordinaire que les architectes ont tiré du relief et de l'hydrographie suffiraient à le maintenir hors série.

Dès le XVIIe siècle, les ruines de deux temples, l'un quadrangulaire et l'autre circulaire, avaient été reconnues au bord du lac d'Antre, à plus de 800 mètres d'altitude ; si leurs vestiges sont aujourd'hui peu visibles, on discerne toujours, sur les rives mêmes du lac, des aménagements qui prouvent que l'ensemble du paysage naturel avait été pris en compte et intégré à des séquences processionnelles ; un culte de Mars et de Bellone (divinité féminine de la guerre) y est attesté par des inscriptions. Mais nous n'avons là que le sommet d'une composition dont les éléments principaux se trouvaient en réalité quelque cent mètres plus bas, autour de la cote 710, sur la rive gauche d'un ruisseau, l'Héria, dont l'existence est liée en partie à une résurgence des eaux du lac. Sur une longueur de 110 mètres, les travaux dirigés par L. Lerat ont permis le dégagement d'un ensemble qui se recommande à la fois par le soin de sa construction et la singularité de son organisation. On y distingue, du nord au sud, une place dallée aménagée autour d'un captage antique matérialisé par un puits ; cette place était dominée à l'ouest par un temple dont le plan reste difficile à restituer ; il reposait sur une plate-forme enjambant le ruisseau au moyen de deux galeries parallèles constituées de grandes pierres (mégalithes) auxquelles la tradition locale a donné le nom de « pont des Arches ». À l'est de la place et faisant face au temple, un emmarchement monumental conduisait à un enclos terminé en abside, où ont été retrouvés autels votifs et bases de statues. Vers le sud s'ouvrait ensuite une grande place trapézoïdale bordée de galeries sur trois de ses côtés ; ces galeries présentaient des murs peints à fresque, et dans celle de l'est se dressait la statue en bronze d'un Éduen qui avait assumé la charge très honorifique de prêtre des Trois Gaules ; les Séquanes, si l'on en juge par l'inscription de sa base, lui avaient fait cet honneur, sans doute pour le remercier de ses générosités à l'égard du sanctuaire (nouvelle preuve de l'implication des notables investis des mandats les plus officiels dans ces établissements dont le prestige dépassait parfois, comme ici, les limites d'une région ethnique ; le fait qu'un *sacerdos Romae et Augusti* soit intervenu à Villards-d'Héria, comme aux Tours Mirandes, prouve en outre le souci des responsables d'établir une relation, sinon une confusion, entre ces cultes locaux et le culte impérial, ce que confirme du reste l'épithète *augustus* appliquée à certaines des divinités honorées).

Le secteur le plus évocateur commence ensuite : il s'agit d'un établissement balnéaire de 70 mètres de long, que borde à l'est une galerie animée d'exèdres quadrangulaires symétriquement réparties de part et d'autre d'une abside centrale ; à l'ouest les salles thermales étaient longées par une sorte de quai dominant le ruisseau. Les thermes proprement dits apparaissent divisés en deux parties bien isolées, ce qui implique peut-être un principe de non-mixité dans leur fréquentation ; les structures les mieux conservées en sont les piscines, toutes deux profondes de 1,50 mètres quoique de dimensions inégales, et construites en grand appareil. La présence d'un tronc d'offrandes à proximité de chacune d'elles suggère la présence d'un clergé, ou à tout le moins d'un personnel de service attaché à ces bains, qui se voulaient sans doute à la fois rituels et curatifs.

L'une des piscines cultuelles du sanctuaire de Villards-d'Héria. Peu profondes et construites en grand appareil, ces piscines ont été retrouvées dans un remarquable état de conservation.

SANCTUAIRES ET MONUMENTS RURAUX 145

Mais ces éléments actuellement dégagés ne représentent que le noyau d'un complexe beaucoup plus étendu, où il faut restituer vers le nord-ouest un vaste ensemble de portiques et de salles, assez comparable aux « hôtelleries » de Sanxay ; d'autre part on peut cheminer encore, en aval, vers le sud, sur une rampe artificielle qui constituait sans aucun doute la voie d'accès au sanctuaire depuis la vallée. À cela s'ajoute l'importance de l'environnement naturel : le torrent de l'Héria d'abord, et plus haut le lac d'Antre, mais aussi la forêt jurassienne qui doit avoir joué son rôle dans la sacralité du lieu. On sait en effet de quel respect craintif les Romains, hommes du Sud, entouraient les grandes forêts impénétrables des régions septentrionales. Nul doute que celle-ci n'ait contribué, indépendamment des vertus réelles ou supposées des eaux courantes et du symbole mystique de la résurgence au pied du miroir lacustre, au choix d'un site qui ne semble pas avoir été occupé avant le milieu du Ier siècle de notre ère, c'est-à-dire un siècle après la conquête.

Un fait cependant contribue à accroître la singularité du lieu, et ne facilite pas son interprétation globale : c'est l'absence de ces objets par lesquels malades, infirmes ou grabataires manifestent soit leur espérance soit leur gratitude à l'égard des divinités salutaires, et des eaux dont elles se servent pour soulager la douleur humaine ; en un mot, aucun *ex-voto* anatomique de terre cuite ou de bois n'a été recueilli à Villards-d'Héria. Si l'on compare cette situation avec celle de la Source des Roches (Chamalières, Puy-de-Dôme), le contraste est frappant : dans la cuvette d'une source d'eau minérale, en l'absence de toute construction annexe, ce sanctuaire, justement dit par ses plus récents interprètes « de pleine nature », a livré plusieurs milliers de pièces de bois sculptées, avec des vases, des monnaies et même des noisettes ; la plupart de ces sculptures modestes, en hêtre ou en chêne, évoquent des parties du corps — yeux, seins, organes sexuels, viscères, jambes et bras ; elles témoignent de guérisons et s'accompagnent d'effigies d'hommes ou de femmes en pied ou en buste. L'essentiel du dépôt est daté grâce aux monnaies du Ier siècle de notre ère ; il n'est pas le seul de son genre en Gaule Chevelue, mais il est le plus riche.

Une telle découverte, intervenue en 1968, permet de relativiser nos considérations fondées sur des vestiges architecturaux plus ou moins explicites : pour les Gallo-Romains, comme du reste pour tous les hommes des civilisations antiques, la sacralité d'un site peut fort bien se passer de tout aménagement humain ; la nature est à elle seule une entité puissante, à la fois redoutable et secourable, dont toutes les manifestations sont des signes : qui veut les déchiffrer peut entamer un dialogue avec le divin, et dès lors une source, un arbre, une grotte deviennent des sanctuaires.

SANCTUAIRES RURAUX EN NARBONNAISE

Il est significatif que la Gaule Narbonnaise n'ait pas encore été abordée dans ce chapitre : le schéma ville-campagne y fonctionnait apparemment d'une façon plus satisfaisante et ne nécessitait pas le recours à ces structures intermédiaires qui suscitent encore, dans la Chevelue, tant de perplexité. Il faut cependant considérer que la précocité de l'aménagement des villes y a gommé des phénomènes qui, à tout prendre, n'étaient guère différents de ceux que nous avons relevés ailleurs : les sanctuaires de source de Nîmes ou de *Glanum* ont été, eux aussi, à l'origine de l'habitat, et ont continué de vivre après la réorganisation augustéenne ; la différence est que leur intégration à la trame monumentale (à Nîmes en particulier) s'avère dans ces contextes méridionaux beaucoup plus complète, et que l'habillage architectural et plastique des édifices religieux les rend identiques aux créations les plus officielles.

À vrai dire, les « sanctuaires ruraux » existent aussi en Narbonnaise, mais sous une forme qui interdit de les assimiler aux énormes complexes de la Gaule de l'Ouest. Certains constituent de curieuses rémanences, tel le petit *oppidum*-sanctuaire du Chastellard-de-Lardiers, dans les Alpes-de-Haute-Provence, sur les premiers contreforts de la montagne de Lure, aux confins du territoire des Voconces : à 1 000 mètres d'altitude, cet établissement de hauteur a pris la place d'un habitat détruit vers le milieu du Ier siècle ; une voie sacrée, jalonnée de niches cultuelles, y conduisait à un petit temple, dont le plan se lit encore au sol (une salle cultuelle carrée de 6 mètres de côté, isolée au centre d'une cour entourée d'un portique) ; le nombre et la qualité des objets votifs et des offrandes recueillis sur l'emplacement de ce temple et dans les annexes disséminées sur le plateau témoignent d'une fréquentation qui s'échelonne de la fin du Ier siècle jusqu'au Ve siècle sans solution de continuité. Mais il s'agit là d'une exception, et l'enclos de Verjusclas (à Lioux, dans le Vaucluse), qui comporte quatre bâtiments modestes et diversement orientés, ne s'inscrit que difficilement dans la même série.

Chapiteau corinthien du temple de Vernègues. Le linéarisme un peu abstrait du décor n'ôte rien à l'efficacité de la métaphore végétale.

En fait, les exemples les plus remarquables manifestent l'emprise des modèles romains ; ce sont les temples très classiques de Fox-Amphoux dans le Var, de Vaugrenier dans les Alpes-Maritimes (celui-ci restitué peut-être abusivement à partir de vestiges bien ténus), et surtout de Vernègues dans les Bouches-du-Rhône.

LE TEMPLE DE VERNÈGUES

Les ruines de ce dernier composent, avec l'hémicycle taillé à flanc de colline dans lequel elles s'insèrent, l'un des paysages les plus poétiques de la France méridionale ; à l'écart de tout vestige d'agglomération antique, dans un vallon encore récemment ombragé d'arbres centenaires, l'édifice s'élevait sur un podium haut de 3 mètres ; orienté vers le nord-est, il a conservé une grande partie du mur de sa *cella* (salle cultuelle) ; l'ante, ou pilastre d'angle de ce mur, possède un magnifique chapiteau dont la version circulaire est fournie par la colonne libre du pronaos (porche) dans le même alignement. La restitution de l'ensemble ne pose guère de problème : il faut imaginer, en dépit du fait que tout l'intérieur de la *cella* a été évidé jusqu'à la roche et que le podium de l'escalier a lui aussi disparu, un temple à quatre colonnes de façade et deux en retour (il est donc, si l'on ose employer les termes techniques, prostyle tétrastyle) ; le pronaos, presque aussi long que la *cella*, définit un rectangle dont les dimensions s'avèrent de peu inférieures à celles de la Maison carrée de Nîmes. Selon les critères stylistiques, ce temple appartient, avec ceux de *Glanum* (voir p. 32) aux toutes premières versions occidentales (non italiennes) des édifices corinthiens, et l'on en peut situer la construction dans les années 30-20 avant J.-C. Le soin avec lequel il a été construit, la rigueur du décor acanthisé de ses chapiteaux, les ciselures régulières qui encadrent chaque bloc des assises de sa *cella* et accrochent la lumière, le désignent comme une œuvre accomplie qui annonce les réalisations de Nîmes (Maison carrée) ou de Vienne (temple d'Auguste et de Livie) ; il est dommage qu'à ce jour aucun vestige n'ait été retrouvé ni de la frise, qui était sans aucun doute décorée, ni de la corniche, dont le profil eût permis d'affiner la chronologie.

Quel sens pouvait bien avoir une telle fondation hors de tout contexte urbain ? Rappelons d'abord que, dans l'hémicycle de 65 mètres de diamètre sur l'axe duquel s'élève l'édifice, un autre temple au moins avait trouvé place, repéré depuis longtemps par J. Formigé : ses fondations ont été dégagées à 2,50 mètres à l'est ; elles semblent indiquer une construction un peu plus large, mais de même longueur ; à l'ouest, c'est-à-dire vers la gauche en regardant le temple central, rien de semblable n'a encore été observé, en raison surtout de la présence d'une petite chapelle médiévale accolée à l'édifice antique, dont elle a utilisé les blocs d'appareil. Mais la tentation reste grande (symétrie oblige !) d'imaginer un groupe de trois temples sertis dans un péribole semi-circulaire. C'est ce que plusieurs exégètes ont admis, qui voient dans cet ensemble une sorte de capitole tripartite, chaque *cella* étant consacrée à l'un des trois dieux de la triade, Jupiter, Junon, Minerve. Mais un capitole n'a de sens que dans une ville, et de préférence dans une fondation coloniale ; et nous savons du reste (voir p. 41) que la plupart des « capitoles » traditionnellement identifiés en Gaule Narbonnaise sont en fait des sanctuaires du culte impérial.

Un autel à Jupiter Tonnant, un autre orné des effigies de quatre dieux (Jupiter, Neptune, Mercure et Minerve), et une inscription mutilée où l'on a voulu restituer, peut-être imprudemment, une dédicace à Rome et à Auguste, constituent de maigres indices retrouvés d'ailleurs dans un rayon assez vaste pour susciter quelque inquiétude quant à leur origine. Il faut donc se résigner actuellement à ne pas nommer la ou les divinités tutélaires de Vernègues. Il est probable cependant que le sanctuaire ait été directement lié à une source de piémont, que les fouilleurs du début de ce siècle ont encore connue dans toute son activité.

Nous nous trouvons en fait dans une situation d'incertitude comparable à celle que suscitent toujours les trois temples du sanctuaire du Vieil-Évreux cité plus haut ; la présence du très beau Jupiter de bronze retrouvé sur ce site de l'Eure en 1840, qui est lui aussi un « Tonnant » puisqu'il tenait un foudre dans sa main gauche, n'implique pas qu'on puisse voir là une version « rurale » d'un capitole ; la dédicace à un dieu local *(Gisacum)* décoré de l'épithète *Augustus* et une statuette d'Apollon recueillie au même endroit que le Jupiter brouillent les pistes et contraignent à suspendre le jugement.

Tant il est vrai que ces ensembles religieux isolés des villes, quels que soient leur niveau d'élaboration et leur degré d'assimilation, restent en grande partie hors de la portée de nos moyens d'investigation, sans doute en l'occurrence trop influencés dans leur forme et leurs objectifs par les réalités méditerranéennes.

Le Jupiter Tonnant du sanctuaire du Vieil-Évreux (Eure). Cette statue de bronze, haute de 0,98 m, a été recueillie dans le temple central du sanctuaire. C'est un témoignage très remarquable du savoir-faire des bronziers gallo-romains ; on note à sa surface de petites lames de métal finement polies destinées à remédier à certains défauts de l'épiderme, dus à la fonte. À droite : Détail.

Chapitre IX

LA SCANSION DU PAYSAGE RURAL

Détail d'une vaste mosaïque dégagée en 1867, dont ne subsistent que 12 médaillons sur 22. Celui-ci présente le buste de l'Hiver, qui revêt l'aspect d'une jeune femme emmitouflée dans un voile bleu serré sous le menton. Troisième quart du IIe siècle ? Musée de Vienne.

« Nos ancêtres les paysans... » Jamais la formule n'a été plus vraie que pendant les siècles gallo-romains où l'immense majorité de la population indigène, désormais démilitarisée, vit de la terre et à la campagne, où des contingents venus d'Italie ou d'autres pays voisins, spoliés dans leur pays par le développement des grands domaines, viennent grossir la main-d'œuvre locale et, pour certains, s'installent dans ce Far West de l'Empire, fertile et pacifié. Or le monde rural nous est, pour cette longue période, beaucoup moins bien connu que celui des villes, et des régions entières gardent à nos yeux une opacité qui n'est pas près de se dissiper. Vérités banales mais nécessaires à rappeler, qui ont du moins la vertu de relativiser les connaissances que nous croyons détenir, et accusent leur caractère ponctuel.

Quand on sait que les hommes des campagnes — petits paysans, tâcherons, ouvriers saisonniers, esclaves ruraux, dont nous ne saurons jamais rien, car ils n'ont pour la plupart laissé aucune trace de leur passage, n'ont pas eu les moyens de se faire représenter sous quelque forme que ce soit, n'ont jamais été impliqués dans une construction durable — sont ceux qui, finalement, ont créé, par leur labeur obscur, les surplus grâce auxquels a pu se développer cet univers urbain dont nous admirons aujourd'hui les vestiges, on mesure l'étendue de cette ignorance, et l'énormité du décalage qui sépare en général l'appréciation portée sur la civilisation gallo-romaine de sa réalité quotidienne, vécue par le plus grand nombre.

Dernière-née de l'archéologie métropolitaine, l'analyse historique des terroirs commence à révéler, dans certains cas privilégiés, l'organisation des espaces cultivés, leur attribution, le régime des propriétés, quelques aspects de la production et de ses débouchés. Mais les situations varient beaucoup selon les secteurs géographiques, et la vision diachronique des modifications intervenues sur plus de trois siècles nous demeure le plus souvent inaccessible. Sans entrer ici dans le détail d'une problématique dont les paramètres s'avèrent de plus en plus difficiles à manier à mesure que progressent les investigations, disons que, si le cadre naturel de la campagne gauloise a certainement moins changé qu'on ne l'a dit dans le passé du fait de la conquête (en particulier le recul du manteau forestier, réel, n'a été ni aussi important ni aussi régulier que l'affirment volontiers les manuels scolaires), la restructuration globale des terres cultivables par Rome est un phénomène dont nous pouvons aujourd'hui mieux apprécier l'ampleur. Elle a pris deux formes essentielles, la « centuriation » du sol et l'implantation de ce qu'on appelle, parfois abusivement, les « villas ».

LES GRANDES CENTURIATIONS

Il est un monument qui témoigne de la présence de Rome sur le territoire français, d'une présence beaucoup plus durable et plus agissante que toutes les autres manifestations de la conquête ou de la colonisation, et auquel on ne songe pourtant presque jamais : c'est le cadastre inscrit dans la terre, dont le parcellaire rural a conservé la trace à travers les siècles jusqu'aux remembrements postérieurs à la Seconde Guerre mondiale. Les tropismes générés par ce type d'aménagement ont longtemps affecté — et affectent encore parfois — toutes les formes de l'activité des secteurs concernés : R. Chevallier a pu montrer que la voie ferrée Lyon-Grenoble suivait l'un des axes majeurs du cadastre romain de la région, et il arrive que les spécialistes observent, non sans amusement, que tel « supermarché » s'est établi, après maintes études techniques, dans les limites exactes d'un compartiment de la trame antique. Cette trame, qui découpe l'espace en lots carrés ou rectangulaires, a constitué, en Gaule Narbonnaise, et dans une moindre mesure dans les Trois Gaules, une tentative unique de régulation du paysage ; elle a exercé sur les sols une contrainte constante au niveau le plus fin du tissu rural ; elle traduisait, avec un pragmatisme d'une redoutable efficacité, une volonté systématique de contrôle et d'appropriation dont aucune autre période n'a donné l'exemple.

Bien qu'aucun texte — à la différence de ce qui se passe pour l'Italie ou l'Afrique romaine — ne fasse état, pour les Gaules, d'une telle organisation géométrique, les recherches actuelles, fondées sur la prospection aérienne et l'observation au sol, sur l'étude conjointe des clichés pris d'avion et des plans cadastraux du XIXe siècle, sur l'analyse archéologique enfin de terroirs envisagés dans leur globalité, ont mis en évidence, en de nombreuses régions, un type de découpage en lots (centuries) qui comportaient eux-mêmes des subdivisions, et dont les délimitations périphériques ou internes étaient matérialisées par des levées de terre, des murets de pierre, des cheminements ou encore des fossés de drainage ou d'irrigation. Les centuries étaient de superficies diverses, mais la plus fréquente constituait une unité quadrangulaire de 20 *actus* de côté, soit 710 mètres (2 400 pieds), et de 200 jugères de superficie, soit 50,512 hectares.

Pour mettre en place une telle grille, les arpenteurs (*agrimensores*) disposaient d'un outil simple, la *groma*, dont un exemplaire presque intact a été retrouvé à Pompéi, et dont diverses représentations (sur les stèles funéraires essentiellement) nous donnent aussi une idée précise ; il s'agissait d'une équerre constituée d'une croix à quatre branches perpendiculaires et égales, à l'extrémité desquelles pendait un fil à plomb ; ces quatre fils formaient deux à deux des plans de visée quand l'équerre était mise en œuvre, c'est-à-dire rattachée à un pied vertical par l'intermédiaire d'un bras pivotant permettant la recherche des directions. Avec cet instrument, on définissait deux axes perpendiculaires : le *decumanus maximus* d'est en ouest, et le *cardo maximus* du nord au sud. À partir de ceux-ci, on traçait des traits parallèles et équidistants, les *limites*. Ce sont ces limites qui, sur les clichés aériens, apparaissent nettement, perpétuées qu'elles sont par des chemins ou des fossés. Ainsi présenté, le travail paraît simple, voire élémentaire. Il comportait en réalité, pour passer de la visée à la matérialisation, une série d'opérations qui, répétées sur de vastes surfaces, souvent accidentées, supposent une main-d'œuvre qualifiée et des tâches aussi longues que fastidieuses : arpentage, bornage, division des terres, articulation des voies secondaires avec les centuriations, etc. Elles impliquent aussi — et ce n'est pas là le moins surprenant — qu'on puisse traiter le manteau cultivable de régions entières comme une table rase où tout est permis.

À quoi servait ce remodelage du sol provincial, et a-t-il affecté l'ensemble du territoire des Gaules ?

Une plaque du cadastre d'Orange. Ce fragment appartient au cadastre A ; on y observe, au centre, l'axe nord-sud de la centuriation, le cardo maximus, *avec le tracé d'un cours d'eau qui, orienté nord-est sud-ouest, entoure une île ; de part et d'autre de ce cours d'eau, les bandes obliques matérialisent sans doute des voies.*

LE CADASTRE D'ORANGE

Nous disposons, pour saisir les raisons d'un tel maillage, d'un document unique en son genre : ce sont les quelque 415 fragments de marbre retrouvés de 1856 à 1960 à Orange, et publiés par A. Piganiol. Remis en place, ils composent, en dépit de lacunes nombreuses, un plan cadastral destiné à l'affichage, où les centuriations sont indiquées, avec la mention de la surface des lots et leur définition juridico-fiscale, avec aussi le tracé des rivières, les principales lignes du relief, les routes et les lieux sacrés. Cette convergence d'informations géographiques et humaines offre évidemment un intérêt exceptionnel, entre autres parce qu'elle autorise en principe la transposition du schéma gravé sur le terrain. Toutes les difficultés d'interprétation ne sont pas levées pour autant, malgré un travail très dense conduit par plusieurs équipes, car trois cadastres différents doivent être ici distingués : le A, qui embrasse les deux rives du Rhône, de Cavaillon à Nîmes ; il présente la particularité de centuriations mesurant 20 × 40 *actus* (au lieu de 20 × 20) ; le B, qui s'étend plus au nord, d'Orange à Vaison et Saint-Paul-Trois-Châteaux ; le C, qui doit être cherché à l'est et à l'ouest d'Arles, jusqu'en Camargue. Le plus ancien remonte à l'époque de Vespasien (69-80 après J.-C.). Plusieurs catégories de terres sont définies sur chacun d'eux : celles d'abord qui sont assignées aux colons romains (les vétérans de la IIe légion *Gallica* établis à Orange) ; ce sont bien évidemment les meilleures parcelles, déjà exploitées avant la fondation coloniale, et dont on a tout simplement chassé les propriétaires indigènes ; elles présentent en outre l'avantage d'être exemptes de l'impôt foncier. La seconde catégorie rassemble les terres confiées à titre collectif à l'administration de la colonie : ce sont le plus souvent des friches ou des pâtures qui pouvaient être louées pour être mises en valeur selon un système rigoureusement tarifé. La troisième, qui ne figure du reste que sur le cadastre le plus ancien, regroupe les terres appartenant à l'État romain. Deux autres séries de précisions complètent le tableau ; elles ne concernent que les zones situées en dehors de la centuriation : ce sont d'une part les terres incultes (dites « subsecives ») à l'intérieur du territoire colonial, mais non cadastrées parce que trop exiguës ou sises sur les franges inondables de rivières au cours mal fixé, et d'autre part les terres « rendues » à la peuplade indigène des Tricastins ; inutile de préciser que ces dernières sont toujours mauvaises.

CENTURIATIONS ET COLONIES

Ces documents ne nous livrent pas l'état premier de la centuriation coloniale d'Orange, qui remontait forcément à Auguste ; ils constituent, entre les années 70 et le IIe siècle, une série de remises à jour imposées par des abus (appropriations illégales de terres publiques) ou la modification du statut de certains sols. L'affichage de ces plaques, sans doute dans la basilique judiciaire ou dans la curie d'Orange, dit en tout cas leur caractère coercitif. De même leur destruction systématique (les plaques ont été brisées, pour la plupart, en menus morceaux) témoigne d'une sorte de revanche rageuse de la population lorsque l'emprise de l'administration centrale s'est par la force des choses quelque peu relâchée, peut-être, comme le suggère M. Le Glay, à la suite des premières invasions. La vigueur et la durée des ressentiments suscités par les expropriations sont remarquablement soulignées par l'historien Tacite à propos du territoire de *Camulodunum* (Colchester, en Angleterre, au nord de la Tamise), lorsqu'il rappelle que « les peuples de la région avaient la plus

Villa de Lalonquette (Pyrénées-Atlantiques) : une vue des pilettes qui soutenaient le sol de l'une des salles chaudes du balnéaire de cette luxueuse villa, en grande partie remaniée au IVe siècle.

vive haine à l'égard des colons, qui chassaient les habitants de leurs maisons et les expulsaient de leurs terres en les traitant de captifs et d'esclaves, avec l'appui des soldats qui encourageaient les excès des vétérans par esprit de corps et dans l'espoir d'obtenir un jour les mêmes droits ».

On comprend dès lors que la centuriation fut conçue essentiellement comme un moyen de colonisation. Mais son rôle ne se limite pas à un transfert autoritaire de propriété ; elle assure aussi, et c'est là sa fonction essentielle sur le long terme, un contrôle et une évaluation de l'espace productif qui entraîne une hiérarchisation des sols et un développement progressif des capacités agricoles. D'autre part, malgré le caractère drastique et souvent violent des mutations imposées par le système, celui-ci devait promouvoir une synthèse durable des cadres de vie et des formes d'activité, chacune des parties en présence bénéficiant finalement des expériences de l'autre — et sur ce point nous ne devons pas oublier que l'agriculture gauloise existant avant la conquête était déjà perfectionnée.

Il a longtemps été admis que les périodes césarienne et augustéenne avaient été, pour la Gaule du Sud-Est, les premières à mettre en place un cadastre de ce type. En réalité nous savons maintenant que, dès le début du Ier siècle avant J.-C., plusieurs terroirs de la Transalpine avaient connu un maillage rigoureux, ce qui prouve que l'exploitation des ressources de la province avait constitué l'un des objectifs prioritaires de la conquête romaine ; sa réalisation est étroitement liée à la fondation de Narbonne *(Narbo Martius)* en 118 avant J.-C. et à l'aménagement de la grande route de pénétration vers l'ouest, la *via Domitia.*

Le territoire des villes de Narbonnaise a fait l'objet d'observations minutieuses, et des traces de cadastres romains d'époques diverses, dont certains se chevauchent partiellement ou se superposent, ont été retrouvées autour de Narbonne, d'Arles, de Valence et le long de la vallée du Rhône ; l'une des zones les mieux explorées, par M. Clavel Lévêque en particulier, est la région de Béziers où un parcellaire fossile à équidistances de 750 mètres environ a été mis en évidence.

Hors de la Narbonnaise, la rareté des colonies romaines explique en grande partie le caractère très limité des secteurs cadastrés repérés à ce jour. Les Trois Gaules n'ont été que peu centuriées ; de surcroît, même dans les régions où un maillage fossile semble apparaître, celui-ci ne signifie pas forcément une opération à caractère fiscal, et peut fort bien reproduire un système de divisions agraires recouvrant en tout ou en partie un parcellaire indigène. Il reste que certains quadrillages, tels ceux qui ont été reconnus autour de Lyon, en Bretagne (entre Alet et Corseul, dans les Côtes-d'Armor), en Picardie au sud d'Amiens, dans la mesure où ils présentent une équidistance de 710 mètres, paraissent correspondre à une centuriation au sens propre. Mais quelle en était la finalité exacte ? C'est ce que nous ne saurions dire. D'autres traces du même genre ont été repérées en Alsace, où leur présence s'explique peut-être par la colonisation militaire de cette zone frontalière (plaine fertile au pied des collines vosgiennes, plaine d'Erstein, secteur rural à l'ouest de Strasbourg, etc.) ; en Champagne méridionale et autour de Reims, des cadastrations existent aussi ; il en va de même dans le Jura (région du Finage), en Côte-d'Or, dans le Berry, où le quadrillage rural semble identique au quadrillage urbain de Bourges, en quelques points d'Auvergne (région de Massiac par exemple) et de Normandie. Mais d'immenses secteurs restent apparemment étrangers à cette régulation du paysage, et l'Aquitaine, où cependant l'agriculture a connu un développement remarquable, semble ne l'avoir nullement connue.

(Double page suivante.) Peinture murale du musée de Trèves : paysans devant la façade d'une villa à portique. Nous avons là l'une des représentations les plus vivantes de ce type d'habitation rurale. Noter le manteau à capuchon du personnage de gauche : la Méditerranée est loin !

Or l'Aquitaine est précisément l'une des régions des provinces occidentales de l'Empire où le phénomène de la villa est le mieux attesté.

UNE STRUCTURE DE DOMINATION : LA VILLA

L'autre symbole de la domination sur les campagnes est en effet la villa, centre vital du domaine, le *fundus*. Le mot de villa par lequel on traduit à l'ordinaire le terme latin n'est sans doute pas le meilleur, en ce que ses connotations renvoient davantage à l'idée de loisir qu'à celle de travail. Mais la *villa* antique impliquait à vrai dire l'une et l'autre, puisqu'elle se répartissait en général en deux secteurs bien séparés, quoique le plus souvent adjacents ou même intégrés à une composition unitaire, la *pars urbana*, la partie résidentielle qui ne se distinguait de la maison de ville (la *domus*) que par son isolement en milieu rural, et la *pars rustica*, désignant les bâtiments et espaces d'exploitation. La première attestation du mot dans un contexte gallo-romain est due à l'historien Tacite relatant les événements de l'année 21.

Certes l'habitat dispersé lié à des activités agricoles n'est pas une création du conquérant. César avait observé chez divers peuples, et en particulier chez les Belges, ce qu'il appelait des *aedificia*, c'est-à-dire des fermes indigènes dans la campagne, et la photographie aérienne a permis d'en repérer un certain nombre en Picardie. Mais la villa gallo-romaine et le domaine qui l'entoure expriment à la fois un système d'exploitation propre à une époque, et un genre de vie plus ou moins nettement romanisé. Il est significatif qu'assez peu de cas de continuités locales entre un édifice de bois de la période de l'indépendance et une construction « en dur » postérieure à la conquête aient été observés, et de fait il faut attendre presque un siècle après Alésia pour que se manifeste la première floraison de l'habitat rural en Gaule Chevelue, où rares sont les villas antérieures à la seconde moitié du Ier siècle de notre ère ; cette rupture chronologique montre à elle seule que le phénomène de la villa est historiquement lié au développement de la mainmise de Rome sur notre sol et à une volonté d'utilisation rationnelle des terres.

Sans entrer dans une analyse économique, rappelons tout de même qu'au IIe siècle de notre ère l'Italie septentrionale (c'est-à-dire, pour les Romains, la Gaule Cisalpine), les provinces gauloises et l'Espagne deviennent le centre vital de l'Empire pour des productions aussi essentielles que le blé, le vin et l'huile. Le système instauré par

la villa n'a pas peu contribué à ce passage — qui n'est cependant pas le fait de toutes les régions gauloises — d'une économie de subsistance à une économie de marché.

Nos connaissances sont, en ce domaine plus qu'en tout autre, tributaires des méthodes d'investigation. D'énormes progrès ont été accomplis depuis une vingtaine d'années grâce à la prospection aérienne, dont le promoteur fut R. Agache, en Picardie ; songeons que cette région, qui passait pour faiblement occupée, a révélé plus d'un millier de villas dont la présence a été repérée par la pellicule, sensible aux anomalies de croissance de la végétation et aux contrastes de coloration des sols — les unes et les autres dues à la présence de structures enterrées. L'exemple a été suivi et, en 1980, pour ne citer qu'un seul cas, le nombre de villas recensées dans le département du Cher s'est trouvé soudain multiplié par dix du seul fait qu'on a recouru à ce mode d'observation. C'est dire que toute évaluation des établissements ruraux antiques sur un territoire comme la France est sujette, pour l'instant, à des approximations très larges qui ne seront réduites que par l'application systématique de telles méthodes. Mais la photographie aérienne ne fournit qu'un plan, parfois approximatif, et ne permet ni de définir une chronologie ni de distinguer des phases. La fouille en est donc le complément indispensable. Or celle-ci, en dépit d'une accélération sensible, reste encore trop rare ou trop incomplète pour fournir un échantillonnage exploitable : moins de vingt sites importants ont été explorés à ce jour, dont la plupart se répartissent en Aquitaine, Picardie et pays rhénans. Parmi ceux-ci certaines villas, et non des moindres, ont fait l'objet de dégagements trop anciens — et donc méthodologiquement trop peu exigeants — pour que s'en dégage une vision globale de l'implantation et de l'évolution du domaine, d'autant que l'effort a surtout porté, jusqu'à une date récente, sur la partie résidentielle de l'édifice, évidemment la plus riche, en principe du moins, en vestiges et objets attrayants.

On voit bien que, même dans les secteurs où la recherche sur le terrain est la plus poussée (Picardie, Belgique, Rhénanie, quelques régions de la Lyonnaise et de l'Aquitaine), on ne doit manier qu'avec la plus extrême prudence les premiers résultats relatifs à la densité d'occupation de la campagne antique : le ratissage méthodique a permis, par exemple, d'établir la fréquence d'un site archéologique pour 180 hectares dans les environs de Levroux dans l'Indre, d'un pour 137 hectares dans la région d'Alet en Bretagne ou d'un pour 29 hectares à Lion-en-Beauce. Mais ces données doivent être corrigées (selon quels critères ?) si l'on veut parler en termes de villas, c'est-à-dire d'unités d'exploitation : à Lion-en-Beauce il faudrait, dans ce cas, procéder à un regroupement des observations, et l'on ne compterait plus qu'une villa pour 77 hectares... Plus sûr, relativement, apparaît le calcul de la superficie d'un domaine à partir d'une grande villa, dont on a essayé, grâce aux données archéologiques, d'estimer les capacités de production et l'effectif de la main-d'œuvre, autour de laquelle on a aussi tenté de repérer les systèmes de bornage et les traces — monuments funéraires, inscriptions, etc. — laissées par les propriétaires sur le territoire adjacent ; ainsi la villa de Chiragan, près de Martres-Tolosane en Haute-Garonne, aurait régné sur un domaine de 1 000 hectares ; celle de Montmaurin, dans le même département, sur un domaine de 7 000 hectares, comportant il est vrai beaucoup de forêts ; celle des Domitii, dans les Bouches-du-Rhône, sur un domaine de 600 à 800 hectares ; celle de Tourmont, dans le Jura, sur environ 2 000 hectares, etc. Ces superficies peuvent paraître invraisemblables, comparées à celles des « grandes » exploitations contemporaines. Mais leur existence est confirmée par les textes ; l'agronome Columelle évoque, par exemple, les riches propriétaires qui, de son temps, possédaient des régions entières.

La moyenne cependant des domaines restait très inférieure : on compte par exemple une villa pour 50 hectares en Lorraine, ce qui nous ramène à des horizons plus modestes. En fait, il est toujours difficile de rendre raison de la taille de telle ou telle exploitation, dans l'ignorance où nous sommes le plus souvent de la nature de ses activités (type de culture, élevage extensif ou intensif), de la finalité essentielle de son implantation (autarcie, cultures vivrières, monocultures), du contexte économique dans lequel elle se développe, et qui peut varier d'une époque à l'autre (économie de subsistance ou économie de marché). Les observations sur la fertilité des terroirs, la densité du réseau des villes où l'importance des moyens de communication ne sont pas dépourvues de pertinence, mais procèdent parfois d'une vision trop moderniste des choses, quand elles oublient certaines données spécifiques, telle la présence des légions de Rhénanie, qui peut contribuer à expliquer la multiplication des unités productives sur les terres céréalières du nord et du nord-est de la France, en dépit de la faiblesse des agglomérations urbaines de ces régions.

Mosaïque trouvée à Saint-Romain-en-Gal (Rhône). Début du IIIe siècle après J.-C., musée de Saint-Germain-en-Laye. Elle représente un calendrier agricole où chaque saison est figurée par une activité. Ci-contre l'hiver, avec la cuisson du pain.

Page 160 : L'automne et la cueillette des fruits.
Page 161 : Le tressage des paniers. D'après l'agronome Columelle, le traitement de l'osier s'échelonne sur toute l'année, le tressage étant réservé aux mois d'hiver. Parmi les esclaves spécialisés en ce domaine on distingue les osiéristes, chargés d'entretenir les saulaies, et les vanniers, chargés de la confection des récipients en osier.

Page 162 : L'automne et le foulage des raisins.
Page 163 : L'été et la récolte des chaumes.

LA SCANSION DU PAYSAGE RURAL 159

LA SCANSION DU PAYSAGE RURAL 161

Quel genre de vestiges les villas, en toute hypothèse fort nombreuses, ont-elles laissé sur notre sol ? Plutôt que de tenter une classification dont la diversité rend toute typologie arbitraire, et fait même parfois douter de la pertinence d'un terme que les archéologues appliquent aussi bien à un modeste corps de ferme qu'à un complexe architectural regroupant plusieurs dizaines de pièces, nous examinerons plusieurs exemples jugés représentatifs ou relativement bien connus. Non sans avoir malgré tout rappelé quelques tendances ou définitions générales qui souffrent, on l'imagine sans peine, de multiples exceptions...

UN ESSAI
DE TYPOLOGIE

Dans les secteurs les mieux explorés de la Gaule Belgique, et particulièrement en Picardie, les établissements ruraux de moyenne et grande importance présentent souvent une *pars urbana* toute en longueur, avec en façade une galerie couverte, sorte de portique sommaire ou plutôt de préau, encadrée de deux pavillons ou tours d'angle en saillie sur le corps principal. Cette façade est à l'ordinaire ouverte sur une première cour, qui fait office de dégagement et de lieu d'agrément ; elle est séparée de la cour de ferme proprement dite et de ses dépendances par un muret. Ce plan type des riches terres à blé de la Gaule septentrionale a été établi par R. Agache, qui, joignant les recherches au sol à la prospection aérienne, a pu noter l'étonnante uniformité de ces implantations et les faibles variations dans l'ordonnance de ce qu'il appelle à juste titre le « château », c'est-à-dire la partie résidentielle de la villa. Cette disposition classique se répète, avec une moindre fréquence, en Bretagne, Normandie, Moselle, Beauce et Berry, mais le modèle le plus accompli se trouve dans le Nord, où la célèbre villa d'Anthée (Belgique) en offre un exemple remarquable.

En Gaule celtique et particulièrement en Bourgogne, c'est plutôt le plan ramassé, organisé autour d'une cour carrée, où les appartements sont cantonnés sur un côté et les dépendances fonctionnelles sur les autres. La partie réservée à l'habitation fait office, vers l'extérieur, de façade, et peut être assortie aussi d'une galerie à tours d'angle.

La villa dite à péristyle prévaut en général en Gaule méridionale, mais il est parfois difficile de démêler si le quadriportique identifié au centre de certains établissements est ressenti comme une véritable structure méditerranéenne (déambulatoire et jardin) ou comme une cour de service.

Dans les grandes villas de Narbonnaise et d'Aquitaine, cependant, où la partie résidentielle est fort développée, le péristyle existe bel et bien, et constitue l'un des agréments de ces vastes demeures. On observe, du reste, qu'à l'exemple de la *domus* traditionnelle la villa à péristyle, en raison des valeurs qui lui sont attachées, a essaimé dans des régions où on ne l'attendait guère, en Lorraine par exemple, ou dans les environs de Dijon (villa de Rouvres-en-Plaine découverte en 1962).

De fait, la plus grande variété règne dans chacune des provinces gallo-romaines, et il serait imprudent, sauf peut-être pour les villas de Picardie et du Nord-Est, d'attacher trop rigoureusement une origine géographique à un schéma déterminé. À cette diversité architecturale se superpose une discontinuité chronologique, qui doit nous interdire toute comparaison abusive entre des établissements trop distants les uns des autres : ainsi, après les invasions du IIIe siècle, les villas du nord de la France et de la Gaule Belgique en général disparaissent presque complètement ; du moins il nous est difficile d'en suivre l'évolution, même si l'on doit se garder d'imaginer dès cette époque toutes les campagnes ruinées. En revanche, pour les régions méridionales, et particulièrement pour l'Aquitaine, c'est du Bas-Empire que datent les vestiges archéologiques les plus explicites : les villas de Chiragan, de Montmaurin ou de Lalonquette ont connu leurs phases les plus brillantes au IVe siècle et même plus tard ; de surcroît les descriptions littéraires les plus vivantes que nous possédions sur la vie des grands propriétaires terriens datent, pour ces régions, du Ve siècle (ce sont les épîtres littéraires de Sidoine Apollinaire).

Le cadre géographique de ce livre ne nous permet pas de sortir du territoire national ; c'est en l'occurrence bien dommage, car nous ne pouvons faire état des villas de l'Hostée et de Harcourt en Belgique, ou de Nennig en Allemagne fédérale, qui comptent parmi les mieux connues des provinces septentrionales.

LA GRANGE-DU-BIEF

Dans le département du Rhône, à 25 kilomètres au nord de Lyon, nous pouvons évoquer, comme exemple particulièrement accompli d'une *villa urbana*, dont les éléments proprement agricoles devaient être répartis sur un domaine fort vaste, les vestiges de la Grange-du-Bief, non loin d'Anse-sur-Saône (peut-être l'agglomération appelée *Asa Paulini* dans les Itinéraires antiques). Remarquablement située sur une terrasse alluviale de l'Azer-

Mosaïques de Saint-Sever (villa de Gleizia d'Augreilh) : un exemple de la vitalité des ateliers d'Aquitaine à la fin du IVe et au Ve siècle après J.-C.

Villers-sous-Ailly (Somme). Bâtiment principal d'une villa gallo-romaine découverte par R. Agache.

Maquette d'une villa gallo-romaine de la Somme. H. Bernard. Musée d'Abbeville.

gues, elle développait, sur au moins 175 mètres, une façade dont la galerie couverte débouchait, à chacune de ses extrémités, sur des ailes regroupant des pièces ornées de mosaïques ; le salon central ouvert sur la galerie, dégagé en 1843, était lui aussi pourvu d'une magnifique mosaïque qui est aujourd'hui reconstituée à l'hôtel de ville d'Anse. Cet ensemble, dont nous n'avons là certainement qu'une partie, est assez représentatif des grandes demeures rurales du IIe siècle de notre ère que le propriétaire (peut-être le *Paulinus* qui a donné son nom au bourg voisin) souhaitait doter de toutes les formes de luxe dont s'enorgueillissaient les belles maisons urbaines. Il est certain que la première de ces formes, avec les peintures murales évoquées au chapitre VII, était le recours à la mosaïque, ce tapis où les pierres et les marbres de toutes couleurs, taillés en petits cubes (les tessères), composaient des scènes figurées ou des motifs décoratifs dont la puissance évocatrice est connue de quiconque a pu les observer dans les musées ou sur les sites. Dans le cas particulier de la Grange-du-Bief, la mosaïque centrale présente de surcroît l'intérêt d'une allusion à l'une des sources de la richesse du propriétaire, qui devait être la batellerie ou le commerce fluvial : la frise de bordure y est constituée de proues sous arcades, image stylisée d'arsenaux ou hangars pour navires.

Les deux ensembles les plus célèbres se trouvent toutefois en Aquitaine ; bien que leur interprétation demeure sur certains points difficile, les villas de Chiragan et de Montmaurin sont incontestablement celles qui, hors de la péninsule italienne et de la Sicile, donnent l'idée la plus haute du degré de luxe atteint par certaines de ces résidences rurales.

UNE VILLA DU SUD-OUEST : CHIRAGAN

Il ne reste que bien peu de chose de Chiragan, fouillée au XIXe siècle dans la plaine de Martres-Tolosane, sur la rive gauche de la Garonne, mais le musée Saint-Raymond de Toulouse lui doit une grande part de ses collections de sculptures. Chiragan reflète une évolution architecturale et décorative qui n'est elle-même que l'image des mutations économiques et sociales de la région sur près de quatre siècles : dans une première phase la villa n'était, au Ier siècle de notre ère, qu'une habitation relativement modeste, pourvue toutefois déjà d'un péristyle et de thermes. Dès le début du IIe siècle elle possède, comme les belles demeures des villes du Vésuve, un atrium et deux péristyles. À la fin du même siècle la surface bâtie a triplé ; le plan

d'ensemble, qui continue de se développer au cours des périodes suivantes, couvrira finalement la surface de 15 hectares si l'on englobe les bâtiments d'exploitation répartis sur trois lignes à l'intérieur d'un mur d'enceinte de 1 500 mètres de longueur.

Il a été calculé que près de 400 personnes vivaient en ces lieux, soit comme ouvriers agricoles, soit aussi comme artisans, car la logique du profit et celle de l'autarcie, en apparence contradictoires, ont entraîné dans ces locaux, non seulement l'établissement d'écuries, de porcheries, de basses-cours, de granges et de greniers, mais encore celui d'ateliers de tisserands, de fonderies, etc. Le domaine cultivé atteignait, nous l'avons dit, 1 000 hectares. Dans la *pars urbana*, qui comptait des dizaines de pièces (seule la villa de Saint-Ulrich en Moselle, à l'autre extrémité du monde gaulois, en comptait davantage, avec 117 salles recensées), ce qui a surtout retenu l'attention des fouilleurs du siècle dernier, c'est, indépendamment de la taille et du nombre des salles de réception, la profusion des décors architecturaux et des sculptures, pour la plupart en marbre des Pyrénées ; les rapports de l'époque font état de « tombereaux » de fragments marmoréens rapportés chaque jour du chantier. C'est en fait près de 300 statues, comportant aussi bien des copies, fort bien réalisées, d'originaux grecs ou hellénistiques, que des portraits, pour la plupart remarquables, des empereurs romains et des membres de leurs familles. Nous trouvons là un véritable palais dont on ne connaît d'équivalent dans aucune ville des Trois Gaules, et dont on ne sait à qui il appartint au cours de sa période la plus riche. L'idée d'un collectionneur a été avancée ; c'est une possibilité, mais qui ne permet pas de comprendre tous les aspects de l'ornementation ni de la statuaire. Peut-être la villa a-t-elle servi de résidence — et de source de richesse — à un ou à des gouverneurs provinciaux, ou à de hauts magistrats d'un rang voisin ; on expliquerait ainsi du moins l'ampleur des éléments de réception et la place accordée à l'imagerie impériale officielle.

MONTMAURIN

À Montmaurin, sur la rive gauche de la Save, en Comminges, la fouille et l'analyse de G. Fouet, mais également l'état de conservation des vestiges restaurés, permettent une approche suggestive des constructions. Établie vers le milieu du Iᵉʳ siècle, soit à la fin du règne de Claude, soit au début de celui de Néron, elle comportait dès sa phase initiale une cinquantaine de pièces dans sa partie « urbaine », et un secteur rural qui occupait une aire de 800×225 mètres. Au IVᵉ siècle, au terme de son développement, la villa sera devenue elle aussi une résidence somptueuse à laquelle on accédait par un vaste vestibule en fer à cheval, véritable cour d'honneur de près de 60 mètres dans sa plus grande largeur. Cette structure singulière évoque par anticipation les ailes des portiques antérieurs des villas vénitiennes de la fin de la Renaissance (songeons par exemple à la villa Barbaro à Maser, due à Palladio), dont la fonction d'accueil s'exprime par un mouvement curviligne similaire. Dans les deux cas (même si la convexité est, en général, tournée vers l'intérieur dans les constructions italiennes du XVIᵉ siècle), le but est de guider le visiteur vers l'axe central où règne la « casa del Padrone ». À Montmaurin, le corps principal s'ordonne effectivement autour d'une grande cour, vaste péristyle qui détermine l'axe de l'ensemble. Tout le complexe résidentiel se répartit en fait symétriquement de part et d'autre de deux espaces intérieurs ; il s'achève sur un appartement original, en surélévation par rapport au reste, où tout

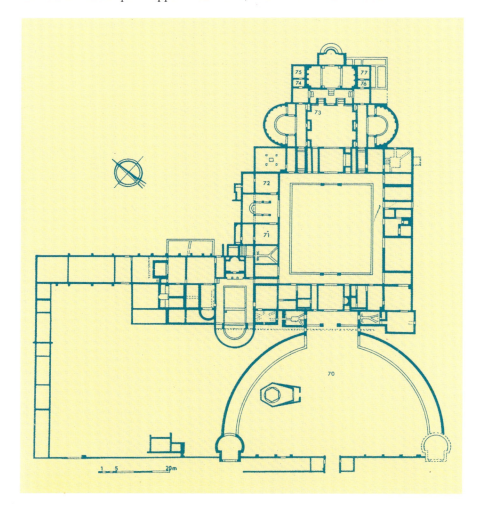

Plan de la villa de Montmaurin, d'après G. Fouet.

semble concerté pour ménager les perspectives dans l'enfilade des salles et des portiques ; un petit jardin pourvu d'une abside en constitue l'élément terminal.

Cette organisation, qui déploie sur plus de 120 mètres une séquence rigoureusement alignée, relève d'un parti architectural à la fois simple dans sa conception et recherché dans le détail, qui procède d'un sens aigu de la représentation. Même si l'on doit se garder d'appliquer systématiquement une terminologie méditerranéenne à des réalités qui ne lui correspondent pas toujours, le modèle palatial italien est ici évident. Le nombre important des salles chauffées (au moins une douzaine), les aménagements thermaux répartis dans une aile à laquelle on accédait par un « nymphée » (petit péristyle agrémenté d'une fontaine) témoignent d'un réel souci de confort, même si l'on peut noter qu'au total beaucoup de pièces se trouvaient au contact direct de l'extérieur, en ce pays pluvieux aux hivers plutôt rudes. Placages de marbre et mosaïques de sol conféraient un aspect luxueux et plaisant à toutes les parties de l'édifice.

Pour exceptionnelles qu'elles soient, ces demeures de très riches seigneurs ne représentent en fait que l'épanouissement de virtualités inscrites dans des villas plus modestes, où l'on retrouve, à une échelle différente, des éléments du même ordre. Qu'il s'agisse de la villa de Lalonquette, dans les Pyrénées-Atlantiques, dont la fouille a permis de restituer l'amplification progressive du Ier au IVe siècle, de celle de Saint-Émilion aux peintures et aux mosaïques remarquables, de celle de Séviac dans la Gironde, dont les thermes viennent de faire l'objet d'une étude très serrée, qui n'identifie pas moins de six phases différentes, de celle de Lussas-et-Nontronneau en Dordogne, ces habitations rurales, et bien d'autres avec elles, possédaient une partie « urbaine » fort étendue et pourvue de tous les agréments.

C'est là un élément supplémentaire à verser au dossier de l'« opulente Aquitaine ». Cette prospérité se poursuit, nous l'avons dit, jusqu'au Bas-Empire, et l'on a pu identifier récemment une véritable école de mosaïstes qui, alors même que les structures administratives et politiques sont détruites, continue de revêtir les sols (et, ce qui est nouveau, les murs) des villas du sud de la province, essaimant même relativement loin vers l'est, où son activité a été repérée par exemple dans l'Hérault.

À vrai dire, cet ultime essor de la villa romaine, dont l'Aquitaine nous a laissé d'éloquents témoignages pour les IVe et Ve siècles, nous livre peut-être le sens réel des demeures rurales gallo-romaines. La maison du maître, située au centre du domaine, a toujours eu vocation à organiser la région et à présenter, à l'égard de l'environnement naturel ou cultivé, une sorte d'attitude autocratique, manifeste, par exemple, dans la position décrite plus haut de la villa de la Grange-du-Bief. La recherche du « point de vue » ou de la perspective ne répond pas seulement à des préoccupations esthétiques, elle exprime aussi une hiérarchie et un pouvoir. Lorsque le contexte urbain, pour des raisons historiques et culturelles multiples, a cessé de fournir aux notables les satisfactions et les prérogatives qu'ils s'estimaient en droit d'obtenir, cette tendance s'est accentuée : les symboles de la souveraineté ont été transférés dans la villa, où l'on s'efforce de conserver, avec les facilités qu'offre un espace non mesuré, l'image et le modèle d'un ordre social dont le champ d'action s'est déplacé de la ville à la campagne. Dès lors, plus que jamais, la villa, unité de production, s'affirme comme une structure de domination.

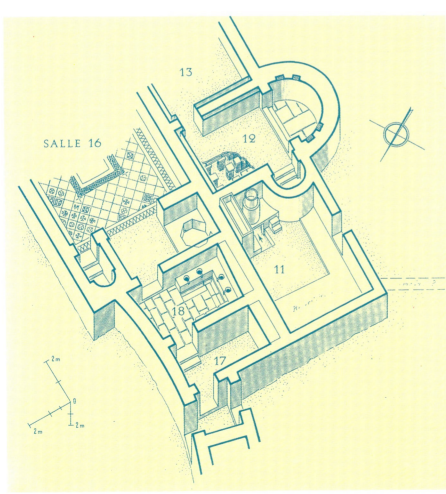

Restitution de l'une des phases du balnéaire de la villa de Séviac à Montréal du Gers, par R. Monturet, CNRS : sols mosaïqués, salles chauffées sur hypocauste, latrines, pédiluve, pièces de service définissent à la fin du IVe siècle de petits thermes privés sur un plan original, simple mais efficace. Résultant d'une rénovation complète de la partie résidentielle de la villa, ils témoignent de la richesse et du souci de confort des propriétaires.

Chapitre X

L'ART FUNÉRAIRE GALLO-ROMAIN. LES MONUMENTS ET LES CROYANCES

Vaison-la-Romaine. Détail d'un relief en forme d'acrotère figurant un masque du théâtre tragique. Voir page 175.

Sauf exception — l'*Isola Sacra*, par exemple, aux abords d'Ostie —, le monde romain ignorait en principe les cimetières, au sens où nous les entendons. Les tombes étaient réparties hors des villes, le long des routes et des chemins, et chacun connaît, aux portes de Rome, de Pompéi ou d'Aquilée, ces alignements pittoresques de monuments plus ou moins ruinés, qui enchantent le voyageur autant que le spécialiste. Cette pratique repose sur une conception particulière du tombeau et de la survie du défunt : le tombeau est un lieu consacré qui ne saurait trouver place en ville, que l'on doit délimiter avec soin pour l'isoler de son environnement profane et auquel il faut éviter toute occupation sacrilège ; quant au défunt, quelles que soient ses convictions personnelles ou celles de sa famille, et même après la diffusion des religions orientales de salut au premier rang desquelles figure le christianisme, le sentiment profond se maintiendra qu'il n'a quelque chance d'échapper au terrible anonymat des « mânes » (terme dont on ne connaît que le pluriel, et qui exclut toute individualisation des êtres dans le royaume des morts) que si les vivants gardent son souvenir. À Rome et dans l'Italie romaine, vivre dans la mémoire des hommes n'est pas une métaphore consolante, c'est une espérance. D'où l'importance de disposer d'un monument funéraire bien en vue, où le passant puisse sans effort jeter les yeux sur l'épitaphe et contribuer ainsi, ne fût-ce qu'un instant, à la survie individuelle du titulaire. « Au centre du monument, vous tracerez un cadran solaire, disposé de telle sorte que tous ceux qui regarderont l'heure seront forcés, bon gré mal gré, de lire mon nom » : le naïf subterfuge imaginé par Trimalchion, le richissime et ridicule affranchi mis en scène par Pétrone dans son *Satiricon*, exprime clairement les préoccupations populaires en ce domaine.

D'où, par voie de conséquence, le maintien dramatique des inégalités sociales au-delà de la mort, non seulement dans le volume et le décor des tombeaux, mais surtout dans leur plus ou moins grande relation avec l'univers des vivants : si le prix des franges de terrains qui jouxtent directement les voies est si élevé aux abords des villes, ce n'est pas seulement parce que l'ostentation des notables y trouve son compte, c'est aussi parce que l'on y peut attirer plus aisément l'attention, et « interpeller » au sens propre tous ceux qui empruntent la route.

Cela dit, l'accumulation des monuments a souvent défini autour des principales agglomérations de véritables nécropoles, dont l'extension, quand on peut encore l'évaluer, est du reste souvent utile à l'historien des villes, puisqu'elle donne une idée de l'importance de celles-ci et de leurs limites, la « nécropole » commençant exactement où s'arrête l'espace urbain.

Dans les provinces gallo-romaines, les mêmes usages se vérifient, puisque l'on rencontre les monuments funéraires en général à la périphérie des villes. Il faut tenir compte cependant du fait que les grands domaines, qui constituaient à eux seuls des communautés complexes, ont accueilli, outre le mausolée du propriétaire ou les riches sépultures des membres de sa famille, les tombes plus modestes des autres habitants, hommes libres ou esclaves ; ces dernières occupaient des terrains réservés, et c'est ce qui explique le plus souvent l'existence de petites nécropoles rurales hors de tout site urbain ou de toute voie ; ces « cimetières » pouvaient du reste regrouper les défunts de plusieurs exploitations agricoles, comme à Dambron en Eure-et-Loir ou Meuilley en Côte-d'Or ; mais certains, reconnus hors des villas ou des fermes, correspondent à des agglomérations secondaires, bourgs ou marchés agricoles, du type du *vicus*.

Les croyances d'origine celtique (un culte des morts est bien attesté dans les *oppida*) ne semblent avoir influé directement ni sur les rites, ni sur la forme des tombeaux ; comme en Italie, l'incinération, d'ailleurs répandue dès avant la conquête dans le nord et l'est du territoire gaulois par les Germains, a prévalu pendant les deux premiers siècles de notre ère, même si, à l'est du Rhône, l'inhumation pratiquée par les Ligures a connu, au début de l'Empire, quelques rémanences ; ensuite, à partir de la fin du IIe siècle, l'inhumation tend à devenir le rite principal, comme dans le reste de l'Occident méditerranéen. En outre, les rituels de commémoration — libations funèbres, cérémonies familiales et sacrifices lors de la fête des ancêtres (*parentalia*) — ont été adoptés d'autant plus facilement que, J.-J. Hatt l'a bien montré, les Gallo-Romains y étaient préparés par des traditions antérieures à la conquête. La nécessité de disposer d'une sépulture décente et le souci de son entretien sont enfin ressentis aussi profondément en milieu gallo-romain qu'en Italie ou en Orient : les petites gens qui craignent de ne pouvoir, le moment venu, subvenir à ces besoins, se regroupent, là comme ailleurs, en des « collèges funéraires », véritables sociétés de secours mutuel qui garantissent à leurs adhérents des funérailles et un tombeau.

Quant à la forme et à l'ordonnance des tombes elles-mêmes, en dépit de nombreuses variantes régionales, elles ne comportent pas, sauf peut-être en ce qui concerne les piles (voir p. 177-178), de particularisme accusé qui permette d'isoler une ou plusieurs catégories provinciales rigoureusement définies.

Il convient de distinguer cependant, si l'on se place du point de vue des édifices funéraires, la Gaule Narbonnaise des trois provinces de la Gaule Chevelue.

LES MAUSOLÉES DE GAULE NARBONNAISE

Dans la première, on assiste très tôt à l'épanouissement d'une monumentalité qui, tout en cherchant ses modèles dans la tradition hellénistique, n'en manifeste pas moins une réelle originalité. Le phénomène le plus remarquable réside dans la diffusion des grands mausolées, qui attestent à la fois la précoce acculturation des classes dirigeantes et leur puissance financière. L'usage de ce type de tombe n'est assurément pas originaire de la Transalpine, ni même de l'Italie ; il s'est affirmé dès le IVe siècle avant J.-C. dans l'Orient grec (songeons au fameux Mausolée d'Halicarnasse) où il était réservé aux monarques ; les grandes familles italiennes l'adoptèrent dès la fin de la République — on en trouve de magnifiques et précoces exemples en Campanie ; et dès la première moitié du Ier siècle avant J.-C. une première version en apparaîtrait à l'est de la Gaule Transalpine, dans les futures Alpes-Maritimes, si du moins on doit admettre la datation un peu hasardée du tombeau d'Argenton (Alpes-de-Haute-Provence), dont l'étude vient d'être reprise. En fait, c'est dans le dernier quart du

Le mausolée de Glanum *(Saint-Rémy-de-Provence). Vue générale. Cet extraordinaire cénotaphe, élevé à la sortie de la ville, constitue l'une des manifestations les plus éclatantes de l'orgueil d'une famille de citoyens romains dans un contexte où la plupart des habitants ne bénéficient que du « droit latin ». Seul survivant intact d'une série d'édifices apparentés dont les vestiges épars ont été retrouvés à Arles, Alleins et Saint-Julien-lès-Martigues, ce monument composite formé d'un socle historié, d'un arc à quatre faces (quadrifrons) et d'un petit temple circulaire (tholos), exalte par sa structure et son décor les hauts faits du fondateur de la famille qui doit son nom de* Julius *à la faveur personnelle de César. L'héroïsme individuel comme facteur d'héroïsation : les idées qui s'expriment ici sous une forme très plastique sont encore d'inspiration pleinement hellénistique.*

Le mausolée de Glanum. Détail : le relief oriental du socle. Transposée dans un contexte mythologique, l'action du héros, qui s'est apparemment illustré lors de la dernière campagne orientale de César, ne peut être déchiffrée que par une élite cultivée, rompue à la lecture des « cartons » hérités de l'art grec. À gauche, la famille reçoit la nouvelle de ses exploits, et sans doute la notification officielle de son accès à la citoyenneté romaine.

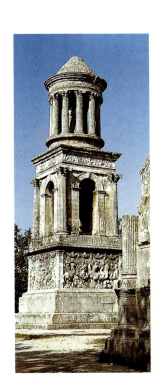

Ier siècle avant J.-C. que ces monuments sont construits en divers points de la province.

Le plus célèbre est le « tombeau » des *Julii* à *Glanum*, qui développe sur trois niveaux un étonnant discours plastique ; ce monument turriforme constitué d'un socle aux quatre faces historiées, d'un arc à quatre baies et d'un temple rond à toit pyramidant, n'est pas seulement le mieux conservé des édifices de sa catégorie pour l'ensemble du monde antique, c'est aussi l'un des plus singuliers. Gageons que si les archéologues en avaient retrouvé les fragments épars, même dans une fouille restreinte, nul n'aurait osé recomposer un seul monument. La plupart des tombeaux de ce genre présentent en effet, sur un socle plus ou moins élevé, ou un temple rond (tholos) ou un sanctuaire quadrangulaire à colonnade de façade (naïskos), mais jamais un échafaudage aussi complexe. À *Glanum*, le mausolée (c'est sous ce nom que la tradition locale le désigne depuis des siècles) présente en fait une logique plus thématique que structurelle : les reliefs qui ornent les panneaux du socle évoquent, avec une imagerie directement héritée des modèles grecs, des scènes de combat ou de chasse qui exaltent le courage du défunt ; celui-ci, engagé dans les armées césariennes, peut-être dès 58 avant J.-C., semble s'être illustré au cours de la dernière campagne orientale du Dictateur. Il aurait alors reçu pour récompense la pleine et entière citoyenneté romaine, comme l'explique le bas-relief situé à l'est. Les arcs surmontés d'une frise d'animaux marins suggéreraient, à l'étage intermédiaire, le passage dans l'au-delà du personnage ; son héroïsation serait acquise au dernier niveau, avec le temple rond, où figuraient précisément le « héros », et sans doute son fils. Dans cette perspective, chaque détail figuré ou décoratif, on a pu le montrer, est porteur d'une charge symbolique qui conforte le sens général de la composition.

Citoyen, donc, grâce à la faveur de César, notre homme est devenu le fondateur d'une famille qui s'honorait du nom (gentilice) de *Julius*, et ses petits-fils, au nombre de trois comme l'indique l'inscription de la face nord, lui ont élevé, pour exalter sa mémoire, cet édifice, qui n'est du reste pas, comme l'a bien montré H. Rolland, un tombeau, mais un cénotaphe, c'est-à-dire un monument funéraire vide, commémoratif donc (peut-être le personnage était-il mort en campagne). De toute façon, ces premiers citoyens de *Glanum* se considèrent encore, dans les années 30-20 avant J.-C. (période où l'on peut situer la construction du mausolée), comme les représentants d'une aristocratie qui doit sa situation juridique et sociale à

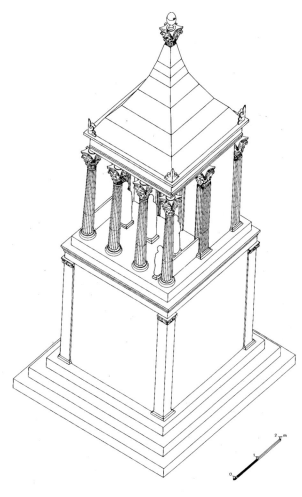

Le mausolée d'Ugernum (Beaucaire) restitué par A. Roth-Congès et J.-M. Joulain, CNRS. Attribuable à une riche famille d'affranchis soucieuse de respectabilité, ce monument constitué d'un socle et d'une chapelle à colonnade de façade peut être daté du début de l'époque augustéenne.

la valeur de ses ancêtres. C'est ce que déclarent d'une façon un peu redondante, même si, en définitive, elles restent peu explicites pour la moyenne des compatriotes, l'iconographie du premier niveau et les statues du dernier étage, lesquelles s'enorgueillissent du port de la toge, signe d'assimilation totale, en principe réservé aux seuls citoyens de plein droit.

Un autre monument du même genre a été récemment reconstitué par A. Roth Congès à partir de soixante-quatre fragments repêchés dans le Rhône à proximité de Beaucaire (l'antique *Ugernum*) ; le mausolée comportait cette fois un socle à frise de rinceaux cantonné de pilastres, qui supportait une chapelle à chapiteaux corinthiens surmontée d'une flèche pyramidale. Entre les colonnes de sa façade, le défunt trônait, en toge lui aussi, au milieu de sa famille (épouse et deux enfants). Daté des années 20-10 avant J.-C., ce tombeau appartient à une série bien représentée en Italie du Nord, mais aussi en Germanie (à Cologne en particulier). Son titulaire est peut-être un riche affranchi (ancien esclave) qui entend faire état d'une descendance née dans la liberté.

Des éléments épars ont en outre été retrouvés, dans les Bouches-du-Rhône, à Saint-Julien-lès-Martigues, à Alleins, à Vernègues, dans le Vaucluse à Avignon, qui prouvent qu'un véritable atelier itinérant, formé en Italie, mais sans doute pour l'essentiel composé de tailleurs de pierre et de sculpteurs provinciaux, était actif vers la même époque dans un vaste rayon, et qu'il a reçu commande de divers monuments qui, sans être en tout point analogues au mausolée de *Glanum*, devaient présenter avec lui bien des éléments communs, tant en ce qui concerne l'architecture que l'ornementation.

Dans la nécropole lyonnaise de Trion, les monuments funéraires des *Salonii* et de *Turpio*, qui ont été partiellement remontés sur la place de Choulans, appartiennent selon toute vraisemblance à la même série, dont ils constituent les représentants les plus septentrionaux ; l'un et l'autre comportaient un massif de base quadrangulaire en grand appareil (celui de *Turpio* est cantonné de très beaux pilastres d'angle), au-dessus duquel s'élevait un édicule à colonnes libres ou engagées. L'origine des artisans qui les ont réalisés n'a rien qui puisse étonner, en ces dernières décennies du Iᵉʳ siècle avant J.-C., quand on sait (voir p. 56) que le grand théâtre de Lyon a été construit, à l'époque d'Auguste, par des lapicides et avec des matériaux venus précisément de *Glanum*. Nous avons là une preuve supplémentaire de l'avance de la Narbonnaise sur les régions voisines, mais aussi de la richesse des élites lyonnaises du début de l'Empire, en mesure de s'offrir des édifices funéraires de cette qualité et de cette importance ; les effigies des *Salonii*, malheureusement privées de leur tête, ont été conservées ; leur silhouette est étrangement comparable à celle des *Julii* de Saint-Rémy-de-Provence : même attitude de réserve et de dignité, drapée dans la même toge étroite, caractéristique d'un groupe social qui prétend tenir de sa « vertu » son statut et sa situation.

LES CLASSES MOYENNES ET LES MODES VENUES D'ITALIE

Si l'on veut, revenant en Narbonnaise, avoir une idée des monuments des classes moyennes — nous dirions de la « bourgeoisie » locale ou d'origine coloniale —, il convient d'aller à Narbonne d'abord, à Nîmes ensuite.

Dans l'ancienne capitale de la province, un étrange musée lapidaire a été installé en 1869 dans l'église désaffectée Notre-Dame de Lamourguier ; il contient des milliers de blocs, entassés en un

Une vue de l'entassement des blocs du musée Lamourguier à Narbonne. Il s'agit de fragments d'architecture provenant de la nécropole gallo-romaine de la ville, réutilisés dans le rempart du XVIᵉ siècle, puis démontés et entreposés en 1869.

désordre pittoresque mais décourageant, dont l'étude cependant est actuellement en cours. Ils proviennent de la démolition des remparts du XVIᵉ siècle qui les avaient réutilisés, à des fins d'ailleurs autant décoratives qu'utilitaires — et les avaient sauvés par la même occasion. Beaucoup appartiennent en fait à des tombeaux relativement modestes, construits, au sens propre, en série, qui affectaient l'aspect de bases quadrangulaires ou de socles, parfois entourés d'une clôture ; ces bases pouvaient être surmontées soit de coussins de pierres à volutes latérales *(pulvinaria)* à l'imitation des autels, soit d'édicules en forme de petits temples, mais elles avaient presque toutes en commun d'être décorées d'une frise sur leur assise supérieure. Cette frise présentait trois motifs possibles : des métopes ornées d'une tête de bovidé ou d'un élément floral entre des triglyphes (selon le schéma qu'on observe sur les temples doriques) ; des amas d'armes disposées d'une façon plus ou moins rythmique ; des rinceaux d'acanthes plus ou moins végétalisés.

Ces reliefs, dont le sens symbolique, s'il fut jamais compris par les artisans et les acheteurs, s'est de toute façon dégradé, contiennent des ornements caractéristiques des régions où, en Italie du Nord et en Espagne, se sont installés des vétérans, anciens légionnaires transférés comme colons sur de riches terroirs : ils ne nous donnent que rarement une haute idée des capacités artistiques des équipes qui les ont réalisés — encore que les rinceaux, publiés par M. Janon, présentent dans certains cas des formules qui échappent à l'automatisme ou à l'académisme —, mais offrent un intérêt historique certain en nous renseignant d'une façon assez précise (que complètent, du reste, les inscriptions) sur l'origine, la provenance et les goûts d'une population spécifique très influencée par les modes italiennes et même romaines de la fin de la République et du début de l'Empire : depuis les années 40 avant J.-C. jusqu'aux premiers Julio-Claudiens, nous suivons la transformation de schémas qui allaient, sous des formes diverses, avoir une influence durable sur l'architecture régionale hors du champ funéraire proprement dit.

À Nîmes où, nous le savons, le contexte humain

Stèle avec portrait sous conque, caractéristique de l'art funéraire nîmois du Iᵉʳ siècle après J.-C.

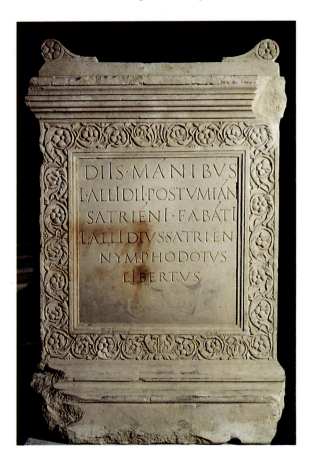

Une stèle à rinceaux de Nîmes.

Vaison-la-Romaine. Relief en forme d'acrotère figurant un masque du théâtre tragique. Il ornait un enclos funéraire ou le toit d'un mausolée.

est différent (ville de droit latin : voir chapitres I et II), ce sont d'autres types de monuments qui connaissent, pendant plus d'un siècle, une fortune étonnante : les cippes funéraires à rinceaux et les stèles à portraits. Les premiers se présentent comme des plaques ou de petits autels quadrangulaires au centre desquels figure l'épitaphe cernée d'une frise de rinceaux dont la structure et l'évolution ont été analysées par G. Sauron. Au début, ils sont commandés par une élite de citoyens soucieux de transposer sur leurs tombes un décor dont la connotation positive est encore bien ressentie (frise de la Maison carrée : image de l'âge d'or augustéen) ; à la fin du Ier siècle de notre ère, il apparaît que la clientèle commence à changer : ce sont souvent des « sévirs augustaux », c'est-à-dire des personnages d'un rang social un peu inférieur (affranchis), mais investis de responsabilités importantes dans les liturgies du culte impérial, qui achètent ces stèles, faisant ainsi preuve de leur attachement à un poncif de l'art officiel. La démocratisation se poursuit au IIe siècle, puisqu'on rencontre parmi les titulaires un cabaretier et un marchand d'esclaves : les rinceaux sont devenus l'image stéréotypée d'une espérance confuse de survie, autant qu'une façon peu coûteuse et relativement plaisante d'orner son épitaphe.

Pour les cippes agrémentés de bustes, ils apparaissent d'une qualité très variable, mais certains des plus beaux portraits funéraires des provinces d'Occident viennent effectivement de Nîmes et de sa région ; les datations, obtenues souvent par l'observation de la chevelure des femmes, oscillent, pour les meilleurs d'entre eux, entre le règne de Claude et ceux des Flaviens (des années 40 à la fin du Ier siècle de notre ère) : on y relève un souci de réalisme que ne trahit pas une réelle distinction dans le rendu des traits.

Les stèles d'artisans, en général très simples, sont aussi nombreuses à Nîmes : ciseaux et peigne de tondeur, plantoir et serpe de jardinier, serpe de vigneron y figurent en bonne place. Ce sont là souvent les plus anciennes représentations d'outils professionnels ou d'instruments de travail de la Gaule romaine. Là encore la tradition est italienne, et s'explique par une recherche d'honorabilité propre aux affranchis qui veulent montrer qu'ils assurent leur autonomie en exerçant des activités avouables. En milieu provincial, la tonalité est différente et témoigne plutôt de la dignité qui émane de l'exercice loyal d'un métier. Une belle dédicace arlésienne, celle de Candidius Benignus, qui se dit *faber tignarius*, c'est-à-dire charpentier,

mais s'est spécialisé apparemment dans la fabrication d'instruments hydrauliques (des orgues sans doute, plutôt que des aqueducs comme on l'écrit toujours), définit avec orgueil cette charte de l'homme de l'art, d'ailleurs présentée selon une trilogie qui évoque plusieurs textes de Vitruve, le théoricien de l'architecture : savoir-faire du praticien, maîtrise des connaissances théoriques et qualités morales.

TOMBEAUX DE GAULE CHEVELUE

Si nous quittons maintenant le Sud-Est pour les provinces de la Gaule Chevelue, nous constatons que plusieurs idées reçues sont en passe de disparaître, par exemple celle qui consiste à penser qu'en ces régions l'art funéraire ne s'épanouit qu'aux IIe et IIIe siècles, et qu'en particulier les tombes monumentales comparables à celles de Narbonnaise y sont rares, sinon inconnues. Une découverte comme celle de Faverolles, dans la Haute-

Stèle de Marcelinus. Musée de Metz. Ce commerçant cossu, enveloppé dans un ample manteau et tenant en main, signe de sa richesse, ses livres de comptes, n'est autre qu'un venaliciarius, c'est-à-dire un marchand d'esclaves. Cette activité, réputée infamante à Rome et en Italie, est benoîtement revendiquée dans l'inscription funéraire de ce Médiomatrice.

Stèle du musée de Sens : pierre tombale d'un drapier. En haut, une pièce d'étoffe posée sur une traverse horizontale que l'on peut baisser ou hausser à volonté à l'aide de chevilles. Un tondeur, armé de grands ciseaux, en égalise les poils. En bas, un foulon au travail dans une cuve.

Marne, le long de la voie romaine qui conduit de Langres à la vallée de la Blaise, incite à davantage de prudence : depuis 1980, ce site livre des fragments d'architecture et de sculpture qui prouvent qu'un des plus beaux mausolées de toute la Gaule romaine s'élevait là, sur un socle cubique de 7,70 mètres de côté au sol. Comme celui des *Julii* à *Glanum*, il semble avoir superposé, sur une vingtaine de mètres de hauteur, trois éléments singuliers : au-dessus du socle un pavillon octogonal, lui-même surmonté d'un baldaquin soutenu par huit colonnes corinthiennes où trônait l'effigie du défunt, sans doute accompagné des membres de sa famille. Des reliefs figurant des scènes de chasse, des frises de guirlandes et de couronnes de chêne, des masques de théâtre, des lions en ronde-bosse (ces derniers gardant vraisemblablement l'entrée de l'enclos funéraire) témoignent d'une richesse décorative et thématique qui n'a rien à envier aux créations de la Narbonnaise, d'autant que l'ensemble paraît datable du début de l'Empire.

Il est certain cependant que les variétés les plus courantes restent l'autel, la stèle à niche et le pilier funéraire. Certains de ces monuments pouvaient atteindre des dimensions importantes : des fragments conservés à Reims, Langres, Sens, Dijon, Lillebonne, plusieurs reliefs de Saintes et de Bordeaux prouvent, sans qu'on puisse définir exactement les types dont ils proviennent, la monumentalité des édifices. Il convient d'autre part de restituer toujours à ces éléments, que les musées nous présentent isolés, l'organisation parfois complexe à laquelle ils appartiennent : les enclos funéraires, avec des annexes réservées au culte des morts (et en particulier aux repas rituels), sont attestés par l'épigraphie et l'on devine parfois, sur le terrain, les vestiges de structures qui définissaient autour du monument lui-même un véritable petit domaine sacré. Le fameux « testament du Lingon », texte dont la date est controversée (sans doute fin IIe ou IIIe siècle) et dont l'original a été perdu, propose de ce genre d'aménagement la description la plus complaisante, et donc, pour l'archéologue, la plus intéressante ; voici les premières lignes de cette longue inscription : « Je veux que l'édifice dédié à ma mémoire dont j'ai fait commencer la construction soit achevé conformément au modèle que j'en ai fourni, c'est-à-dire en forme d'exèdre, et qu'y soit placée une statue assise, soit du meilleur marbre d'au-delà des mers, soit en plaques de bronze de la meilleure qualité, et que sa hauteur soit d'au moins cinq pieds [soit environ 1,50 mètre]. Qu'au pied de l'exèdre soient établis un lit de table et deux banquettes sur les côtés, en marbre d'au-delà des mers. Elles seront munies de deux couvertures, d'une paire d'oreillers de repas, de deux manteaux et d'une tunique, qu'on étendra les jours où la tombe sera ouverte. Que devant le monument soit placé un autel, du meilleur marbre de *Luna* [Carrare], sculpté du mieux qu'il se pourra ; c'est là que seront placées mes cendres. Que l'édifice soit entouré d'une clôture en marbre de *Luna*, qui ménage une ouverture et une fermeture aisées. L'entretien de l'édifice, du verger et du bassin est confié à la responsabilité de mes affranchis Philadelphus et Verus, et qu'on pourvoie aux dépenses imposées par les réfections et réparations en cas de dommage ou de destruction. Que l'ensemble soit entretenu par trois jardiniers et leurs apprentis et, en cas de décès ou d'absence, qu'il soit pourvu à leur remplacement... »

De fait, d'autres épitaphes mentionnent des arpents de vigne ou des parcelles arborées, des exèdres conçues pour accueillir parents et amis dans des conditions de confort très satisfaisantes, parfois une roseraie, un verger, etc. Ces différentes dépendances, dont nous retrouvons la trace autour du grand mausolée de Lanuéjols (Lozère), construit au IVe siècle, étaient partie intégrante de l'espace funéraire et constituaient la propriété inaliénable du défunt ; les fruits et les fleurs pouvaient servir aux libations et aux cérémonies funèbres, et le revenu éventuel du parc adjacent à l'édifice pouvait être consacré à l'entretien de celui-ci. La Gaule romaine, comme l'Italie et l'Orient grec, a donc connu ces *cepotaphia*, jardins funéraires, dont l'archéologie ne permet que rarement de restituer l'ordonnance, mais dont il importe de garder le souvenir pour avoir une idée de l'ampleur de certaines installations, aussi bien à l'intérieur des grands domaines que dans les « nécropoles » suburbaines. Ces tombeaux pourvus d'annexes, où toute une *familia* (au sens de groupe social autant que familial dépendant d'un *dominus*) se retrouvait à date fixe pour accomplir certains rites commémoratifs, constituaient à n'en pas douter des lieux importants où les hiérarchies, mais également les solidarités d'une société complexe, se fortifiaient périodiquement.

PILES DU SUD-OUEST

C'est dans ce contexte qu'il faut replacer le tombeau monumental gallo-romain le plus spécifique, celui qui affecte la forme d'une pile ou d'un pilier.

Certaines de ces piles, dans le centre et le sud-ouest de la France, ont été prises longtemps pour des monuments routiers jalonnant les voies romaines, faute d'avoir été correctement situées dans leur environnement ; beaucoup d'entre elles se trouvent encore au centre d'un enclos où voisinent d'autres sépultures, et où ont été recueillies des épitaphes, ce qui lève toute incertitude quant à leur destination. Très voisin dans son principe du mausolée méditerranéen, le tombeau-pile, surtout fréquent en Aquitaine, présente cependant à l'ordinaire des proportions plus élancées. Bâti sur plan carré, il comporte un étage creusé d'une niche et un couronnement pointu. J.-J. Hatt a opportunément rapproché ce type des piliers funéraires de Moselle et de Rhénanie (le monument d'Igel représentant, dans la série, l'exemplaire le plus accompli) ; même si les piles du Sud-Ouest ne sont pas aussi richement ornées que les piliers de la Gaule Belgique septentrionale et de la Germanie, elles accueillaient en général les portraits des défunts dans la niche plus ou moins architecturée du premier niveau. La voie commerciale qui joignait Trèves à Bordeaux et qui devint, au cours des IIe et IIIe siècles, l'un des axes majeurs de l'Occident romain, permet de comprendre les aspects, en première analyse déconcertants, d'une telle diffusion : la prospérité économique et la vitalité des échanges ont incité les classes aisées à choisir, en ces deux régions, un type de monument relativement encombrant mais dominateur, qui n'est au fond qu'une « variante dialectale » tardive et, en ce qui concerne le Sud-Ouest, plutôt simplifiée des tombeaux-tours plus ou moins pyramidaux dont la mode, venue de l'Orient hellénistique (de Syrie plus précisément), s'était répandue en Gaule Cisalpine (Italie du Nord), dès le Ier siècle de notre ère, à partir du grand port d'Aquilée. Pour beaucoup d'exemplaires identifiés en Aquitaine, l'appartenance à une propriété agricole de quelque importance est probable ; la pile de Cinq-Mars en Indre-et-Loire en est l'un des exemples les plus célèbres, mais leur densité s'avère surtout sensible entre Agen et les Pyrénées, à l'ouest de la Garonne, dans une région où, effectivement, les villas sont, à la même époque, fort nombreuses.

LA VIE QUOTIDIENNE SUR LES RELIEFS FUNÉRAIRES

Mais au-delà de ces observations plus ou moins abstraites destinées à mettre en place, fût-ce très sommairement, une sorte de carte à la fois régionale et chronologique des principaux types de

Stèle dite du paiement des impôts. Musée de Metz. Assis dans un grand fauteuil d'osier, un « percepteur » semble montrer sur un livre de compte (un codex) *la somme due par un « contribuable ». L'interprétation du personnage de droite est plus difficile : s'agit-il du « contribuable » qui vient déposer sur le comptoir un tas de pièces de monnaies, ou de l'un des auxiliaires du « percepteur » vérifiant l'aloi de l'une de ces pièces ? La tenture en forme de dais qui couronne la scène définit un cadre valorisant pour une activité qui n'était sans doute guère populaire.*

monuments funéraires, il faut bien convenir que ce qui retient surtout l'attention du visiteur des musées archéologiques du centre et du sud-ouest de la France, de Dijon à Saintes, de Sens à Bordeaux, de Langres à Bourges, c'est la variété du répertoire des reliefs funéraires, quelle qu'en soit la provenance architecturale : le naturel et la simplicité robuste des portraits, l'animation des scènes empruntées aux registres les plus divers (commerce, agriculture, artisanat, mais aussi vie privée) nous font parfois oublier la maîtrise des sculpteurs. L'art savoureux de ceux-ci, peu soucieux à l'ordinaire de respecter les « canons » de la statuaire hellénistique, même si certains de leurs modèles sont d'origine italienne, exerce une séduction comparable à celle des imagiers médiévaux : l'exactitude dans la restitution des expressions, des attitudes et des gestes n'exclut pas l'ironie ou la férocité dans l'accentuation de certains traits de physionomie. L'autosatisfaction et le souci du détail sont les caractéristiques essentielles de cette iconographie des classes moyennes qui, tout à la fois, émeut par l'accent de vie qui s'en dégage et amuse par la vanité naïve dont elle témoigne souvent : on a pu parler avec quelque ironie de ces Messieurs Jourdain de la Gaule romaine, si fiers de montrer leur aisance ou leur savoir-faire. Ces bouchers, aubergistes, drapiers, foulons, marchands et artisans de toutes sortes, qui tiennent à passer à la postérité, outils ou marchandises en main, derrière leur comptoir ou leur établi, nous renseignent abondamment sur la vie matérielle des bourgs et villes de l'époque ; ils nous révèlent aussi beaucoup d'eux-mêmes, et disent à leur façon, qui n'est pas la moins efficace, combien ils ont su bénéficier de l'ordre et de la prospérité instaurés par l'intégration de leurs régions à l'Empire. Les nombreuses scènes de paiement, sur l'interprétation desquelles on discute toujours, disent aussi le rôle de l'argent dans cette société, où l'on ne tient sa place que si l'on fait honneur à ses affaires. Si l'on compare ces tableaux de genre, empreints du réalisme le moins distancié, aux transpositions hellénistiques des reliefs du socle du mausolée de *Glanum*, on mesure le chemin parcouru : l'assimilation n'a plus besoin, pour s'exprimer, de se parer des prestiges d'une iconographie codée ; la restitution de la réalité la plus commune, voire la plus triviale, atteste désormais que les catégories actives de la population bénéficient du système ; le relais culturel n'est plus ressenti comme indispensable dans une société où les hiérarchies sont essentiellement économiques. Bien sûr les exclus n'apparaissent jamais : comme toujours, le miroir du réalisme, quand il se veut positif, est extrêmement sélectif. Gardons-nous de toute illusion, devant ces tableaux apaisants, devant cette humanité si proche et si repue, qui nous renvoie un reflet un peu inquiétant de notre propre satiété. Mais pour autant ne boudons pas notre plaisir : ces bandes dessinées d'autrefois ont l'avantage de nous rendre familier, et comme immédiatement présent, un passé très ancien qu'aucun texte ne saurait évoquer avec cette force. Il est même des bas-reliefs plus développés, à Dijon par exemple, qui nous donnent une idée vivante d'une rue commerçante, avec ses alignements d'échoppes et son accumulation de victuailles offertes aux chalands.

Toutefois, contrairement à ce qu'on affirme souvent, elles ne restituent pas l'image d'une société, mais seulement l'image que certaines couches de ladite société voulaient donner d'elles-mêmes. Le statut particulier de l'iconographie funéraire interdit de considérer que les scènes illustrant tel ou tel secteur de l'économie traduisent simplement le développement particulier de ces secteurs. Tout est signe, dans ces tableaux directement calqués sur la réalité concrète : le cabaretier, le forgeron, le négociant, le transporteur de denrées qui, au-delà de la mort, veulent apparaître au travail sur leur tombeau, n'ont pas conçu leur bas-relief dans la perspective strictement documentaire qui est celle de la plupart des commentateurs modernes ; la précision des gestes et des accessoires — précision qui a du reste ses limites, car en l'absence de toute inscription il est le plus souvent impossible de mettre un nom exact sur les marchandises vendues ou les denrées véhiculées — n'était pas destinée, du moins à l'origine, à aider les éventuels rédacteurs d'une « vie quotidienne en Gaule » ! Elle avait une autre fonction, qui exige une approche plus iconologique qu'iconographique, cherchant à interpréter les objets ou les attitudes dans le système de valeurs qui sous-tend et motive ces représentations. Le défunt entendait en fait, à travers ce type de monument, signaler la nature de ses activités, mais surtout se situer à l'intérieur d'une catégorie qu'il estimait

(Double page suivante.)
Scène d'enseignement. Musée de Trèves. Un maître parle devant des élèves qui déploient des rouleaux de papyrus ou de parchemin. On notera qu'ils ne peuvent pas prendre de notes. À droite, un retardataire semble demander l'indulgence du maître (à moins qu'il ne prenne congé).

Médaillon central d'une mosaïque découverte en 1862 à Sainte-Colombe. Des restaurations modernes l'ont sensiblement altérée. Elle représente l'enlèvement de Ganymède par l'aigle de Zeus. La pesanteur des silhouettes rend peu vraisemblable l'envol de ce singulier couple, mais la référence au mythe grec demeure lisible. Dernier quart du IIᵉ siècle ?

(À droite.)
Stèle d'un architecte ou d'un charpentier. Musée d'Autun.

valorisante. En cela les scènes « réalistes » sont moins la description d'un état de fait que l'expression d'une conquête, la recherche d'une reconnaissance ; elles constituent à ce titre les témoins matériels de bouleversements sociaux et, comme l'a récemment souligné S. Pannoux, le lieu d'expression des enjeux qui en résultent. Beaucoup reste à faire pour promouvoir une lecture qui soit autre chose qu'un déchiffrement au premier degré des détails matériels de ces bas-reliefs.

Cela dit, l'usage veut — et il est en grande partie corroboré par la réalité des tombeaux italiens ou méditerranéens de l'époque impériale — que l'on distingue dans les reliefs funéraires deux grandes catégories, qui du reste ne sont pas exclusives l'une de l'autre : d'une part ceux qui évoquent la vie terrestre du défunt, à travers sa famille (portraits de groupes), ses activités professionnelles (outils et instruments de l'artisan ; scènes de travail ou de commerce), les honneurs qu'il a revêtus (insignes des charges municipales, des prêtrises, des magistratures, assortis le plus souvent d'une inscription relatant la carrière), etc. ; d'autre part ceux qui, à travers des symboles religieux ou sotériologiques, évoquent sous une forme plus ou moins allégorique les espérances de l'au-delà. Les premiers, tournés vers l'extérieur et cherchant à prolonger après la mort le prestige politique ou social du défunt, se rencontrent plutôt, en Italie, à la fin de la République et au premier siècle de l'Empire ; les autres, intériorisés ou introvertis, comme on veut, sans qu'on puisse évidemment établir de clivage chronologique très net, apparaissent plutôt aux IIᵉ et IIIᵉ siècles. Ces derniers traduisent — c'est du moins ainsi qu'on les interprète à l'ordinaire — le désarroi croissant d'hommes qui ne sont plus des citoyens actifs, que la crise économique frappe de plein fouet, et dont l'isolement s'accroît avec la désagrégation du tissu social.

ICONOGRAPHIE RELIGIEUSE

Nos Gallo-Romains de la classe moyenne, profondément occupés à se faire représenter dans les menues aventures de leur vie quotidienne, ne sont pas de ceux, on l'aura compris, qui ont fourni les représentations symboliques les plus nombreuses ni les plus riches. Toutefois, en dépit d'une santé morale apparemment solide, certains d'entre eux n'ont pas manqué de se laisser séduire par les religions de l'Orient grec ; par-delà les représentations un peu convenues de telle ou telle divinité hellénique ou de telle scène mythologique (un Ganymède enlevé par un aigle à Sens ; un Hercule cueillant les pommes d'or des Hespérides à Périgueux ; une Vénus et un Adonis, au reste peu élégants, à Meaux, etc.), par-delà les motifs mis à la mode par l'iconographie de l'apothéose des empereurs, qui attestent qu'une part croissante de la population s'estime digne d'une survie personnelle (le symbole de l'aigle est en ce domaine le plus fréquent), ce sont surtout les allusions à des « cultes de salut » qui nous paraissent significatives ; d'autant que dans la Gaule romaine des IIᵉ et IIIᵉ siècles on découvre de plus en plus de sanctuaires consacrés à des divinités orientales, qu'il s'agisse d'Isis et de son panthéon égyptien, de Mithra, dont le culte à mystères tendant vers le monothéisme a laissé de nombreux témoignages, ou de la déesse Cybèle, d'Asie Mineure, dont les autels « tauroboliques » connaissent eux aussi, à la même époque, une ample diffusion.

De ce point de vue, un relief comme celui des « dendrophores » de Bordeaux mérite attention ; bien que sa taille (près de 1 mètre de haut et plus de 2 mètres de long dans son état actuel) et sa provenance (enceinte du Bas-Empire) rendent incertaine son attribution à un tombeau, il illustre les nombreuses inscriptions qui montrent qu'en Gaule la confrérie des « porteurs d'arbres » était assez répandue aux IIᵉ et IIIᵉ siècles. L'œuvre, d'un art accompli, évoque l'action de ces hommes qui avaient pour rôle, le jour de l'équinoxe de printemps, le 22 mars, de couper et de transporter un arbre dans le temple de la *Magna Mater*, Cybèle, la

Grande Mère orientale ; ce pin, entouré de bandelettes et paré de guirlandes, figurait Attis mort. Les « dendrophores » constituaient aussi une corporation professionnelle dont l'activité avait forcément quelque rapport avec les arbres, bien qu'on ne sache pas exactement la définir, et cette conjonction d'une fonction religieuse et d'un savoir-faire artisanal explique sans doute la relative fréquence des dédicaces et épitaphes où ils figurent, dans les Trois Gaules comme en Narbonnaise ; l'une d'elles vient d'être retrouvée à Aix-en-Provence, qui devient ainsi la septième ville de Narbonnaise où l'on connaisse une telle corporation.

D'autres exemples de reliefs à tonalité mythologique ou religieuse pourraient être allégués, mais ils procèdent en général d'une exploitation plutôt maladroite du répertoire traditionnel et n'offrent pas la puissante originalité des représentations de la vie quotidienne évoquées ci-dessus ; de toute évidence les artistes de la Chevelue étaient plus à l'aise dans l'extroversion et le vérisme.

LA FIN DE L'ARCHITECTURE FUNÉRAIRE EN GAULE

Il semble qu'après le milieu du IIIe siècle les témoins de l'architecture et de la plastique funéraires perdent beaucoup de leur expression monumentale ; les plus récents des grands mausolées, en Germanie et en Gaule Belgique, restent antérieurs à la grande invasion de 253 qui, dans les provinces occidentales de l'Empire, a marqué la fin de l'art régional romain. La prospérité qui, en favorisant l'existence d'une aristocratie de propriétaires et de commerçants, en développant le grand négoce le long des voies de trafic, de Bordeaux à Trèves, de la Saône au Rhin, avait permis l'essor d'une typologie et d'une iconographie diversifiées, se trouve désormais fortement altérée ; les troubles politiques et les ruptures qui se créent entre les diverses régions de l'Empire tarissent le mouvement fécond des échanges.

Certaines régions, dans le centre et le sud-ouest de la Gaule romaine, gardent cependant les traditions anciennes, et le phénomène que nous avons relevé à propos des villas se manifeste évidemment dans le domaine funéraire. Un bel exemple en est fourni par le complexe de Lanuéjols en Lozère, déjà cité plus haut ; construit au IVe siècle de notre ère pour des jeunes gens, les *Pomponii*, qui portent un gentilice romain, il comporte une vaste chambre quadrangulaire, à l'intérieur de laquelle des niches accueillaient les sarcophages ; les murs en pierres soigneusement appareillées, les pilastres d'angle dont les chapiteaux présentent une interprétation acceptable de l'ordre corinthien, les motifs décoratifs (rinceaux de vignes, guirlandes, oiseaux de part et d'autre d'un canthare chargé de fruits) traduisent un goût classicisant, nourri d'une culture qui n'a rien à envier aux monuments du début de l'Empire.

Mais le cas demeure isolé. De même, le très grand ensemble funéraire fouillé naguère par M. Euzennat et G. Hallier dans la nécropole du cirque à Arles, construit après le milieu du IVe siècle, témoigne d'une richesse et d'une puissance peu communes, puisqu'il comportait une salle circulaire de plus de 17 mètres de diamètre, inscrite dans un carré de 20 mètres de côté, en liaison avec une séquence de cinq pièces disposées symétriquement sur plus de 42 mètres de longueur. Mais il s'agit d'un épisode très particulier, et du reste éphémère, de l'histoire architecturale de la région, puisque l'on a pu l'identifier avec beaucoup de vraisemblance comme le mausolée de Constantin III, empereur météorique porté au pouvoir en 407 par les légions de Ravenne ; le fait que ce mausolée ait été totalement arasé avant même d'avoir été achevé constitue comme le symbole de ces temps d'incertitude et de trouble.

(Double page précédente.)
<u>Les « dendrophores » de Bordeaux</u>. *Musée d'Aquitaine. Cette composition vigoureuse présente quatre « porteurs d'arbre » disposés en quinconce. Sans doute s'agit-il de la communauté qui, chaque année, au printemps, faisait entrer dans la ville, lors des cérémonies liées au culte de Cybèle et d'Attis, l'arbre sacré, symbole de la végétation renaissante.*

<u>Une vue du complexe funéraire de Lanuéjols</u> *(Lozère), bâti au IVe siècle de notre ère.*

<u>Détail du mausolée de Lanuéjols.</u>

Conclusion

Lyon. Quartier du Verbe Incarné. Ce panneau décorait le sol d'un salon d'une habitation relativement modeste. Il est composé de plaques de marbre, de calcaire et d'ardoise géométriquement réparties autour d'un disque de granite. Certaines plaques sont des remplois, et l'on note diverses réparations plus ou moins sommaires, signes d'un appauvrissement et d'une dégradation du cadre de vie. Fin IIe-début IIIe siècle après J.-C.

Ce voyage en Gaule romaine a davantage ressemblé à une série d'excursions qu'à un circuit complet. Il était exclu d'abord en quelques pages tous les aspects aujourd'hui connus de l'activité de tant de régions sur une aussi longue période. Pour éviter une anthologie par trop arbitraire, il nous est apparu que la formule la moins mutilante était peut-être de procéder d'abord à un tour géographique, essentiellement consacré aux villes (les cinq premiers chapitres) et de compléter cette première approche par des enquêtes thématiques (les cinq derniers chapitres). Mais pour autant, beaucoup de documents n'ont pu être examinés, ou l'ont été sous une forme trop allusive, particulièrement dans les domaines connexes des arts plastiques et de l'artisanat. C'est en fait le cadre de la vie publique et privée, urbaine et rustique, avec les vestiges qu'on en retrouve sur le terrain, qui s'est imposé à nos yeux comme le phénomène le plus significatif de la romanisation des Gaules, et de ses limites. Son évocation, si fragmentaire qu'elle soit elle-même restée, nous a servi de fil d'Ariane pour cette prise de contact avec un univers foisonnant où multiples sont les voies qui s'ouvrent, et plus encore celles qui restent à défricher.

Eussions-nous disposé d'un volume plus important, nous n'aurions pu, de toute façon, que décrire la partie émergée de l'iceberg. Même si l'archéologie a très largement étendu le champ de ses observations grâce à l'affinement de ses méthodes et à la structuration de ses problématiques, elle reste et restera la science des lacunes, trop souvent tributaire des conditions aléatoires de l'exploration et du caractère sporadique des trouvailles. Certes les archéologues ne se contentent plus, depuis longtemps, de recueillir l'écume des choses et des jours ; ils cherchent autant que possible à reconstituer des trames. Mais chaque découverte, si importante qu'elle paraisse, est difficile à situer à sa place, plus difficile encore à évaluer. Il est clair que nous restons victimes d'erreurs de perspective qui tiennent à la nature même de la documentation et à la rareté des échantillons statistiquement pertinents. Nous ne savons presque rien, nous l'avons dit, de la masse des paysans gallo-romains, de leurs conditions d'existence réelles, et du niveau de vie auquel ils ont pu parvenir, face aux habitants des villes qui, du moins pour les catégories les plus aisées, se laissent appréhender plus facilement. Inversement, ce qui semble mieux connu peut entraîner, du fait même de son isolement, des illusions dont certaines ne sont pas près de se dissiper. Par exemple, ce qui, à travers les ruines imposantes de tel site, nous apparaît comme un ensemble urbain de première importance, n'a souvent été en fait, au plus fort de son développement, qu'une ville dont la modestie nous étonnerait beaucoup si nous pouvions en avoir une idée complète. Il n'est pas sans signification qu'aux yeux des Italiens ou des Gréco-Orientaux des deux premiers siècles de notre ère, les agglomérations de l'Occident romain, et particulièrement des Gaules, soient toujours restées, quelle qu'ait pu être leur prospérité réelle, des bourgades perdues aux limites du monde civilisé ; Pline le Jeune s'étonnait que ses livres fussent vendus sur les rives du Rhône ou de la Saône : « Je ne pensais pas, écrit-il, qu'il y eût des libraires à Lyon... » Que pensait-il, alors, de Metz ou de Saintes, si tant est qu'il en ait soupçonné l'existence ? Erreur de perspective, là aussi, due aux ravages d'un ethnocentrisme qui refuse d'intégrer au monde organisé les provinces non méditerranéennes ? Peut-être, mais de telles appréciations invitent à relativiser toute conclusion.

S'agissant d'évaluer le degré de romanisation des provinces gauloises, il est clair que nul ne saurait, sans abus, proposer une formule globale.

La diversité des situations et de leurs variations diachroniques nous l'interdit, mais aussi le caractère inévitablement ambigu de tous les témoignages exploitables. Nous évoquions à l'instant la boutade méprisante de Pline ; il reste qu'elle a été motivée par la nouvelle, transmise par l'un de ses correspondants, qu'il se trouvait à Lyon, dans les toutes dernières années du Ier siècle de notre ère, des gens pour acheter (et peut-être même pour lire) des œuvres de cet auteur à la mode. Exactement à la même époque, le poète Martial se réjouit et s'étonne que ses épigrammes soient connues jusqu'à Vienne...

Le poids de tels indices diffère considérablement selon que les achats en question sont le fait de magistrats en poste dans les Gaules, de riches négociants ou voyageurs de passage, de colons d'origine italienne ou de Gallo-Romains lettrés ; seule, en principe, la dernière hypothèse aurait quelque portée pour notre propos, mais elle est, on s'en doute, impossible à vérifier. Ne subsiste finalement que la mention de marchands de livres établis dans la capitale confédérale, ce qui, en soi, n'est pas rien. Mais les mêmes incertitudes s'appliquent aux autres signes toujours allégués en pareil cas : les plus belles statues marmoréennes recueillies dans les édifices publics ou les riches demeures sont pour la plupart, du moins au début de l'Empire, importées ; certes, elles contribuent à « romaniser » le cadre de vie, elles apportent des formes, des idées, des symboles, qui peuvent avoir une influence plus ou moins profonde sur les choix et les goûts des gens qui les côtoient, mais là encore il s'avère impossible d'évaluer ce qu'on appellerait aujourd'hui l'impact de tels éléments. Le magnifique buste en forme de Janus retrouvé en 1970 à Fréjus (une tête de Jupiter archaïsant d'un côté, une tête de jeune satyre de l'autre) est à cet égard emblématique ; le caractère indéfinissable du sourire des deux personnages constitue comme un défi lancé aux archéologues et aux historiens : il est une part de secret, dans ces phénomènes, qui échappera toujours aux exégèses les mieux informées ou les plus ingénieuses.

En termes de hiérarchie sociale, de mode de vie et d'ouverture économique, la romanisation est cependant une réalité quotidienne qui s'étend bien au-delà de la frange privilégiée des notables. Ceux-ci, très vite intégrés au système, contribuent à entretenir, dans l'univers urbain, les hiérarchies et les dépendances qui conduisent progressivement à l'absorption de tous les membres actifs de la communauté : la basilique où se traitent les affaires, la curie où siègent les décurions, le tribunal où se rend la justice, ne définissent pas seulement les cadres administratifs et juridiques ; ils sont le lieu où se structurent les relations sociales, se mesurent les ambitions, se gagnent ou se perdent les moyens de subsistance. Les monuments et les représentations figurés ou symboliques qui accueillent et dominent toutes les démarches de l'activité publique ou privée contribuent à modeler pour longtemps les comportements individuels et collectifs. Les foules qui se pressent dans les théâtres, les amphithéâtres ou les thermes, les commerçants et artisans dont les échanges, les techniques, les ressources financières sont désormais comparables à ceux de leurs collègues d'Italie du Nord ou d'Asie Mineure ont tous accès, à des degrés divers, et même si fort peu s'expriment dans un latin orthodoxe, à une part de ce « Roman way of life » qui est d'abord un modèle culturel.

Dans les campagnes, les terres cultivables recentrées autour des villas, ordonnées selon les lignes maîtresses des carroyages réguliers, représentent à la fois la résultante et le moyen d'une profonde modification des activités et des pratiques culturales. La paix et la relative prospérité des deux premiers siècles de notre ère ne profitent évidemment pas à tout le monde, et les paysans indigènes spoliés de leurs biens, les petits propriétaires pres-

Pièces provenant d'un trésor d'argenterie retrouvé en 1985 dans la fouille de la place Camille-Jouffray à Vienne. Elles datent du IIIe siècle et témoignent du savoir-faire ainsi que de la richesse du répertoire d'ateliers spécialisés dans l'artisanat de luxe, qu'il faut sans doute localiser en Gaule du Nord-Est ou dans la vallée du Rhin.

surés par les taxes et menacés par l'extension des grands domaines connaissent l'envers de la romanité. Mais les cadres ainsi définis organisent pour des siècles le paysage rural français. Le luxe des grandes demeures et le décor très « urbain » dont s'entoure la résidence du maître ne sont que l'aspect le plus extérieur, et peut-être le moins signifiant, d'une mutation dont les effets sont loin d'être tous positifs ; mais, dans certaines régions du moins, ils survivront à l'effondrement de l'ordre romain.

Les grands sanctuaires « ruraux » et leurs annexes rassemblent d'autre part les masses paysannes pour des rencontres périodiques dont la raison profonde peut être une foire ou une cérémonie ancestrales sur un lieu de culte aux vertus salutaires où la communauté ethnique se regroupait dès avant la conquête, mais la forme revêtue par le site, les liturgies qui s'y déploient et les spectacles qui les accompagnent contribuent désormais à l'acculturation des habitants des campagnes. Le culte impérial y joue son rôle, ici comme dans les centres monumentaux des villes. Les études récentes prouvent qu'en ce domaine la « foi » compte moins (à vrai dire, nul n'était tenu de « croire » à la divinité d'un empereur défunt, pourvu qu'il accomplît un certain nombre de gestes) que la mainmise sur les points de convergence traditionnels et la représentation d'un ordre social. Celui-ci est constamment mis en spectacle, dans les processions religieuses, dans les représentations théâtrales, dans les jeux de l'amphithéâtre et dans les réceptions offertes aux gouverneurs provinciaux : la fête impériale annexe toutes les formes de la réjouissance populaire pour en canaliser les forces et construire, en milieu urbain comme en milieu rural, la réalité tangible de l'Empire. Si symbolique qu'elle puisse nous apparaître aujourd'hui, cette réalité, inscrite dans l'espace, scandée par les volumes des monuments publics, explicitée par une iconographie omniprésente, n'en a pas moins durablement modifié toutes les données géographiques et humaines du « substrat » gaulois. Elle résistera, en bien des secteurs, à la fameuse crise du IIIe siècle.

Cette crise, qui marque pour l'essentiel le terme de notre réflexion, n'est plus aujourd'hui considérée comme aussi radicale qu'on le croyait encore voici seulement trente ans. De fait, les destructions violentes et les incendies observés sur le terrain, depuis le Rhin jusqu'aux Pyrénées, ne sont pas tous imputables aux migrations germaniques dont les premières poussées importantes (percée des Francs vers Reims et Paris, des Alamans vers Lyon) se situent dans les années 259-260. La dégradation du tissu économique et social explique aussi, en grande partie, la perméabilité des frontières rhénanes (après celles du Danube), et la facilité relative avec laquelle, dès 275, les « Barbares » peuvent traverser toute la Gaule. La réapparition de l'insécurité, oubliée depuis près de trois siècles, n'est pas due seulement à la présence de ces bandes armées venues d'outre-Rhin ; elle tient aussi à ce que le système génère un nombre croissant d'exclus (cultivateurs spoliés, soldats déserteurs, esclaves fugitifs, prolétariat urbain que l'absence de grands travaux laisse démuni, etc.). De véritables jacqueries éclatent, surtout dans le Centre et l'Ouest, et un rhéteur pourra écrire, en 307, que les Gaules sont en passe de revenir à un état voisin de la barbarie. Amplification abusive, sans aucun doute, mais qui montre à quel point les temps changent : de nombreux sites ruraux sont abandonnés, presque toutes les villas de la Gaule Belgique septentrionale disparaissent ; dans le centre et l'ouest de la Lyonnaise, les exploitations se raréfient. Toutefois, d'autres régions résistent mieux à cette régression, tels la Narbonnaise et, en Aquitaine, le Berry, le Poitou, et toutes les « cités » méridionales où l'on note même, au cours du IVe siècle, la constitution de nouvelles propriétés importantes. Il en va de même pour les villes, dont on a longtemps admis qu'elles furent toutes affectées, entre la fin du IIIe et le IVe siècle, d'un mouvement de rétraction, les agglomérations fortifiées se trouvant dès lors très au large dans leur rempart du Haut-Empire, les villes ouvertes s'enfermant frileusement dans une fortification bâtie à la hâte avec des éléments de remploi. Le phénomène est observable en divers endroits, mais ce qui prime c'est la diversité, et l'on ne saurait appliquer les mêmes critères à l'évolution urbaine de l'ouest, de l'est et du midi de la Gaule. Les historiens de cette période ne sont plus aussi certains que les enceintes médiévales des villes de Narbonnaise (Aix, Fréjus, Narbonne, Béziers, Arles, Vienne), resserrées autour de leur groupe épiscopal, remontent au IIIe siècle. On constate qu'à la même époque plusieurs chefs-lieux du nord-est de la Gaule — en principe la région la plus menacée — ne construisent ni enceinte nouvelle ni enceinte réduite : Autun, Metz, et sans doute Reims estiment apparemment pouvoir rester, vis-à-vis de l'extérieur, dans la même situation qu'auparavant. Quant aux murailles dont on peut prouver qu'elles datent du IIIe siècle ou du IVe siècle, elles présentent souvent, par leur ampleur et leur robustesse l'aspect de constructions encore monumentales (Senlis, Rouen, Le Mans, Tours, Périgueux, par exemple).

À vrai dire, dans bien des villes, les structures massives des monuments antiques subsistent, et avec elles les habitudes qu'elles avaient engendrées ; même les temples et les sanctuaires païens gardent encore, au IVe siècle, une grande place dans la vie des communautés. À plus forte raison, les liens que la sociabilité romaine avait créés autour des thermes ou des amphithéâtres ne se dissolvent que lentement, et s'ils sont pour beaucoup d'entre eux progressivement remplacés par d'autres édifices, ces anciens centres de la vie collective restent au cœur du nouvel ordre qui s'instaure : ainsi, l'un des établissements thermaux de Cimiez, que nous avons évoqué p. 108-109, laisse sa place à la cathédrale et à son baptistère.

La Gaule romaine ne meurt pas, elle se transforme. Et nous vivons encore souvent, sans le savoir, non seulement sur les sites, mais dans les cadres intellectuels, administratifs, juridiques mis en place au cours des deux premiers siècles de l'Empire, cadres que l'Église chrétienne a su du reste revivifier et reprendre à son compte dès les IVe et Ve siècles pour assurer sa prééminence.

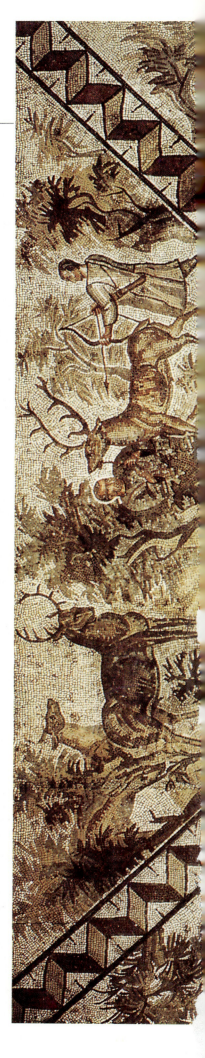

Mosaïque de la chasse au cerf provenant de Lillebonne (Seine-Maritime) et conservée au musée des Antiquités de Rouen. Autour du médaillon central, divers procédés pour capturer le cerf sont décrits ; on notera l'utilisation d'un cerf apprivoisé qui attire ses semblables et la présence des célèbres chiens courants gaulois, qui forment déjà de véritables meutes.

194 LA FRANCE GALLO-ROMAINE

Orientation bibliographique

Nous présentons sous cette rubrique un choix de livres, à l'exclusion des articles spécialisés qui ont souvent servi de base à notre réflexion ; le lecteur qui souhaiterait une information plus poussée pourra trouver les références aux principaux de ces articles dans les ouvrages les plus récents de la liste ci-dessous :

I. OUVRAGES GÉNÉRAUX

Synthèses et manuels

F. Beck, H. Chew, *Quand les Gaulois étaient Romains*, Gallimard, coll. « Découvertes », n° 63, Paris, 1989.
G. Coulon, *les Gallo-Romains*, A. Colin, Paris, 1990 (2 vol.).
P.-M. Duval, *la Vie quotidienne en Gaule pendant la paix romaine*, Hachette, Paris, 1952.
A. Grenier, *Manuel d'archéologie gallo-romaine*, Picard, Paris, 1931-1960 (7 vol.).
J.-J. Hatt, *Histoire de la Gaule romaine*, Payot, Paris, 1966.
L. Lerat, *la Gaule romaine*, Errance, Paris, 1986 (2ᵉ édit.).

Ouvrages collectifs : • *Archéologie en France métropolitaine*, Courrier du CNRS, Dossier scientifique n° 73, Paris, 1989. • *De Lascaux au Grand Louvre* (Ch. Goudineau, J. Guilaine dir.), Errance, Paris, 1989.

Monographies régionales

Les villes de la Gaule Belgique au Haut-Empire, supplément n° 3-4 à la *Revue archéologique de Picardie*, 1984.
P.-A. Février (dir.), *la Provence des origines à l'an mil*, Ouest-France Université, 1989.

II. L'URBANISATION, LES VILLES ET LEURS MONUMENTS

Synthèses

R. Bedon, R. Chevallier, P. Pinon, *Architecture et urbanisme en Gaule romaine*, Errance, Paris, 1988 (2 vol.).
Ch. Goudineau, « Les villes de la paix romaine », dans *Histoire de la France urbaine*, I, Seuil, Paris, 1980.
P. Gros, M. Torelli, *Storia dell'Urbanistica. Il mondo romano*, Rome-Bari, 1988.

Ouvrage collectif : *Archéologie et projet urbain*, ministère de la Culture, Paris-Rome, 1985.

Choix de monographies sur les villes

A. Audin, *Lyon, miroir des Gaules*, Fayard, Paris, 1979.
D. Bayard, J.-L. Massy, « Amiens romain » (*Samarobriva Ambianorum*), *Revue archéologique de Picardie*, 1982.
M. Clavel, *Béziers et son territoire dans l'Antiquité*, Les Belles-Lettres, Paris, 1970.
P.-M. Duval, *Paris antique, des origines au IIIᵉ siècle*, Hermann, Paris, 1961.
R. Étienne, *Bordeaux antique*, Féd. hist. du Sud-Ouest, 1962.
J. Le Gall, *Alésia, archéologie et histoire*, Fayard, Paris, 1963 (réédition 1990).
M. Labrousse, *Toulouse antique*, Paris, 1968.
L. Maurin, *Saintes antique*, Saintes, 1978.
A. Pelletier, *Vienne antique*, Roanne, 1982.

Ouvrage collectif : Ugernum. *Beaucaire et le Beaucairois à l'époque romaine*, CNRS, Caveirac, 1987 (2 vol.).

N.B. : Les *Guides archéologiques de la France* (Édit. minist. de la Culture) proposent, sous une forme concise mais vivante, des synthèses rapides sur les sites urbains gallo-romains (principaux volumes parus : Alba, Alésia, Arles, Autun, Besançon, Les Bolards, *Glanum*, Narbonne, Orange, Saint-Romain-en-Gal, Vaison-la-Romaine).

Les monuments publics et leur décor

R. Amy et alii, *l'Arc d'Orange*, 15ᵉ supplément à *Gallia*, Paris, 1962 (2 vol.).
R. Amy, P. Gros, *la Maison carrée de Nîmes*, 38ᵉ supplément à *Gallia*, Paris, 1979 (2 vol.).
F. Benoît, *Fouilles de Cemenelum, I. Cimiez, la ville antique*, De Boccard, Paris, 1977.
J. Doreau, J.-Cl. Golvin, L. Maurin, *l'Amphithéâtre gallo-romain de Saintes*, CNRS, Paris, 1982.
M. Janon, *le Décor architectonique de Narbonne. Les rinceaux*, CNRS, Paris, 1986.
J. Lauffray, *la Tour de Vésone à Périgueux*, 49ᵉ supplément à *Gallia*, Paris, 1990.
R. Martin, P. Varène, *le Monument d'Ucuétis à Alésia*, 26ᵉ supplément à *Gallia*, Paris, 1973.
H. Rolland, *l'Arc de Glanum*, 31ᵉ supplément à *Gallia*, Paris, 1977.
D. Tardy, *le Décor architectonique de Saintes antique*, CNRS, Paris, 1989.
P. Varène, *l'Enceinte de Nîmes*, I, *les murs et les tours*, 53ᵉ supplément à *Gallia* (sous presse).
H. Walter, *la Porte Noire de Besançon*, Les Belles-Lettres, Paris, 1985 (2 vol.).

L'habitat urbain

Ch. Goudineau, *les Fouilles de la Maison au Dauphin. Recherches sur la romanisation de Vaison-la-Romaine*, 37ᵉ supplément à *Gallia*, Paris, 1979.
M. Mangin, *Un quartier de commerçants et d'artisans d'Alésia. Contribution à l'histoire de l'habitat urbain en Gaule*, Les Belles-Lettres, Paris, 1981 (2 vol.).
M. et R. Sabrié, Y. Solier, *la Maison à portiques du Clos de la Lombarde à Narbonne et sa décoration murale*, CNRS, Paris, 1987.

III. LE MONDE RURAL

Études générales
R. Agache, *la Somme préromaine et romaine*. Antiquaires de Picardie, Mémoire n° XXIV, Amiens, 1978.
A. Ferdière, *les Campagnes en Gaule romaine*, Errance, Paris, 1988 (2 vol.).
M. Le Glay, *la Gaule romanisée (Histoire de la France rurale, I)*, Seuil, Paris, 1975.
A. Piganiol, *les Documents cadastraux de la colonie romaine d'Orange*, 16e supplément à *Gallia*, Paris, 1962.
A. Tchernia, *le Vin de l'Italie romaine*, École française de Rome, Rome, 1986.

Monographies sur les villas
G. Fouet, *la Villa gallo-romaine de Montmaurin (Haute-Garonne)*, 20e supplément à *Gallia*, 1969 (réimp. 1983).
R. Monturet, H. Rivière, *les Thermes sud de la villa gallo-romaine de Séviac*, CNRS, Paris-Bordeaux, 1986.

IV. SCULPTURE, PEINTURE, MOSAÏQUE, GLYPTIQUE

Sculpture
E. Espérandieu, *Recueil général des bas-reliefs, statues et bustes de la Gaule romaine*, Paris, 1907-1966 (14 volumes).
S. Deyts, *Dijon, musée archéologique, sculptures gallo-romaines*, éd. des Musées nationaux, Paris, 1976.
G. Narzic, *la Sculpture en Gaule romaine*, Paris, 1989.
E. Will, *la Sculpture romaine au musée lapidaire de Vienne*, Vienne, 1952.

Peinture
A. Barbet, *Recueil des peintures murales de la Gaule I. Province de Narbonnaise, 1, Glanum*, 27e supplément à *Gallia*, Paris, 1974 (2 vol.).

Mosaïque
Recueil général des mosaïques de la Gaule, Dix fascicules parus, 10e supplément à *Gallia*, Paris, 1957-1987 (auteurs : H. Stern, M. Blanchard-Lemée, J.-P. Darmon, H. Lavagne, J. Lancha, C. Balmelle).

Glyptique
H. Guiraud, *Intailles et camées de l'époque romaine en Gaule*, 48e supplément à *Gallia*, Paris, 1988.

V. CÉRAMIQUE

C. Bémont, *Moules de gobelets ornés de la Gaule centrale au musée des Antiquités nationales*, 33e supplément à *Gallia*, Paris, 1977.
F. Laubenheimer, *la Production des amphores en Gaule Narbonnaise sous le Haut-Empire*, Univ. de Besançon, 1985.
R. Maréchal, *les Graffites de La Graufesenque*, 47e supplément à *Gallia*, Paris, 1988.

VI. RITES ET MONUMENTS FUNÉRAIRES

F. Braemer, *les Stèles funéraires à personnages de Bordeaux*, A. Picard et fils, Bordeaux, 1959.
A. van Doorselaer, *les Nécropoles d'époque romaine en Gaule septentrionale*, Bruges, 1967.
J.-J. Hatt, *la Tombe gallo-romaine*, Picard, Paris, 1986 (nouv. édit.).
D. Joulia, *les Frises doriques de Narbonne*, Latomus, Bruxelles, 1985.
E. Planson et alii, *la Nécropole des Bolards à Nuits-Saint-Georges*, CNRS, Paris, 1982.
J. Prieur, *la Mort dans l'antiquité romaine*, Ouest-France Université, 1986.
H. Rolland, *le Mausolée de Glanum*, 21e supplément à *Gallia*, Paris, 1969.
A. Roth Congès, *Le Mausolée de l'île du Comte*, dans *Ugernum, Beaucaire et le Beaucairois à l'époque romaine*, 2, CNRS, Caveirac, 1987.
E. Thévenot, *Divinités et sanctuaires de la Gaule*, Fayard, Paris, 1968.
H. Walter, *la Sculpture funéraire gallo-romaine en Franche-Comté*, Paris, 1974.

Index

Les numéros des pages indiqués en romain renvoient au texte principal. Ceux indiqués en *italiques* renvoient aux légendes des illustrations.

A

Aix-en-Provence (*Aquae Sextiae*), 10
   Tour funéraire, 10
Alésia, 65, 66, 127
   Basilique judiciaire, 65
   Forum, 65
   « Monument d'*Ucuetis* », *66*, 66
   Place publique, 65
   Quartier commercial, 127
   Temple, 65
   Théâtre, 65
Amiens (*Samarobriva*), 10, *76*, 76
   Amphithéâtre, 10, *76*, 81
   Complexe administratif, 81
   Forum, 76
   Place publique, 76
   Temple, 76
   Thermes dits « de la rue de Beauvais », 81
Angers (*Juliomagus*)
   Théâtre-amphithéâtre, 66
Antigny, 94
   Temple, 94
   Théâtre, 94
   Thermes, 94
Argenton (Alpes de Haute-Provence), 170
   Tombeau, 170
Argenton-sur-Creuse (*Argentomagus*), 94
   Amphithéâtre, 94
   Théâtre, 94
Arles (*Colonia Julia Arelate Sextanorum*), 10, 34-38, *34*
   « Arc admirable », 37
   « Arc du Rhône », 10, 37
   Amphithéâtre, 49, 64
   Cryptoportiques, *31*, *35*, 35, 36, *83*
   Forum, *31*, *35*, 35-37
   « Nécropole du cirque », 186
   Théâtre, 10, *36*, 36, *37*, 42, 57
Autun (*Augustodunum*), 60-64
   Amphithéâtre, 64
   Forum, 61
   « Porte d'Arroux », *61*, 61
   « Porte Saint-Andoche », 64
   « Porte Saint-André », 61, 64
   Rempart, 44, *53*, 61
   « Temple de Janus », 91, *141*, 142

B

Barbegal
   Moulin à eau, *110*, 110, 111
Bavay (*Bagacum*), 82
   Basilique judiciaire, 82
   Cryptoportiques, 35, *69*, 82
   Forum, *69*, 81
   Place publique, 82
   Temple, 82
Beaucaire (*Ugernum*)
   Mausolée, *172*, 172
Besançon (*Vesontio*)
   « Porte Noire », *83*
Bordeaux (*Burdigala*), 10, 94
   Amphithéâtre (« palais Galien »), 88, *94*, 94
   Dendrophores (Relief des), 183, *186*
   « Piliers de Tutelle », 10, 94
Bourges (*Avaricum*), 93, 94
   Portique, 93, 94

C

Carpentras (*Carpentorate*), 26
   Arc de triomphe, *26*, 26, 48
Cavaillon (*Cabelio*)
   Tétrapyle, 48, *49*, 49
Chiragan, 165, 166
   Villa, 158, 164-166
Cimiez (*Cemenelum*)
   « Thermes du Nord », 108, *109*, 109

Cinq-Mars
   Tombeau-pile, 178
Champlieu, 137, 140
   Temple, 137
   Théâtre, 137
   Thermes, 137

D

Die (*Dea Augusta Vocontiorum*)
   Arc de triomphe, 45

E

Eu
   Théâtre-amphithéâtre, 66

F

Famars
   Fragments d'enduits, 6, *122*, 123
Faverolles, 175
   Mausolée, 177
Fréjus (*Forum Julii*)
   Amphithéâtre, 50
   Aqueduc, 101
Feurs (*Forum Segusiavorum*), 58-60
   Basilique judiciaire, *59*, 59, 60
   Place publique, *59*, 60
   Temple, *59*, 60

G

Genainville (*Petromantalum*), 135
   Fronton, 135-136, *136*
   Temple (grand), 135, *136*
   Temple (petit), 135
   Théâtre-amphithéâtre, 135
Glanum (St-Rémy-de-Provence), 26, 30-34, *32*, *114*, 114
   Arc de triomphe, 9, *26*, 26, 44, *45*, 45, 47, 48
   Basilique, *30*, 34
   Bouleutérion, 31, 32
   Forum, *30*, 32, 34
   « Maison de Cybèle et d'Attis », *114*, *115*, 115, 117
   « Maison des antes », *116*, *117*, 118
   Mausolée, *170*, *171*, 171, 172, 177, 179
   Sanctuaire, 31, 32, 146
   Temples géminés, *30*, 148
   Thermes, *30*, 106, *107*
Grand, 74, *75*, 140
   Basilique judiciaire, 74
   « Temple d'Apollon », *75*
   Théâtre-amphithéâtre, 75

L

La Grange-du-Bief, 164, 165
   Villa, 164, 165, 167
Lalonquette
   Villa, *154*, 164, 167
Langres (*Andematunum*), 10
   « Porte de Moab », 10
Lanuéjols
   Mausolée, 177, *186*, 186
La Turbie
   « Trophée des Alpes », 10, 17
Le Chastellard-de-Lardiers
   Sanctuaire, 146
Le Clots de Raynaud
   Atelier de Sallèles d'Aude, *22*, 23
Les Bolards
   Sanctuaire, 140
Le Vieil-Évreux
   Sanctuaire, *148*, 148
Lillebonne
   Mosaïque, *192*
Limoges (*Augustoritum*)
   Amphithéâtre, 88
Lisieux (*Noviomagus*)
   Théâtre-amphithéâtre, 66
Locmariaquer
   Théâtre-amphithéâtre, 66

Lussas-et-Nontronneau
 Villa, 167
Lyon (*Lugdunum*), 54-58
 « Aqueduc de Brevenne », 98
 « Aqueduc de Craponne », 98
 « Aqueduc de Gier », *98*, 98, 99, 101
 Forum, 56
 « Nécropole de Trion », 172
 « Quartier des Canabae », 54, 58
 « Quartier du Verbe Incarné », *189*
 « Quartier Saint-Jean », 127
 « Sanctuaire des Trois Gaules », *19*, *54*, 54-56, *55*
 Temple, 58
 Théâtre (grand), *56-58*, 56-58
 Théâtre (petit), *56-58*, 56-58

M

Metz (*Divodurum*), 70
 Amphithéâtre (grand), 64, *70*
 Amphithéâtre (petit), 70
 Aqueduc, 101, *102*
 Basilique, *70*
 « Stèle de Marcelinus », *177*
 « Stèle du paiement des impôts », *179*
 Thermes, 70
Montmaurin, 166, 167
 Villa, *158*, 164-167, *166*

N

Narbonne (*Narbo Martius*), 120
 Ambulacres souterrains, 35
 « Maison du Clos de la Lombarde », *122*, 121
 Sanctuaire du culte impérial, 55
 Tombeaux, 29
Nîmes (*Colonia Augusta Nemausus*), 10, 38-42, 44, 45, 50, 174
 Amphithéâtre, 31, *50*, 50, 64
 Aqueduc, 102, *103*, 104

Arènes, 10, *12*
« Augusteum », *38*, 45
Château d'eau, *104*
Forum, 41
« Maison Carrée », 10, *12*, 32, *40*, 40, *41*, 41, 90, 148, 175
« Porte d'Auguste », 10, 44, 45, *53*, 61
Rempart, 44
« Sanctuaire de la Fontaine », *39*, 146
Stèles, 29, *174*
« Temple de Diane », *39*, 40
« Tour Magne », *12*, 45, *47*
Xyste, 31

O

Orange (*Colonia Julia Firma Secundanorum Arausio*), 9, 10, 42-44
 Arc de triomphe, *9*, *10*, 10, 26, 37, *45*, 45, 47, *48*, 48
 Cadastre, *153*, 153
 Forum, 42
 Temple, 42, 44
 Théâtre, 9, 10, 31, 42, *43*, 43, 44

P

Paris (*Lutetia*), 10
 « Arènes de Lutèce », 66, *67*, 67
 « Thermes de Cluny », 10, 108
Périgueux (*Vesunna*), 10, 91-93
 Amphithéâtre, 10, 88
 Basilique judiciaire, 91
 Forum, 91
 « Maison des Bouquets », 123
 « Porte de Mars », 10
 Temple, 91
 Thermes, 89
 « Tour de Vésone », 91, *92*, 93, 93, 140
Poitiers (*Limonum*)
 Amphithéâtre, 64, 88
« Pont du Gard », *97*, 102, 104

R

Reims (*Durocortorum*), 10
 Cryptoportiques, 35, 82, *83*
 « Porte Bazée », 10
 « Porte de Mars », 14
Ribemont-sur-Ancre, *135*, 135
 Temple, 135
 Théâtre, 135
 Thermes, 135
Rouen (*Rotomagus*)
 « Maisons de la rue des Arsins », 123
Rouvres-en-Plaine
 Villa, 164

S

Saint-Bertrand-de-Comminges (*Lugdunum Convenarum*), 90, *91*
 Amphithéâtre, 90
 Forum, 90
 Marché, 90
 Place publique, 90
 Temple, 90
 Théâtre, 90
 « Thermes du Forum », 90
 « Thermes du Nord », 89, 90
Sainte-Colombe
 « Mosaïque du Châtiment de Lycurgue », *128*
 Thermes, 109
Saint-Émilion
 Villa, 167
Saintes (*Mediolanum*), 85-90
 Amphithéâtre, *86-87*, 88, 89
 Arc de triomphe, *85*, 88
 Basilique judiciaire, 90
 Thermes, 88, 89
Saint-Romain-en-Gal, *127*, 127, 128
 « Maison des dieux Océans », *126*, 128
 Mosaïque, *158*
Saint-Sever
 « Villa de Gleizia d'Augreilh », *165*

Saint-Ulrich
 Villa, 166
Sanxay, 132
 Hôtelleries, 132, 146
 Temple, 132, *133*
 Théâtre-amphithéâtre, 132, *133*, *134*, 135
 Thermes, 132
Senlis (*Augustomagus*)
 Théâtre-amphithéâtre, 66
Sens (*Agedincum*)
 Stèle, 177
Séviac
 Villa, *167*, 167

T

Tourmont
 Villa, 158
Tours (*Caesarodunum*), 10
 Amphithéâtre, 10

V

Vaison-la-Romaine (*Vasio*), 118
 « Maison du Buste d'argent », 120
 « Maison du Dauphin », 118, *120*, 120
 Maison dite du « Prétoire », 120
 Thermes, 106
Vernègues, 148
 Temple, *131*, *146*, 148
Vienne (*Vienna*), 10
 Forum, 132
 Mosaïque dite des xenia, *123*
 Rempart, 44, 45
 « Temple d'Auguste et de Livie », 10, 41, 148
 Tétrapyle, 49
Vieux (*Aregenua*)
 Théâtre-amphithéâtre, 66
Villards-d'Héria, 144, 146
 « Pont des Arches », *142*, 144
 Thermes, *144*, 144

Crédit photographique

P. 4 : Musée Lapidaire, Vienne/Dagli-Orti (détail). P. 6 : Musée des Beaux-Arts de Valenciennes/Photo C. Theriez. P. 8 : R.M.N./Musée du Louvre. P. 11 : R. Agache. P. 12-13 : Musée du Louvre/Dagli-Orti. P. 15 : Marco-Polo/Ph. Hallé. P. 16 : C.N.R.S./Chéné-Réveillac, Centre Camille Jullian, Aix-en-Provence. P. 18 : *Histoire de la France urbaine*, 1, Paris, 1980, p. 97. P. 19 : Musée de la civilisation gallo-romaine, Lyon/Hubert Josse. P. 21 (h) : Musée archéologique de Saintes/Dagli-Orti. P. 21 (b) : Musée Calvet, Avignon/Dagli-Orti. P. 22 : Fanette Laubenheimer. P. 23 : Musée de Vaison-la-Romaine/Dagli-Orti. P. 24 : Musée archéologique de Dijon/Magnum/E. Lessing. P. 25 : Musée Calvet, Avignon. P. 26 : C.N.R.S./Chéné-Foliot, Centre Camille Jullian, Aix-en-Provence. P. 27 : C.N.R.S./Chéné, Centre Camille Jullian, Aix-en-Provence. P. 28 : Musée Réattu, Arles/M. Lacanaud. P. 30 : *Histoire de la France urbaine*, 1, Paris, 1980, p. 94. P. 31 (h) : C.N.R.S., Centre Camille Jullian, Aix-en-Provence. P. 31 (b) : C.N.R.S./Chéné-Foliot, Centre Camille Jullian, Aix-en-Provence. P. 32-33 : C.N.R.S./Chéné-Réveillac, Centre Camille Jullian, Aix-en-Provence. P. 34 (b) : C.N.R.S./Chéné, Centre Camille Jullian, Aix-en-Provence. P. 35 (b) : C.N.R.S., Centre Camille Jullian, Aix-en-Provence. P. 36 (h) : C.N.R.S., Centre Camille Jullian, Aix-en-Provence. P. 36 (b) : C.N.R.S./Chéné-Réveillac, Centre Camille Jullian, Aix-en-Provence. P. 37 : C.N.R.S./Chéné-Foliot, Centre Camille Jullian, Aix-en-Provence. P. 39 : C.N.R.S., Centre Camille Jullian, Aix-en-Provence. P. 40 : C.N.R.S./Chéné-Réveillac, Centre Camille Jullian, Aix-en-Provence. P. 43 : C.N.R.S./Chéné-Réveillac, Centre Camille Jullian, Aix-en-Provence. P. 44 (h) : C.N.R.S./Chéné-Réveillac, Centre Camille Jullian, Aix-en-Provence. P. 44 (b) : C.N.R.S./Chéné-Foliot, Centre Camille Jullian, Aix-en-Provence. P. 46-47 : C.N.R.S./Chéné-Réveillac, Centre Camille Jullian, Aix-en-Provence. P. 48 : C.N.R.S./Chéné-Réveillac, Centre Camille Jullian, Aix-en-Provence. P. 49 : C.N.R.S./Chéné, Centre Camille Jullian, Aix-en-Provence. P. 50 : C.N.R.S./Foliot, Centre Camille Jullian, Aix-en-Provence. P. 51 : C.N.R.S./Foliot-Réveillac, Centre Camille Jullian, Aix-en-Provence. P. 52 : Marco-Polo/Ph. Hallé. P. 54 : Musée de la civilisation gallo-romaine, Lyon/Dagli-Orti. P. 55 (h) : Musée de la civilisation gallo-romaine, Lyon. P. 55 (b) : B.N., Cabinet des Médailles. P. 56 (h) : Marco-Polo/Ph. Hallé. P. 57 : Marco-Polo/Ph. Hallé. P. 58 : Marco-Polo/Ph. Hallé. P. 60-61 : Marco-Polo/Ph. Hallé. P. 62-63 : Musée de la civilisation gallo-romaine, Lyon/Dagli-Orti. P. 67 : B.N. P. 68 : Marco-Polo/Ph. Hallé. P. 71 : *Villes antiques de la France. Belgique*, 1, Strasbourg, 1982, p. 308. P. 72-73 : M.A.N./R.M.N./G. Blot. P. 75 : *Villes antiques de la France. Belgique*, 1, Strasbourg, 1982, p. 209. P. 76 : *Gallia Informations*, 1989, 1, p. 248. P. 77 : Landesinstitut für Pädagogik und Medien, Dudweiler. P. 78 : Landesinstitut für Pädagogik und Medien, Dudweiler. P. 79 : Landesinstitut für Pädagogik und Medien, Dudweiler. P. 80 : Landesinstitut für Pädagogik und Medien, Dudweiler. P. 83 : Marco-Polo/Ph. Hallé. P. 84 : C.N.R.S./CDPP-Institut de recherche sur l'archéologie antique, Paris. P. 87 (h) : C.N.R.S./CDPP-Institut de recherche sur l'archéologie antique, Paris. P. 87 (b) : C.N.R.S./CDPP-Institut de recherche sur l'archéologie antique, Paris. P. 88 (h) : Musée de Saintes. P. 88 (b) : C.N.R.S./CDPP-Institut de recherche sur l'archéologie antique, Paris. P. 89 : C.N.R.S./CDPP-Institut de recherche sur l'archéologie antique, Paris. P. 91 : Plan P. Aupert, J. Guyon, J.-L. Paillet. P. 92 (h) : C.N.R.S./CDPP-Institut de recherche sur l'archéologie antique, Paris. P. 93 : C.N.R.S./CDPP-Institut de recherche sur l'archéologie antique, Paris. P. 94 : Marco-Polo/Ph. Hallé. P. 95 : C.R.D.P. Bordeaux/P. Bardou. P. 96 : C.N.R.S./Chéné-Réveillac, Centre Camille Jullian, Aix-en-Provence. P. 98 (h) : Marco-Polo/Ph. Hallé.

P. 99 : Marco-Polo/Ph. Hallé. P. 100-101 : C.N.R.S., Centre Camille Jullian, Aix-en-Provence. P. 102 (h) : Marco-Polo/Ph. Hallé. P. 102 (b) : Marco-Polo/Ph. Hallé. P. 103 : C.N.R.S./Chéné, Centre Camille Jullian, Aix-en-Provence. P. 104-105 : C.N.R.S./Chéné-Réveillac, Centre Camille Jullian, Aix-en-Provence. P. 107 (h) : C.N.R.S./Chéné-Réveillac, Centre Camille Jullian, Aix-en-Provence. P. 107 (b) : C.N.R.S./Chéné-Foliot, Centre Camille Jullian, Aix-en-Provence. P. 108 : C.N.R.S./Chéné-Réveillac, Centre Camille Jullian, Aix-en-Provence. P. 110 : Dessin de Tom Prentiss, « L'usine gallo-romaine de Barbegal », article de Trevor Hodge, © *Pour la science*, n° 159, janvier 1991. P. 111 : C.N.R.S./Foliot, Centre Camille Jullian, Aix-en-Provence. P. 112 : Kunsthistorisches Museum, Vienne, Autriche/Magnum/E. Lessing. P. 114 : C.N.R.S./Chéné, Centre Camille Jullian, Aix-en-Provence. P. 115 (h) : C.N.R.S., Centre Camille Jullian, Aix-en-Provence. P. 115 (b) : C.N.R.S., Centre Camille Jullian, Aix-en-Provence. P. 116-117 : C.N.R.S./Chéné-Réveillac, Centre Camille Jullian, Aix-en-Provence. P. 117 : C.N.R.S./Chéné-Réveillac, Centre Camille Jullian, Aix-en-Provence. P. 118 : Musée archéologique d'Argentomagus/Gesell. P. 119 : C.N.R.S./Chéné-Foliot, Centre Camille Jullian, Aix-en-Provence. P. 121 (h) : C.N.R.S./Chéné-Foliot, Centre Camille Jullian, Aix-en-Provence. P. 121 (b) : C.N.R.S./Chéné-Foliot, Centre Camille Jullian, Aix-en-Provence. P. 122 : Musée des Beaux-Arts de Valenciennes/C. Theriez. P. 123 : Musée Alésia, Alise-Sainte-Reine/Dagli-Orti. P. 124-125 : P. Plattier. P. 126 (h) : P. Plattier. P. 126 (b) : P. Plattier. P. 129 : Lauros-Giraudon. P. 130 : C.N.R.S./Chéné, Centre Camille Jullian, Aix-en-Provence. P. 133 (h) : Marco-Polo/Ph. Hallé. P. 133 (b) : Marco-Polo/Ph. Hallé. P. 134 (h) : Marco-Polo/Ph. Hallé. P. 134 (b) : Marco-Polo/Ph. Hallé. P. 136-137 : Musée archéologique du Val d'Oise, Guiry-en-Vexin. P. 138 : Musée archéologique de Saint-Rémy-de-Provence/Dagli-Orti. P. 139 : Saint-Romain-en-Gal/P. Plattier. P. 141 (h) : Rheinisches Landesmuseum, Trier/H. Thörnig. P. 141 (b) : Marco-Polo/Ph. Hallé. P. 142-143 : Pierre André. P. 144-145 : Pierre André. P. 147 : C.N.R.S./Foliot, Centre Camille Jullian, Aix-en-Provence. P. 148 : Musée d'Évreux. P. 149 : Musée d'Évreux (détail). P. 150 : Musée lapidaire, Vienne/Dagli-Orti. P. 153 : C.N.R.S., Centre Camille Jullian, Aix-en-Provence. P. 154 : C.N.R.S./R. Monturet, Institut de recherche sur l'archéologie antique, Pau. P. 156-157 : Rheinisches Landesmuseum, Trier. P. 159 : M.A.N./R.M.N. P. 160 : M.A.N./R.M.N. P. 161 : M.A.N./R.M.N. P. 162 : M.A.N./R.M.N. P. 163 : M.A.N./R.M.N. P. 165 : (hg ; bg) : C.N.R.S./J.C. Hurteau, Institut de recherche sur l'archéologie antique, Pau. P. 165 : (hd ; bd) : R. Agache. P. 168 : C.N.R.S./Chéné-Foliot, Centre Camille Jullian, Aix-en-Provence. P. 171 (h) : C.N.R.S./Chéné-Foliot, Centre Camille Jullian, Aix-en-Provence. P. 171 (b) : C.N.R.S./Chéné-Réveillac, Centre Camille Jullian, Aix-en-Provence. P. 173 : C.N.R.S./Chéné-Foliot, Centre Camille Jullian, Aix-en-Provence. P. 174 (h) : C.N.R.S./Foliot-Réveillac, Centre Camille Jullian, Aix-en-Provence. P. 174 (b) : C.N.R.S./Foliot, Centre Camille Jullian, Aix-en-Provence. P. 175 : C.N.R.S./Chéné-Foliot, Centre Camille Jullian, Aix-en-Provence. P. 176 : Service photographique du Musée de Metz. P. 177 : Musée de Sens. P. 178 : Service photographique du Musée de Metz. P. 180-181 : Rheinisches Landesmuseum, Trier. P. 182 : Musée lapidaire, Vienne/Dagli-Orti. P. 183 : C.N.R.S./CDPP-Institut de recherche sur l'archéologie antique, Paris. P. 184-185 : Musée d'Aquitaine, Bordeaux/Magnum/E. Lessing. P. 186 : A. Roth-Congès. P. 187 : A. Roth-Congès. P. 188 : P. Plattier. P. 190-191 : Musée des Beaux-Arts et d'Archéologie de Vienne (Isère)/P. Plattier. P. 193 : Lauros Giraudon.

Recherche iconographique :
Pierre Gros et Laure Penchenat

Maquette :
Didier Chapelot

Imprimé en Espagne
Dépôt légal : septembre 1991

Imprimé en Espagne par H. Fournier, S.A. - Vitoria